职业规划与职场礼仪

冯琦贤　著

电子工业出版社

Publishing House of Electronics Industry

北京·BEIJING

内 容 简 介

脱下军装，要以退役军人的身份走向社会择业了。接下来的人生之路该怎么走？职业规划、职场中的自我管理该如何做？

初入职场，作为职场新人，又该如何让职场礼仪助力我们融入职场、避开职场雷区，以良好的职业形象去谋求更好的发展机遇呢？

"职业规划"与"职场礼仪"这两堂成长必修课，既是一名退役军人从职场新手蜕变成职场精英的励志成长的学习内容，也是一名资深礼仪培训师的职场礼仪专业建议。

这是一本适合退役军人和职场新人阅读的职场指南。

图书在版编目（CIP）数据

职业规划与职场礼仪 / 冯琦贤著. —北京：电子工业出版社，2023.2

ISBN 978-7-121-44397-8

Ⅰ. ①职… Ⅱ. ①冯… Ⅲ. ①退役－军人－职业选择－中国 Ⅳ. ①E263

中国版本图书馆 CIP 数据核字（2022）第 202297 号

责任编辑：寻翠政　　　特约编辑：田学清
印　　刷：三河市华成印务有限公司
装　　订：三河市华成印务有限公司
出版发行：电子工业出版社
　　　　　北京市海淀区万寿路 173 信箱　　　　邮编 100036
开　　本：787×1092　　1/16　　印张：14.75　　字数：341 千字
版　　次：2023 年 2 月第 1 版
印　　次：2023 年 3 月第 3 次印刷
定　　价：49.80 元

凡所购买电子工业出版社图书有缺损问题，请向购买书店调换。若书店售缺，请与本社发行部联系，联系及邮购电话：（010）88254888，88258888。

质量投诉请发邮件至 zlts@phei.com.cn，盗版侵权举报请发邮件至 dbqq@phei.com.cn。

本书咨询联系方式：（010）88254591，xcz@phei.com.cn。

前　　言

不少人都曾经问过自己：人生之路到底该如何走？记得一位哲人说过："走好每一步，这就是你的人生。"确实如此，人生之路说长也长，因为它是你一生意义的诠释；人生之路说短也短，因为你生活的每一天都是你的人生。

退役后要走向社会了，这一步该怎么走？这一刻你的人生意义该怎么诠释？

2004 年退役至今已经有十几年光景，回想起退役前那段时间的心情，我会用一个词来描述：茫然。要从事什么样的工作？可以从事什么样的工作？我是否有能力胜任？我的经济条件允许我做什么？家人对我有什么样的期许？——很茫然，不知该做何选择，不知路在何方，就是那时的心情。

十几年过去了，当年的战友，如今他们的生活状态各异。也许现在还无法看出他们是否有成就，因为"成就"一词用在退役军人身上过于沉重了，毕竟谋得一份合适的职业、取得事业上的成功、过上稍有质量的生活，真的不容易。

这十几年时间，曾经的战友过得怎么样呢？先来看看与我一同退役的战友，他们现在的生活状态吧！

女兵中，大多数已结婚生子，从事的职业有创业者、教师、知名公司职员、国有单位职员、公务员、家庭主妇、小私企文员等。大部分女兵退役后生活相对比较幸福，但仍有极少数女兵目前工作不稳定，恋爱、婚姻处于空白状态。

男兵中，从事的职业有保安、司机、车间工人、警卫、库管员、保险销售、公务员、创业者等。少部分男兵，退役后多次就业、多次失业，随意找工作，随意跳槽，导致生活压力较大。

在平常与战友接触的时候，我也会听到战友抱怨家庭经济条件不好、没有关系、没有背景，导致就业很难，等等。是的，由于就业难，导致周围一切都变得很难。这种感觉、这种经历，这些年来我确实深有体会，但深入思考就会疑惑：决定就业成功的重要因素真的就是战友抱怨的这些吗？

是否要通过各种关系才能谋得一份好工作呢？这个问题我们暂不做深入讨论，还是从个人方面来剖析吧！

我们仔细分析如今的职场状况就会发现，社会对有素质的退役军人是"宠爱有加"的，他们的努力付出一定会有所回报。事业和生活都靠背景或关系走捷径的人，人生之路也许暂时走得很顺畅，但并不能保证一辈子在背景和关系的"庇护"下畅通无阻。唯有靠自己综合素质取胜的人，才是真正笑到最后的人。一个形象素质、行为素质、心理素质、文化素质、职业素质等综合素质高的人，可以肯定地说，一定是很有尊严、很有自信、很乐观地工作和生活的人，在就业路上无论遇到任何困难，他都相信总会迎来阳光灿烂的一天。但如果一味地抱怨，那么个人的事业即使很成功，你也会发现生活得并不顺心。所以，我发现退役军人中素质较好、有一定文化基础、与人沟通能力佳、具有一定礼仪修养的人，目前的生活状态都比较好，他们对自己的生活状态也比较满意。

我希望身边具备一定综合素质的战友越来越多，当我们具备了这些条件，未来我们会拥有多于他人的机会和更为畅达的人生道路。

从另一个角度来看，作为特殊的比普通大众更具社会责任感的公民，退役军人应该以一种更好的角度、更和谐的方式进行人际关系沟通，这样更有利于促进社会的和谐和进步，这样的沟通是双赢的结果，而社会也会以最大的限度和最小的阻力帮助退役军人成就其人生目标和梦想。我不仅希望退役军人在自己的职场上有所发展，更希望他们能够发挥特殊的形象功能，退役后成为对社会有用的人，成为能够担起责任的人。我想，这就是退役军人与普通大众的区别。

我退役多年，再加上从事礼仪研究和实践工作多年，特别是从培训师的角度，对退役军人的必备职业素养进行了认真的思考。如果要给我已退役的战友或将退役的战友讲课，哪部分的内容是我最想与之分享的呢？答案是"职业规划"与"职场礼仪"。这两堂课的内容既有我退役后的亲身经历，也有我作为培训师的思考，这对于刚退役或已经退役一段时间仍处于迷茫状态的战友会有一定帮助。

谈到职业规划的重要性，事实上很多战友也有一定的意识，但不清晰，或者有所规划，但不知如何实施和操作。

美国作家盖尔·希伊出版过一部畅销书《探索者》，他在撰写这部书时，通过一份内容十分广泛的"人生历程调查问卷"，间接地访问了各行各业的六万多名精英人士，他发现那些成功的和对自己生活满意的人有一个非常重要的特点：一开始就会致力于制定一个职业规划，尽管一些目标并非当时能力可企及的。从这个案例中可以看出，一般在事业上取得成功的人，都会对自己的职业生涯有所规划。

制定职业规划，按计划、按步骤、分阶段，运用科学的方法，通过切实可行的措施，发挥个人的专长，开发自己的潜能，克服职业发展困难，避免人生陷阱，不断修正前进的方向，以实现自己的人生理想。职业规划让我们的人生有方向感，当我们确定了职业方向，心便安定下来，生活就会更精彩、更有价值。

我觉得退役后融入社会环境的最重要的一步就是学习职场礼仪。

卡耐基说：一个人的成功，15%靠专业知识，85%靠人际关系与处世能力。这句话对退役后初入职场的退役军人来说尤为重要。离开部队，踏入崭新的职场环境，我们常常会感到手足无措，遇到人际交往的场合，表现得要么胆小畏缩、要么过度热情，常常容易触碰礼仪的雷区，难免贻笑大方，甚至寸步难行。

职场有职场的规则，身处其中，一言一行、一举一动都要符合职业人士的职业规范，没有人愿意自己在职场因为失礼而成为众人关注的焦点，给人留下不佳的印象，甚至给自己的职业生涯带来阻力。因此，职场礼仪很重要，它让我们的人际关系更加融洽，让我们受得别人的尊重，助我们在职场如鱼得水。

最后聊聊这本书的写作。

关于这本书的表达方式，在构思前，我花了很长时间思考：我这些年的职场感觉该如何表达出来？写出来战友们能不能看得下去？他们看了之后思想会不会有所触动？行动会不会有所改变？提到的方法和操作的可行性怎么样？如果答案是肯定的，那么也算达到了我写作的初衷。

在撰写本书的时候，我查阅了大量的相关资料和书籍。这些书籍的内容看似很有道理，甚至有些理论也很权威，但看完之后我发现对个人的实际情况往往没有多大帮助。其实，一些大学毕业生也有这样的感慨，大学里开设关于就业指导、职场礼仪之类的课程，本来是好事，但同学们戏称这些是"太空课"，因为这些课程都是理论色彩过浓，显得十分枯燥，虽然道理讲得面面俱到，但实际上不如一个非常具体真实的案例。比如，某著名企业的老板做一次讲座，虽然讲到的知识相比书本的理论不那么全面，但带给同学们的启发可能比书本多得多。

这让我想到了我的培训课堂，一个培训师最失败的地方就是不能引起学员听课的兴趣。如果课堂上见到学员打瞌睡，通常培训师的自信就会很受打击。而想要学员不打瞌睡，并让学员精神饱满地跟上培训师的思路，就要使用多种授课手段，如通过多媒体演示、故事分享、案例讲解等激发学员听课的兴趣。在多种教学手段中，效果最好的就是情景模拟。情景模拟能让学员深入其中，切身体会当自己身处事件中时应如何充分调动自己的各种能力，在参与的过程中深受启发，从而提高自己的实际操作能力。所以在撰写本书之前，我一直在考虑：我该怎么写这本书，使战友们看了之后能有收获，并有一种冲动想去实践呢？

我想到自己的读书习惯。经典古籍，被视为经典肯定是历久弥新的，我喜欢读，是因为它的严谨和简洁。但如果没有较高的文字功底，经典古籍读起来就会非常吃力，所以真正去读的人比较少。而在实际生活中，关键时刻对我有帮助的书，便是那些过来人的经验之谈，或者根据真实案例而写的书。这些书读得轻松、读得有真实的收获。我相信，战友们也希望从这类书籍中找到自己想要的观念和经验。因此，我撰写本书时对自己的要求是：战友们拿到书就想往下读，读完后能深刻反思，书中要有大量的真实案件，"假大空"的文字和道理少写。

我顶着很大的压力写书，主要是觉得写书是一件很严谨的事情，而我的水平真的有限。若这些文字、这些思想、这些案例、这些故事在战友们面前都简单易懂，他们读完后能有收获，并知道自己该怎么做，那么我的愿望便实现了。

退役后，重整行装再出发，步入职场，这是一个崭新的自己，面对的是一条崭新的路，塑造的是一个崭新的人生。希望这本书能陪伴你、陪伴我，从一名职场新手蜕变成职场精英，拥有理想的人生。

挣扎着、坚强着、努力着、期待着，经历夏天的雨、秋天的风、冬天的雪，我们退役军人一定能迎来百花灿烂、充满生机的美好春天！

目　　录

第二课　从职场小白到职场精英：职场礼仪素养提升

第一课

职场最重要的十年：
做好职业规划与管理

第1节　有反思才有更好的人生

1.1　人生际遇的分野从反思开始

苏格拉底说："没有经过思考的人生是不值得过的。"这句话对我的触动很大，从部队退役很多年来，一直在影响和指导着我做出很多重要的选择。从小父母就告诉我：犯错不可怕，关键是要反思为什么犯错，不要第二次犯错才是最重要的。同理，粗心不可怕，要反思为什么粗心，下次不会出错就好了。

有一项教学方法叫"头脑风暴"，我特别喜欢使用。我很少告诉学员定义和概念性的内容，而是通过案例分析等方法启发学员，让他们讨论和思考后得出自己想要的答案，这样的教学比我直接给出一个概念更有效果。

一个人如果总是处于一个不思考的世界里，就会盲目认同所看到的现象。英国 2016 年的一项调查显示，在非睡眠时间，人们每天至少解锁手机 73 次，平均每 4 分钟一次；2020 年的研究数据表明，中国人平均每天看 110 分钟的短视频，每天刷短视频的人数以亿计。

短视频世界里的"知识"有多少是有用的呢？有多少是假的呢？有多少是为博取你的眼球和谋取你的时间呢？不去思考，那些错误的引导，那些虚度的光阴，你浑然不知。如果在工作之余偶尔放松则另当别论，但你一天中的几个小时沉浸在这样的世界里，就有点可怕了。刷短视频时不用思考，很放松、很开心，但是长此以往，每天都不思考，累积下去就可能变得越来越"懒"。

反思和不反思，最简单直接的延伸问题就是：做事是否思考？将大量时间花费在刷短视频上，其实已经不仅是"不思考"的问题了，还是经济损失的问题。人生际遇的分野，从根本上来说是从时间的利用方式开始的。不珍惜时间的人往往意味着自己的时间可能没什么价值，因为浪费了那么多时间，没什么"损失"，也不会心疼。想一想，你身边喜欢思考和不喜欢思考的这两种人，他们的人生是否有区别？

不少成功人士都说：学历是铜牌，能力是银牌，人际关系是金牌，而思考能力才是王牌。而最好的思考方法就是逆向思考，遇到问题，从里面想，从外面想，从 360 度想，才会找到不一样的答案。

我是谁？我想成为一个什么样的人？我想拥有一个什么样的人生？今天的事情做得怎么样？为什么我做的事情达不到预期结果？这件事我要不要做？我要的结果是什么？

下一步的行动是什么？我怎么做才能做得更好？……这些问题永远值得我们去思考，这是个需要思考的世界，越思考，我们的生命就越精彩。

无论是在生活还是工作中，我们养成反思的习惯，总会在思考中发现问题，学到更多的知识，让前行的路绕开大大小小的"坑"。

如果你还没有每天反思人生的习惯，就给自己制订一个训练计划，这个计划不必每天定时定点，但要每天都去做，摒弃那些琐事，多去想想最重要的事，多去想想如何让人生更精彩。

没事的时候，发呆的时候，多给自己留点安静的时间。在安静独处的时候，一定会有来自内心的声音，听到这个声音，只要正确可行，你就追随着它走下去，只要足够坚定、足够坚强，就会在正确的道路上获得成功。

如果当下的生活不是你想要的，那就要改变你的生活、工作模式。如果这些改变都不行，那就想办法让自己跨上一个更大的台阶，比如换一个新工作、考一个新证书，或者寻找可以带你走进另一个领域的成功人士。

如果觉得这些说得"假大空"，那反思形式可以采用自己喜欢的方式。有人喜欢每天花几分钟写日记，和自己聊聊天。用文字的方式记录与反思，发现用笔写下来特别真实。其实，日记随时随地可写，我也会经常在手机上写简单的日记，尤其是当我特别烦恼的时候，在日记里吐槽一下，把处理事情的方法和过程写下来，写完了就会发现自己愿意行动并做出改变。

时间用在哪儿，决定你成为什么样的人

世界上有两件事情对每个人都是公平的：每个人都会生和死，每个人每天都有 24 个小时。

这 24 个小时就是我们人生的坐标，处理好与时间的关系，是我们成长和改变生活的前提。

退役后，有的战友赋闲在家，认为终于可以从严格作息的时间约束中"解放"了，开始黑白颠倒的作息，美其名曰放松。还有不少男兵战友，退役后的生活"讲哥们儿义气"，有兄弟招手一呼，二话不说，酒吧里喝酒唱歌，一晚上的时间就过去了。喝完回家睡到第二天中午，睡醒之后还不知道该如何打发时间。这样的日子，偶然尝试一下不为过，但如果这样的作息已经成为习惯，那就需要反省了。

莎士比亚曾说："抛弃时间的人，时间也将抛弃他。"达成目标的人，未必天赋奇才，只是愿意把时间用在达成目标的路上，不曾懈怠。是的，没有人可以随随便便就过上自己想要的生活，他们要比别人吃更多的苦，更充分地利用时间。你用时间来做什么事情，就会在哪里得到相应的收获，时间在哪里，掌声就在哪里。就好比，你在喝咖啡、喝酒，别人在钻研精进，谁能收获更多的成功，早已一目了然。

可即使人人都知晓这些简单的道理，依然有人甘愿成为"被时间抛弃的人"。

也许，我们并未察觉，我们经常没有办法管住自己，从而陷入时间陷阱中不能自拔。

也许，我们并未察觉，我们选择的娱乐方式，不知不觉间决定了我们的未来。

也许，我们并未察觉，我们的 24 个小时的时间管理和利用究竟哪里出了问题。

··········

我们究竟是如何成为"被时间抛弃的人"的？我们应该深刻反思。

每个人都有自己的人生轨迹，可能各有各的活法，各有各的精彩，但是要活出真正的精彩，必定是有一定自制能力、自我约束能力并懂得管理时间的人。

算明白时间这笔账

请准备一把 60 厘米的软尺，用笔画上刻度，每厘米代表一年。

假如你有 80 岁的寿命，1～20 岁可能是你不能自主的，所以 20 岁以前的人生暂且不谈。而这 60 厘米的软尺，代表着你 20～80 岁的时间。

60～80 岁这 20 年是老年期，人们处于半退休或退休状态，所以你可以用剪刀把软尺上的 20 厘米剪去，那部分表示你 60～80 岁这 20 年的时间。现在，你的软尺只剩下 40 厘米，这是你一生中的黄金时间。

人平均每天睡眠 8 小时，一年 365 天，一年平均睡眠时间是 2920 小时，40 年就是 11.68 万小时，大约是 13 年。请剪去软尺上的 13 厘米。

一般人每天早、中、晚三餐，加上周六日饮茶时间（还未包括下午茶及一般闲聊时间），每天平均需要 2.5 小时，一年大约用去 912 小时，40 年就是 3.65 万小时，相当于 4 年时间。请剪去软尺上的 4 厘米。

每天用于交通的时间平均为 1.5 小时，如果是经常在外跑业务的人员，所需要的时间可能是它的两三倍。他们每天用于舟车劳顿的时间可能超过 5 小时，工作看似繁忙，但业绩不显著。现在，你问一问自己每天用在交通方面的时间有多少。如果答案是 1.5 小时，40 年便是 2.19 万小时，相当于两年半的时间。请剪去软尺上的 2.5 厘米。

如果你每天用于与亲友同事闲聊、打电话的时间，或者平均闲聊的时间是 1 小时，40 年就用去 1.46 万小时，大约是一年半的时间。请剪去软尺上的 1.5 厘米。

相关数据统计，有些人平均每天花在电视上的时间接近 8 小时，而一些事业有成的社会精英则每星期少于 5 小时，香港人的工作时间比较少，一般人看电视的时间平均每天为 5 小时。假设你平均每天看电视 3 小时，40 年所用去的时间就是 4.38 万小时，相当于 5 年的时间。请剪去软尺上的 5 厘米。

你是否计算过自己每星期用于娱乐、锻炼身体的时间有多少？周末晚上你有什么消遣？看电影、上网、打麻将、打球、听音乐、看书？如果你周末的时间有些花在娱乐方面，平均每天 3 小时，40 年就用去 4.38 万小时，等于 5 年的时间。请剪去软尺上的 5 厘米。

还有，每人每日必须做的事：刷牙洗脸、上厕所及洗澡，还有女士的化妆，男士的看新闻。以上各项如果你每天用 1 小时，40 年就是 1.46 万小时，大约是一年半的时间。请剪去软尺上的 1.5 厘米。

　　如果你一年有 7 天休假，完全不工作，40 年就是 0.672 万小时；如果你每天都做白日梦或浑浑噩噩 1 小时，40 年就是 1.46 万小时；如果你每天因为闹情绪，无法集中精力工作 1 小时（一般不超过 2 小时），40 年便是 1.46 万小时。将以上各项相加，虚度的时间总时长为 3.592 万小时，大约是 4.1 年。请剪去软尺上的 4.1 厘米。

　　以上时间合计：虚度 4.1 年、琐事 1.5 年、娱乐 5 年、看电视 5 年、闲聊 1.5 年、交通 2.5 年、吃饭 4 年，睡眠 13 年、退休 20 年。

　　现在，软尺上只剩下 3.4 厘米，即 3.4 年是真正工作的时间。

　　时间是世间最短缺的资源，除非善于管理，否则我们就会一事无成。时间就是人生，人生没有彩排的机会，每个人都要以正式上场的姿态去面对它。

　　如果用 3.4 年的时间去工作，亲爱的战友，你能养活自己 80 年的人生吗？

　　虽然很多人知道时间很宝贵，也不想虚度光阴，不想自己的 20～60 岁的人生黄金期过得很差劲，但实际上很少人懂得如何管理时间，懂得把自己的黄金时间安排好、利用好。

　　20～60 岁的人生说长不长、说短不短，如果不好好珍惜一生中的黄金时间，浑浑噩噩，稀里糊涂，任它从自己的每天中悄悄地溜走，若干年后回过头来回望自己走过的路，一定是捶胸顿足、后悔不已，这样的结果肯定不是我们想要的。

不知道"自己不知道"是可怕的

　　1995 年，美国发生了一起非同寻常的刑事案件，一个叫惠勒的中年男子，在光天化日之下抢劫了两家银行。警方事发当晚就把惠勒逮捕了，惠勒看到警方调出的视频感到难以置信，而警方深入调查后发现，惠勒不是疯子也没有精神障碍，他对警方能破案感到难以置信，是因为他认为自己身上涂了隐身物质"柠檬汁"，只要他根据隐形原理不去靠近热源，就会在监控之下隐形。

　　惠勒的无知和愚蠢惊动了康奈尔大学的心理学家邓宁，于是邓宁和他的学生克鲁格做了一项研究：为什么像惠勒这么愚蠢的人，能有这么大的自信。这个经典的研究结论叫"邓宁-克鲁格心理效应"，简单来说，这个研究就是"你的真实能力"与"你对自己能力的自我评估"之间的关系。研究结论是：那些能力差的人，自我评估能力也差，而正因自我评估能力差，因此误以为自己的真实能力很强。这是一种认知偏差现象，指的是能力欠缺的人更加无法正确认识到自身的不足。

　　举两个例子。例子一，假如我的实际讲课水平是 40 分，但我觉得我的讲课水平是 90 分，这就是两个完全不同的能力，前者是真实的能力，后者是自认为的能力。例子二，一场考试之后，A 悲观地觉得自己没发挥好，估计考得不理想；B 说考得一般，如果老师评分松一点就会得高分；C 说完全没问题，肯定得高分。结果，A 考了高分，B 考得一般，C 考试不及格。

人与人之间的区别在于认知的区别。相关调查表明：95%的人"不知道自己不知道"，4%的人"知道自己不知道"，0.9%的人"知道自己知道"，0.1%的人"不知道自己知道"。而所谓成长的升级，就是判断认知的升级。

越没能力的人，反而越高估自己的能力，而那些真正水平高的人，反而会经常低估自己的能力。再加上人天生就自我感觉良好，你越不知道自己不知道，越觉得自己什么都知道，这是一种多么可怕的状态啊！

一个人的认知高度，决定着未来选择的质量。当你有了更高的认知能力的时候，就能让自己的思考、决策、行动更加符合当前和未来的现实环境。而提升认知能力的意义，就是让你能够更好地认识自己、认知世界，不断地构建和完善自身的价值观体系。

但是，自以为是是自我认知升级、能力提升的死敌。很多人一辈子碌碌无为，最主要的原因是自以为是，以为自己什么都懂，对自己不熟悉、不了解的领域拒绝学习，错失认知升级的机会。从心理学角度来讲，很多人之所以不喜欢自我否定，是因为它会导致不自信、负能量、自我消耗。但是，在面对未知领域和迎接挑战时，自我否定（假设自己无知）、清空归零的心态、想改变，才是自我认知升级、不断成长进步的主要路径。

网上曾有个热门问题：为什么很多年轻人一万元的积蓄都没有，却总觉得年收入百万元很少？

"邓宁-克鲁格心理效应"可以解释这种非常普遍的现象。越是过得好的人，越倾向于低估自己；越是过得差的人，越倾向于高估自己，总感觉自己无所不能、无所不知。

说了这么多，终于弄明白自己身上可能存在着认知偏差，我们未来的职业发展，也极有可能会因为认知偏差带来麻烦。知道问题的根源就好了，请常常思考，纠正自己的思考习惯。

纠正认知偏差的方法：当你觉得自己无比优越的时候，看看口袋里有没有自己想要的东西。如果没有，一定要停下来思考，是不是立场、方法、心态有问题。在思考中，往往会发现问题是多方面的。例如，很多人喜欢安慰自己，认为什么时候努力都来得及，先休息一年半载再努力也不迟；在一条错误的道路上努力，明明没有收获，还安慰自己未来一定可以成功；做生意就是要赚钱，你却说赚那样的钱没面子；同事说想加班把工作做好，你说累死了怎么办……但现实是，"很牛的人"没有那么多借口，有机会的时候一定会抓住机会，该努力的时候一定会努力。

纠正认知偏差，还需读书、走路、与高人交流。关于读书，必须进行"和我有什么关系？我该在何处应用？我该如何应用？"的思考。走路是指积累直接的经验，就好比一顿美食，再怎么描绘的美味，都不如亲自品尝。多经历一些事，多对经历的事情进行思考，才能在实际行动中获得更多的收获。与高人交流，是因为高人的指引会突破自己的认知盲区，给自己更好的经验和视野，为我们节省时间和精力。

只有知道"自己不知道"，未来才有进步的可能。

1.2　幸福人生与职业规划的关系

幸福人生与职业规划有什么关系？最直接明了的答案是：工作的时间大概占了整个人生的 2/3，如果 2/3 的时间过得不称心，你还会感到幸福吗？

接下来，我们探讨两个关键词：幸福、职业规划。

幸福经济学家发现一条基本规律：人真正追求的是幸福。

全民都热议"幸福"的话题，甚至政府都将民众的幸福作为评判经济发展好坏的标准、政府官员政绩的标准，可见，幸福的定义及其意义对于我们的影响有多深远。

近几年，复旦大学教师陈果的《幸福哲学课》被很多年轻人热捧，陈果的课程从复旦课堂走向了更广阔的世界，影响了越来越多的人，也包括我。在我的职业和家庭两者有冲突的时候，她的幸福哲学思想给我很多触动。不少网友看了陈果的《幸福哲学课》后惊呼："如果当初大学的第一课是陈果讲的，那么我的人生也许会不一样。"教师是多么神奇的职业，你永远不知道你播下的种子会在哪些人的心中、会在哪些时刻生根发芽、开花结果。

也许，你还没有听过陈果的《幸福哲学课》，也没思考过幸福的定义。作为培训师的我，在战友们退役前后的这段时间里，很愿意通过我的文字，带领、启发战友们对幸福的寻找和认识，也希望这颗种子能在战友们的身上生根发芽、开花结果。

曾有人做过一个调查：什么样的人最幸福？答案：吹着口哨完成作品的人；堆着沙子玩城堡的孩子；为孩子洗澡的母亲；刚刚成功完成手术的外科医生；有工作的人；对未来充满期待的人；无私、宽厚、乐于奉献、不求回报的人；能够成功驾驭自己工作的人；被病痛折磨，重新拥有一个健康的体魄的人；被饥饿困扰，能享受一顿美味佳肴的人；居无定所，重新拥有自己的安稳舒服的家的人……

什么才是真正的幸福？不同的人有不同的回答。

"积极心理学之父"马丁·塞利格曼在《持续的幸福》中，对"幸福"的定义进行了多年的求索和深度思考，他将幸福定义为生命的丰盈和蓬勃，包含了积极情绪、投入、意义、人际关系和成就。

对于退役军人来讲，我更愿意从退役后的职业取向和职业成功的角度来探索这个问题。

"幸福"的基础是有一份适合自己的工作

如果要问退役军人，幸福人生是什么？每个战友的回答可能不同，但一个活得真实、平凡又幸福的人，前提想必是有一份干得快乐且有发展前景的工作，毕竟工作占据了我们人生 2/3 的时间。找到一份适合自己的工作，才能让我们安身立命，滋养我们的精神世界。

什么才是"适合自己"的工作呢？"适合自己"是指认知、摸索、结合现实，并最终确定一份属于你的工作的过程。

有的人一开始就能找到适合自己的工作，有的人一辈子最后悔的事就是选错了行业，有的人经过多年的摸索走过很多弯路才确定适合自己的工作。

有一个幽默的小故事。一位父亲很想知道他儿子毕业后将选择什么样的职业，于是问道："我想知道你喜欢做什么？现在是你选择职业的时候了。""我喜欢做的？爸爸，这很简单。"他儿子说道，"我想整天坐着汽车兜风，而且口袋里装满了钱。""那你的理想职业总算找到了，"父亲宣布说，"你将是一位公共汽车售票员。"

充满戏剧性的小故事使我们理解了什么是真正的"好工作"。

什么样的工作才叫好工作？大部分的战友认为，体面的、工资高的、轻松的应该是好工作。是的，这是好工作的要素之一，但不是完美的答案。好工作的定义在不同的人眼中仍然有不同的答案。别人眼中的这个人很成功，但他（她）的内心真的快乐吗？

曾经有过这样一个热门话题：北大毕业生应该选择从政还是选择卖猪肉？很多人认为北大毕业生卖猪肉是奇耻大辱，只有文化水平低的人卖猪肉才算正常。又有人质疑：难道高学历人才从政才能体现自身的价值吗？很多名牌大学的毕业生历尽千辛万苦挤进了党政机关，因为没有展示自己的舞台，慢慢消磨了锐气，不得不放弃自己从小的抱负。而我们现在回头看北大毕业卖猪肉的才子陆步轩，他曾经开猪肉档卖猪肉的苦涩日子，原来是未来幸福生活的前提和铺垫。陆步轩回首曾经，他说不后悔自己卖猪肉，虽然是当时无奈的选择，也是当时结合现实做出的最实际的选择。如果你暂时处于人生的低谷，但只要不放弃对未来的追寻，那么一定会迎来人生的高光时刻。如今的陆步轩，他的壹号土猪品牌，年营业额达到几十亿元，如今他自己觉得幸福、觉得骄傲，还有谁说他的职业生涯是失败的呢？

回首这些年走过的路，再回头追问幸福是什么，我的答案仍然是找到了一份适合自己的工作，它实现了自己小小的人生价值，它让我具有成就感，它给了我稳定的经济收入，它让我身心得到放松，我感受到一份工作、一个职业给我带来的幸福。

职业生涯和职业规划

我和战友谈论幸福和工作时，提到"职业生涯和职业规划"，很多战友表示不解，因为此前很少有这方面的想法。那么，什么是职业生涯和职业规划？它与我们有什么关系呢？

职业生涯就像一叶小舟，每个人都泛舟在人生长河。有的人盘旋于旋涡之中，无法前进；有的人则顺流漂荡，没有目的地。但是，要想成功地驾驭小舟，就必须依靠手中的船桨，只有用好它才能划出正确的前进轨迹，而不至于被急流、险滩所阻挡。

船桨在我们的手中，它就是职业规划。虽然我们的职业生涯中充满了不确定的因素，无法预知明天会发生什么，但是，毕竟还有许多东西是我们可以控制的，只要把握住这些可控制的因素，我们就能把控小舟，使其驶向正确的航道。

有一组数字可以说明职业生涯是实实在在的可以掌控的东西。粗略估计，如果你活到 80 岁，那么你在世界上生存的时间是 29200 天。再假设你的工作年龄为 20～60 岁，那么花费在工作上的时间将近 15000 天。

这 15000 天就是你的职业生涯，怎么度过这 15000 天就是你的职业规划。

15000 天，除去吃饭、睡觉、聊天等时间，剩下真正可利用的时间是 3.5 年。3.5 年，决定你的命运和生命质量！

你该怎么安排这 3.5 年呢？好好规划这段日子，根据你自身的兴趣、特点，将自己定位在一个最能发挥自己长处的位置上，以最大限度地实现自我价值，这就是职业规划。

职业规划还可以简单归纳为：定位+目标+通道，即明确职业定位，确立清晰的职业目标，寻求最佳的发展通道。

明确职业定位，就是明确你想要成为什么样的人。我想打拼出属于自己的事业，我想成为一名医生，我想成为一名律师，我想成为一名高级技工……

目标是达成职业愿望极其重要的一个因素，但我们制定目标时要参考几个原则：①具体明确的，尽可能量化为具体数据；②可测量的，将目标时间化、阶段化、数量化，使其易测量；③可达成的，要根据个人资源、个人技能和环境配备程序来设计目标，保证目标是可以达成的；④合理的，符合实际的；⑤有完成期限，要明确完成时间或日期。

如果你自己有某种竞争优势，就要在适当的时机把它表现出来，以便获得更好的发展机遇。将自己目前所具有的优势、自己所处的环境和自己的潜能三者结合起来，就能找准你的通道。例如，人际关系通道。如果你目前所处的环境对你有利，那么就要好好把握；如果不利，你就要想办法解决困难。当然，有些事情也许对你来说难度很大，那么可想办法借用他人之力解决自己的困难。从某种意义上讲，职业生涯的成败，直接与你可以借助的外界资源的多少成正比。要想借助好外界资源，就得为自己建立一个好的资源库。刚刚步入职场时，通常没有外界资源可利用，但是当你工作一段时间以后，随着你与外界交流的范围广了、认识的人多了，建立一个好的资源库就不是什么难事了。真才实学是获得外界资源的基础，而人际关系则是关键，它包括建立个人良好的第一印象、诚信、威信、朋友关系、业务关系等。又如，时间通道。按照时间的长短来分类，职业规划可分为长期规划、中期规划与短期规划。按计划行动，将时间打通，你才能少走弯路。

充分利用资源，结合自身优势，有效规划自己的职业生涯，创造财富，有所成就，为自己、为家人绘出圆满的人生和职业蓝图，这是退役军人要面对的人生必修课。

1.3 我是谁？借助测评工具了解自己

身处职场，要知道自己在做什么

在 HR 圈子常常听到这样的声音：很多公司年初就不断招人，虽然每天面试的人非常多，但最后招到的员工中有很多人达不到公司用人的要求。根本原因是应聘者与公司适配度及自身职业认知方面存在问题，大多数应聘者根本没有职业规划，对未来很模糊，对自身的价值也不清晰，应聘就是想找份工作。这样的员工，常常是走一步算一步，不稳定、不确定的因素太多，只会增加公司的沉没成本。可想而知，这样的员工不仅不受用人单位欢迎，自身的发展还有限。

一些战友退役后，就业、失业、再就业、再失业是家常便饭；有的战友步入职场没多久就成了上班机器，领导安排什么工作就做什么工作，对自己的工作完全没有想法，对职业也没有任何规划。麻木的状态，一年又一年，周而复始，等最后知道自己的职业并不适合自己时，已经为时已晚。

身处职场，要知道自己在做什么。

我是谁？我想要做什么？我为什么要工作？是为了养家糊口，还是体现自身的价值？是为了享受生活，还是要受尽工作带来的痛苦和折磨？我的性格、能力、爱好、优势、劣势、所处环境怎么样？职场中有哪些机遇可以把握？……每个问题，都值得认真思考。唯有好好思考，才能让自己身在职场而不迷茫，未来的职业发展有方向。

当年，比尔·盖茨没读完大学，就进入社会打拼自己的计算机事业，结果他以独特的才智获得成功，显示了自身的价值。当年，有人说比尔·盖茨疯了；有人说比尔·盖茨无比勇敢，做了自己想做的事。无论别人如何评价，对比尔·盖茨本人来说，自己很清楚地知道自己在做什么，和在学校读书相比，工作让他更快乐。

我曾做过一次"退役士兵职场状况调查"，下面分享其中两个退役士兵就业的故事。请思考一下：在分享的两个故事中，王 Y 和李 F 各自有什么样的职业规划？

> 王 Y，女兵，高中毕业后于 2001 年入伍，2004 年从海军某通信部队退役。在她退役前一个月，经过综合考虑，向目标行业投了工作简历，退役的第二天她就进入某知名物流公司工作了。这是她退役后的第一份工作，一直持续到 2011 年，干了 7 年。在公司的第一个岗位是公司客服，第一个月的薪资是 800 元；7 年后，她的工作岗位是市场营销，月薪已经超过 10000 元了；如今做到了市场总监，年薪达 60 万元。王 Y 较有自己的职业想法，她说自己不喜欢政府单位按部就班的工作节奏，她喜欢凭自己

的实力赚取自己应得的高薪。王 Y 是我这些年了解到的，在这个年龄段中，为数不多的拥有职场高薪酬的退役女兵。

大多数的退役女兵认为，最理想的工作就是进入政府单位，认为这是一份安稳体面的工作。可王 Y 不这样认为，觉得领着固定的工资，过着能看到退休的生活，没有冲劲，没有闯劲，不能完全发挥自己的才能，这并不是自己想要的。我问她对下一步的职业规划有什么想法，王 Y 说最近准备要宝宝，这份工作还会做两年，等宝宝 1 岁左右，会向销售方向发展，高薪、付出与回报成正比是她的职业目标。

一名普通的退役女兵能在普通的公司拿到高薪，这说明了什么呢？她按照自己的兴趣和能力选择职业，且对职业生涯有较清晰的规划。

李 F，"80 后"，中考没有考出好成绩，高中的大门与自己失之交臂，初中毕业后就踏上了既渴望又陌生的军旅生活。2007 年 11 月，他离开了部队，从一名驻港军人变成了普通市民。

退役之后，李 F 通过亲戚介绍进入了一家医药公司，担任安全员一职，公司待遇还不错，年底还有奖金，包吃包住生活还算安逸，唯一美中不足的是完全不用思考事情，只要站岗就行，李 F 认为这不是他想要的工作。

大概做了一年半的时间，李 F 毅然决定辞去这份工作。虽然下一份工作还没有着落，但是他还是决定出去闯一闯。李 F 冷静下来想了想，下一步要锻炼自己的口才才行，后来做过医药业务员、保险业务员。由于跟客户接触多，李 F 感觉自己与人打交道的能力有了明显的进步。这两份工作虽然都没有赚到钱，甚至亏钱，但是学到了宝贵的经验。

有一天，李 F 经营淘宝店铺的小姨打电话给他，要求他去帮忙，顺便学习一下。李 F 想着自己突破一个行业的可能性，于是辞去了保险业务员的工作，专心在上海学习经营淘宝店铺。后来，李 F 小姨的业务越来越多，生意越来越好，李 F 觉得自己可以做点小生意了。

在上海学习淘宝一年后，李 F 考察了墙纸这个项目可以做，于是决定专心经营淘宝网店卖墙纸。终于，李 F 的创业之路开始了……李 F 每天都很忙，每天用照相机在太阳底下照墙纸样本，回来之后开始编型号、剪切尺寸、加水印，然后传到网上。李 F 的第一单生意是汉口的客人买了两卷韩国墙纸，还是亲自送货上门的。这单生意使得李 F 更加坚信会通过淘宝卖好墙纸。

虽然是小生意，但是李 F 认真对待。李 F 说，从开始接触淘宝到现在经营淘宝网店，因为用心服务每位买家，店铺现在是 5 钻信誉，每天都有可观的收入，充满了干劲。李 F 觉得淘宝创业这条路比较适合自己。

李 F 最初没有清晰的职业规划，但当他身上具有了连自己都可能未曾知悉的"职业锚"的指引时（从事不适合自己的工作时，一种意识将他拉到使其感觉更好的职业方向上——职业锚），经过两三年的职业探索，最终找到了适合自己的职业方向。

借助测评工具来选择自己的职业

人的整个职业生涯，甚至在整个人生之中，选择职业是极重要的决定，正如哲学家罗素所言："选择职业是人生大事，因为职业决定了一个人的未来。选择职业就选择了将来的自己。"选择职业，对于每个人来说都不容易，会受到诸多因素的影响。

身处职场，有些人的职业发展思路很清晰，有些人会比较感性地做出决定，还有些人会主动学习职业规划的理论和工具，更客观全面地了解自己，做出更好的决定。

关于职业规划，除了学习职业规划的理论知识，还可以借助职业价值观、职业兴趣、职业锚等测评工具，深入分析自己的职业发展潜能和局限，更好地弄清楚自己未来的职业方向，做好职业规划和管理。

下面介绍应用较广的"职业选择"理论和测评工具：职业规划支点理论、职业兴趣分析、职业锚。希望战友们能通过"职业选择"理论和测评工具更加了解自己，从而拓展"职业选择"的思路。

如果"职业选择"理论和测评工具无法给你提供思路，那么最好线下预约一对一咨询专业的职业规划师，获得更专业的指导。

或者每天多留一点自我独处的时间和空间。每天独处、自省，才能更加客观、理性地了解自己，更加清晰地听到来自内心深处的声音。这个声音有一种无形的力量，会牵引着你走向心中的职业之路。

职业规划支点理论

职业规划三个支点理论：生存支点、发展支点和兴趣支点。

如果立足生存支点来规划职业生涯，会将工资福利作为导向。有些人一旦遇到工资福利更高的工作就会跳槽，而常常忽略了自身的成长，等遇到职业瓶颈时，工资没了增长空间，而技能又没学到多少，"身价"便每况愈下。如果一直根据生存支点选择职业，是一种只重现在不看将来的短视行为，人们不会感受到工作带来的快乐，也不会获得事业的成就感。当然，通过生存支点来规划职业生涯是特殊情况下无奈的选择，毕竟特殊情况下只能先求生存，再谋求职场发展。

如果立足发展支点来规划职业生涯，会将自身的进步作为导向。即使你所从事的职业并不是自己特别喜欢的，工资福利也不高，但仍会努力做好。因为对你来说，从中获取的经验和技能最为重要。这些收获让你增值，帮助你实现未来事业上的成功。除了物质上的收获，还有精神上的收获，如荣誉、地位等，最终成为职场上的香饽饽。虽然短时间内工资没有明显增加，但你自身价值已不知不觉地增值了。不过，这种职业修炼过程需要挑战自己的极限，鞭策自己不断向前，可能会承受工作压力带来的考验。

如果立足兴趣支点来规划职业生涯，会将快乐作为导向。你不一定在乎眼前的薪酬是多少，也不在乎将来能获得什么地位与荣誉，能找到喜欢的职业，享受工作的过程，就会对工作投入极大的热情，忘记疲倦，甚至感到生命变得灿烂多彩。喜欢是做一件事的前提，而兴趣是成功的最大驱动力。

职业兴趣分析

在职业生涯中，一个人如果能够从事与自己兴趣有关的职业，那么工作对他来讲就是一种乐趣，而不是一种负担。因此，在制定职业规划时，务必注意：考虑自己的特点，参考自己的兴趣，选择自己喜欢做的事。归根结底，只有将能力与兴趣结合起来，你才有可能取得职业生涯的成功。各种职业兴趣类型如下。

兴趣1：愿与事物打交道，喜欢接触工具、器具或数字，而不喜欢与人打交道。相应的职业如制图员、修理工、裁缝、木匠、建筑工、出纳员、记账员、会计、勘测、工程技术、机器制造等。

兴趣2：愿与人打交道。这类人喜欢与人交往，愿与人接触，对销售、采访、传递信息一类的活动感兴趣。相应的职业如记者、推销员、营业员、服务员、教师、行政管理人员、外交联络等。

兴趣3：愿与文字符号打交道，喜欢常规的、有规律的活动；习惯于在预先安排好的程序下工作，愿做有规律的工作。相应的职业如邮件分类员、办公室职员、图书管理员、档案整理员、打字员、统计员等。

兴趣4：愿与大自然打交道，喜欢地理地质类的活动。相应的职业如地质勘探人员、钻井工、矿工等。

兴趣5：愿从事农业、生物、化学类工作，喜欢养殖、化工方面的实验性活动。相应的职业如农业技术员、饲养员、水文员、化验员、制药工、菜农等。

兴趣6：愿从事社会福利类的工作，喜欢帮助别人解决困难。这类人乐于助人，他们试图改善他人的状况，帮助他人排忧解难，喜欢从事社会福利和助人的工作。相应的职业如律师、咨询人员、科技推广人员、教师、医生、护士等。

兴趣7：愿做组织和管理工作，喜欢掌管一些事情，以发挥重要作用，希望受到众人尊敬和获得声望，愿做领导和组织工作。相应的职业是各级各类组织管理者，如行政人员、企业管理干部、学校领导和辅导员等。

兴趣8：愿研究人的行为和心理，喜欢涉及人的主题，对人的行为举止和心理状态感兴趣。相应的职业是研究人、管理人的工作，如心理学、政治学、人类学、人事管理、思想政治教育等研究工作，以及教育、行为管理工作、社会科学工作者、作家等。

兴趣9：愿从事科学技术事业，喜欢通过逻辑推理、理论分析、独立思考或实验发现问题，对分析、推理、测试活动感兴趣，善于理论分析，喜欢独立解决问题，也喜欢通过实验有新发现。相应的职业如生物、化学、工程学、物理学、自然科学工作者、

工程技术人员等。

兴趣 10：愿从事有想象力和创造力的工作。喜欢创造新式样和概念，大都喜欢独立的工作，对自己的学识和才能颇为自信；乐于解决抽象的问题，而且乐于了解周围的世界。相应的职业大都是科学研究工作和实验室工作，如社会调查、经济分析、各类研究、化验、新产品开发，以及演员、画家、艺术创作或设计人员等。

兴趣 11：愿做操作机器的技术工作，喜欢通过一定的技术进行活动，对运用一定技术、操作各种机械、制造新产品或完成其他任务感兴趣；喜欢使用工具，特别是大型的、马力强劲的先进机器，喜欢具体的东西。相应的职业如飞行员、驾驶员、机械制造等。

兴趣 12：愿从事具体工作，喜欢制作看得见、摸得着的产品，并从中获得乐趣，希望能很快看到自己的劳动成果，并从完成的产品中得到满足。相应的职业如室内装饰、园林、美容、理发、手工制作、机械维修等。

根据这种分类，一种兴趣类型可以对应多种职业，同时绝大多数的职业都与几种兴趣类型的特点相近，而每个人往往又具有几种类型的特点。

职业锚

职业锚是由美国著名的职业指导专家施恩教授提出的。1961 年，施恩教授对斯隆管理学院的 44 名硕士研究生进行了最初的访谈，当时这批学生即将毕业。在这批学生毕业 6 个月及 1 年后，施恩教授在他们的工作地点对所有的人进行重复的访谈，这些访谈揭示了从学校到社会转变过程中的大量问题。所有参与者在毕业 5 年后完成了一份调查问卷。1973 年，在这些参与者毕业 12 年后，施恩教授又进行了一次跟踪访谈，要求参与者按时间详细回顾自己的职业生涯史，不仅要求他们识别关键职业选择和事件，还让他们思考做出决定的原因及每次变动的感受。施恩教授从访谈中发现，尽管每个参与者的职业经历大不相同，但在职业决策的原因和对事件的各种感受中，他们之间却有着惊人的一致性。个人潜在的意识来自早期学习过程中所获得的成长经验，当他们从事不适合自己的工作时，一种意识将他们拉到使自己感觉更好的职业方向上，这就是"职业锚"。

在正式工作若干年后，人们才可能发现职业锚，即职业锚的确定需要各种情境下的实践工作的反复验证。职业取向的必然性需要一定时间内偶然性的积累方可实现。

请你花半小时做一份问卷，这份问卷的目的在于帮助你思索自己的能力、动机和价值观。问卷给出了 40 个问题，根据你的实际情况，从 1～6 中选择一个数字，数字越大表示这种描述越符合你的实际情况。例如，我梦想成为公司的总裁，你可以做出以下选择：

选"1"代表这种描述完全不符合你的想法，选择"2"或"3"代表你偶尔（或者有时）这么想，选"4"或"5"代表你经常（或者频繁）这么想，选"6"代表这种描述完全符合你的日常想法。

请尽可能真实并迅速地回答下列问题。除非你非常明确，否则不要做出极端的选择，如"从不"或"总是"。

1. 从不　　2. 偶尔　　3. 有时　　4. 经常　　5. 频繁　　6. 总是

请你认真回答以下问题。

1. 我希望做我擅长的工作，这样我的建议可以不断被人采纳。

2. 当我整合并管理其他人的工作时，我非常有成就感。

3. 我希望我的工作能力让我用自己的方式、按自己的计划去开展。

4. 对我而言，安定和稳定比自由和自主更重要。

5. 我一直在寻找可以创立自己事业（公司）的创意（点子）。

6. 我认为，只有对社会做出真正贡献的职业才算是成功的职业。

7. 在工作中，我希望去解决那些有挑战性的问题，并且胜出。

8. 我宁愿离开公司，也不愿从事需要个人和家庭做出一定牺牲的工作。

9. 将我的技术和专业能力提升到一个更具竞争力的层次是职业成功的必要条件。

10. 我希望能够管理一个大的公司（组织），我的决策将影响许多人。

11. 如果职业允许自由决定自己的工作内容、计划、过程，我会非常满意。

12. 如果工作使我丧失了自己在组织中的安全感和稳定感，我宁愿离开这个工作岗位。

13. 对我而言，创办自己的公司比在其他公司中争取一个高的管理岗位更有意义。

14. 我的职业满足来自我可以用自己的才能去为他人服务。

15. 我认为，职业的成就感来自克服自己面临的非常有挑战性的困难。

16. 我希望我的职业能够兼顾个人、家庭的需要。

17. 对我而言，在我喜欢的专业领域做资深专家比在其他领域做总经理更具有吸引力。

18. 只有成为公司的总经理后，我才认为我的职业生涯是成功的。

19. 成功的职业应该允许我有完全的自由与自主。

20. 我愿意在能给我安全感、稳定感的公司中工作。

21. 当通过自己的努力或想法完成工作时，我的工作成就感最强。

22. 对我而言，利用自己的才能使这个世界变得更适合生物生活或居住，比争取一个高的管理职位更重要。

23. 当我解决了看上去不可能解决的问题，或者在必输无疑的竞赛中胜出时，我会非常有成就感。

24. 我认为只有很好地平衡了个人、家庭、职业三者的关系，人生才能算是成功的。

25. 我宁愿离开公司，也不愿意频繁接受那些不属于我专业领域的工作。

26. 对我而言，做一个全面管理者比在我喜欢的专业领域做资深专家更有吸引力。

27. 对我而言，用我自己的方式不受约束地完成工作，比安全、稳定更重要。

28. 只有当我的收入和工作有保障时，我才会对工作感到满意。

29. 在我的职业生涯中，如果我能成功地制造出完全属于自己的产品，我会感到非常成功。

30. 我希望从事对人类和社会真正有贡献的工作。

31. 我希望工作中有很多机会，可以不断地挑战自己解决问题的能力。

32. 我觉得能很好地平衡个人生活与工作，比取得一个高的管理职位更重要。

33. 如果在工作中能经常用到我特殊的技巧和才能，我会感到特别满意。

34. 我宁愿离开公司，也不愿意接受让我离开管理岗位的工作。

35. 我宁愿离开公司，也不愿意接受约束我自由和自主控制权的工作。

36. 我希望有一份让我有安全感和稳定感的工作。

37. 我梦想着创建属于自己的事业。

38. 如果工作限制了我为他人提供帮助或服务，我宁愿离开公司。

39. 我觉得去解决那些几乎无法解决的难题，比取得一个高的管理职位更有意义。

40. 我一直在寻找一份能使个人和家庭之间冲突最小化的工作。

现在看一下你给分较高的描述，从中挑选出与你的日常想法最吻合的 3 个题目，在原来评分的基础上，将这 3 个题目的得分再各加上 4 分。例如，原来得分为 5，则调整后的得分为 9。然后就可以开始评分了。

将每道题的分数填入下面的计分表（见表 1）中，然后按照纵列进行分数累加得到一个总分，将每个纵列的总分除以 5 得到每个纵列的平均分，填入表格。记住：在计算平均分和总分前，不要忘记将最符合你日常想法的 3 个题目额外各加 4 分。

表 1　计分表

TF	GM	AU	SE	EC	SV	CH	LS
1:	2:	3:	4:	5:	6:	7:	8:
9:	10:	11:	12:	13:	14:	15:	16:
17:	18:	19:	20:	21:	22:	23:	24:
25:	26:	27:	28:	29:	30:	31:	32:
33:	34:	35:	36:	37:	38:	39:	40:
总分:	总分:	总分:	总分:	总分:	总分:	总分:	总分:
平均分:	平均分:	平均分:	平均分:	平均分:	平均分:	平均分:	平均分:

相关解释如下所述。

● 技术/职能型职业锚（你在这一领域的得分列在计分表的第一列 TF 的下方）

如果你的职业锚是技术/职能型，你始终不肯放弃的是在专业领域中展示自己的技能并不断把自己的技术发展到更高层次的机会。你希望通过施展自己的技能以获取别人的认可，并乐于接受来自专业领域的挑战。你可能愿意成为技术/职能领域的管理者，但管理本身不能给你带来乐趣，你极力避免全面管理的职位，因为这意味着你可能会脱离自己擅长的专业领域。

● 管理型职业锚（你在这一领域的得分列在计分表的第二列 GM 的下方）

如果你的职业锚是管理型，你始终不肯放弃的是升迁到组织中更高的管理职位，这样你负责整合其他人的工作，并对组织中某项工作的绩效承担责任。你希望为最终的结果承担责任，并把组织的成功看作自己的工作。如果你目前在技术/职能部门工作，你会将此看成积累经验的必经过程。你的目标是尽快得到一个全面管理的职位，因为你对技术/职能部门的管理不感兴趣。

- 自主/独立型职业锚（你在这一领域的得分列在计分表的第三列 AU 的下方）

如果你的职业锚是自主/独立型，你始终不肯放弃的是按照自己的方式工作和生活，你希望留在能够提供足够灵活并由自己决定何时及如何工作的组织中。如果你无法忍受公司任何程度上的约束，就会去寻找那些足够自由的职业，如教育、咨询等。你宁可放弃升职加薪的机会，也不愿意丧失自己的自主和独立。为了能有最大限度的自主和独立，你可能创立自己的公司，但你的创业动机与后面叙述的创业家的动机是不同的。

- 安全/稳定型职业锚（你在这一领域的得分列在计分表的第四列 SE 的下方）

如果你的职业锚是安全/稳定型，你始终不肯放弃的是稳定或终身雇佣制的职位。你希望有成功的感觉，这样你就可以放松下来。你关注财务安全（如养老金和退休金方案）和就业安全。你对组织忠诚，对雇主言听计从，希望以此换取终身雇佣的承诺。虽然你可以拥有更高的职位，但你对工作的内容和你在组织中的地位并不关心。任何人（包括自主/独立型）都有安全和稳定的需要，在财务负担加重或面临退休时，这种需要会更加明显。安全/稳定型职业锚取向的人，在财务负担加重或面临退休时，这种需要会比其他人更加明显。安全/稳定型职业锚取向的人总是关注安全和稳定问题，并把自我认知建立在如何管理安全与稳定上。

- 创造/创业型职业锚（你在这一领域的得分列在计分表的第五列 EC 的下方）

如果你的职业锚是创造/创业型，你始终不肯放弃的是凭借自己的能力和冒险愿望扫除障碍，创立属于自己的公司或组织。你希望向世界证明你有能力创建一家公司，现在你可能在某个组织中为别人工作，但你会学习并评估未来的机会，一旦你认为时机成熟，你会尽快开始自己的创业历程。你希望自己的公司能够迅速发展壮大，以证明你的能力。

- 服务奉献型职业锚（你在这一领域的得分列在计分表的第六列 SV 的下方）

如果你的职业锚是服务奉献型，你始终不肯放弃的是做一些有价值的事情。例如，让世界更适合人类居住，解决环境问题，使人与人之间更和谐，帮助他人，增强人们的安全感，用新药品治疗疾病，等等。你宁愿离开原来的组织，也不会放弃对这些工作机会的追求。同样，你会拒绝任何使你离开这些工作的调动和晋升。

- 挑战型职业锚（你在这一领域的得分列在计分表的第七列 CH 的下方）

如果你的职业锚是挑战型，你始终不肯放弃的是努力解决看上去无法解决的问题，战胜强硬的对手或克服面临的困难。对你而言，职业的意义在于允许你去做不可能的事情。有些人在需要高智商的职业中发现这种纯粹的挑战，如只对高难度、不可能实现的设计感兴趣的工程师；有些人发现处理多层次的复杂的情况是一项挑战，如战略咨询师只对面临破产、资源耗尽的客户感兴趣；还有一些人将人际竞争看成挑战，如职业运动员或将销售定义为非赢即输的销售人员。新奇、多变和困难是挑战的决定因素，如果一件事情非常容易，它马上会变得令人厌倦。

● 生活型职业锚（你在这一领域的得分列在计分表的第八列 LS 的下方）

如果你的职业锚是生活型，你始终不肯放弃的是平衡并整合个人的、家庭的和职业的需要。你希望生活的各个部分能够协调统一，因此你希望职业有足够的弹性允许你来实现这种整合。你可能不得不放弃职业中的某些方面，如晋升带来跨地区调动可能会打乱你的生活。你与众不同的地方在于过自己的生活，包括居住在什么地方、如何处理家庭事务及在某组织内如何发展自己。

1.4　我具备什么样的职业能力

退役军人范 Q，2000 年从驻南京某部队退役。先应聘某外国语学校辅导员，但因外语专业能力欠缺，两个月后被辞退。再应聘某电脑公司销售员，但只有高中文化的他对电脑一窍不通，3 个月一台电脑也没有卖出去，再次失业。

一天傍晚，百无聊赖的他到南京长江大桥上散步时，突然发现一个青年攀上大桥栏杆，纵身跳进了长江……这残酷的一幕使他深受刺激：什么事情会让一个人轻易地放弃生命？原来，这个青年因一年多来找不到工作，受不了失业的巨大压力……

范 Q 心里十分难受：这个青年为什么会仅仅因为找不到工作，就轻易地放弃宝贵的生命呢？他突然想到，入伍前，自己不也是个娇生惯养的孩子吗？虽然着急找工作，但从未想过轻生。他灵机一动，既然找不到工作，那我可以开间"吃苦公司"！

第二天，范 Q 来到工商管理部门咨询得知，开公司需要 3 万元注册资金，可自己手里只有 300 元，只能边挣钱边想办法了。他随即找到原来部队的领导，联系到一处训练基地，接着印传单、跑企业，宣传自己的"吃苦"业务。

2001 年 12 月的一天，范 Q 来到南京一家电子公司老板的办公室门前，以军人的姿态高声喊道："报告！"这个喊声把老板吓了一跳。随后，范 Q 将自己的想法告诉了这位老板：通过军事训练提高年轻员工的团队意识，增强他们的纪律性……可以先不收费，训练结束时，看效果再收费。没想到，这位老板也当过兵，一听就很感兴趣：现在的大学生，多数生活条件优渥，部分人不懂得为他人着想，吃苦训练也许是个好办法！于是，将公司新招的大学生员工交由范 Q 进行"吃苦"训练。这次，范 Q 赚了300 元。他兴奋异常，从中看到了曙光……

不久，客户就找上门来了，范 Q 的业务逐渐打开了局面。

针对不同职业、不同人群的"吃苦"系列教案——"求生墙""生命之旅""木桶原理""劈木板""报数"等新的训练项目越来越多，内容更有意义，和范 Q 联系的企业也越来越多。短短几个月，受训人数达到两三千人，收费也由每人每天 10 元上升到每人每天 100 元。

> 2002 年 12 月底，范 Q 正式登记注册了"南京××企业管理咨询有限公司"。2002 年他的收入只有 10 多万元，2003 年收入翻了三番，2004 年实现盈利 60 万元。

当我们要步入职场求职的时候，一定会在求职书上填写自己的工作经历、学习经历、某种技能等，这些内容就是我们进入职场的门票。

绝大部分退役军人是义务兵身份退役的，且现在义务兵服役期限是两年，如果只有两年当兵的经历，没有任何学习技能的经历，在职业能力方面显然是很弱势的。像案例中的退役军人范 Q 把"吃苦"作为一种职业能力，开启自己的职业生涯并取得成功，毕竟不是大多数退役军人的职业选择，但是范 Q 的成功给了我们一个很好的启发：找到自身所特有的、可以利用的资源，作为职业生涯的开始。

学历、专业技能证书等都是我们求职路上的"敲门砖"，虽然部分人不需要靠这些来敲门，但对于大多数人来说，这些的确很重要。近几年，国家制定了退役军人提升学历的相关政策，不少退役军人享受了该政策带来的好处，在既有参军经历又有学历的双重优势下，退役军人相比普通大学生，就业方面更顺利。

实事求是来讲，我们做一份求职书，完成填写的过程不会超过半小时，但是要把内容写好，却不是一件容易的事。在我第一次填写求职书的时候，我对自己的求职书很不满意，因为可写的、能写的内容的确不多。多年以后，再次填写求职书时，因为有了学习经历、工作经历，才稍感满意。

假如你准备就业了，需要写一份求职书，求职书上有很多项目需要填写，而这些正是求职单位需要你证明自己职业能力的内容。求职书上要填写：你的学历，你的资格证书，你的工作经历，你的特长，你获得过的荣誉……

你要填写的内容就是你的职业能力，是你进入职场的第一步，请认真填写这份求职书！

先来问自己几个问题：我学习了什么？我曾经做过什么？社会允许我做什么？

我学习了什么

现代社会很看重我们的学习经历。学习经历从侧面反映了一个人受教育的程度，不可否认，知识在人生中尤其是在职场中的重要作用。我深有体会，高考的经历让我的知识梳理能力、心理承受能力明显增强；大专、本科的学习经历，让我的思考、系统归纳、整理等能力有所提升，视野更加广阔；职场的学习经历，让我在专业技能上更加精进。

早些年还没有广泛从大学生中征兵，所以绝大多数人是初高中毕业后参军的，退役后有些战友会再进修，有些就不再进修而直接就业了。由于个人经历不同，在回答"我学习了什么？"这个问题时，不同的人有不同的答案。有进修经历取得高等教育学历的求职者，可以在求职书上填写大专或本科等学历；而没有进修经历的求职者，则只能填写入伍前的学习经历和在部队的学习经历。面对两者的求职书，相信面试官很容易就能

19

做出录用哪一位求职者的决定。

退役军人在部队的学习经历和技能训练经历，有些可以在社会上大展拳脚，而有些则不能转化为社会所需的技能。例如，很多女兵在部队的专业是话务、医护、特勤，如果退役时学历水平不高，那么退役后去企业应聘的话，一般能胜任的工作岗位只能是企业文秘、客服等，因为在这些岗位上专业比较对口，可以大展拳脚发挥特长；如果应聘其他岗位，要么录取率低，要么因为自己缺少专业技能而不能胜任。

最初求职的时候，我在部队所学专业和地方就业所需专业并不对口，感觉很难找到发挥专长的工作。再加上，我没有高学历和突出的技能，那么凭什么让大企业录用我呢？仅仅凭曾经是一名军人吗？要知道，一般企业并不会对军人特别加以优待，企业只会青睐和照顾有能力做事的人，因为企业需要它的职员为企业带来效益。一旦职员的工作不会为企业带来效益，那么企业也不会养闲人，很快就会把能力不强的人辞退。

我初次求职时，分析了自己的优势，将写作基础、表达能力、记忆力、做事条理、做事效率等优势，匹配到相近的、自己喜欢的岗位求职意向上，决定从办公文秘、薪酬福利助理、培训助理等工作开始，工作的同时提升学历和精进专长，一旦条件具备、机遇来临，即可顺利实现专业能力与学历的转型。

要想填好求职书的内容，战友们一定要花时间、花精力，取得相关的学历或其他资质，跟自己理想中的职业所需的能力逐渐匹配，这样才会有更多的机遇来到你的身边。

我曾经做过什么

所有的经历都是有价值的，你经历过的事，你已有的人生经历和体验，你努力做的事等，都是个人宝贵的财富。这些经历从侧面反映出一个人的素质、潜力状况等。对很多人来说，实践经历往往比知识更重要。在许多事情上只有实际经历过，才能有深刻体会。

有些退役军人在部队所学的专业在社会上的通用性较强，他既是部队的人才，也是社会上紧缺的人才。那么，他在部队的工作经验，在退役后进入社会求职时有很大的帮助。例如，某些战友在部队是通信技术方面的人才，他们从部队退役走向社会去企业应聘时就很抢手，就业率高，应聘的岗位好。我记得我们连队的一位老班长在光端、程控专业通信方面很有研究，他所负责的很多部队机房项目都很出色，甚至很多地方的通信企业都会请他解决一些技术难题，在他还没有决定是否要退役时，那些通信企业就向他发出了入职邀请。

有些战友在部队是司机，经过专业的训练，驾驶技术相当过硬，退役后可以利用这些经验，轻易就能找到一份司机的工作。党政机关、企业高管大多喜欢从退役军人中寻找司机，而这些司机在领导身边待了几年后，熟悉与领导相处的礼仪，那么就可以选择更好的职业发展方向。

有些战友在部队是负责后勤保障的，他们拥有管理和采购经验。我记得，我们连队的一位战友在部队时负责伙房事宜，每天的工作就是为上千人采购物资、安排菜谱，负责厨房质检等工作，几年下来，他的饭堂管理经验、物资采购经验都非常丰富。退役后，他的现实状况是没有高学历，没有其他突出荣誉，但有的是饭堂管理等相关经验，于是他选择做蔬菜批发，主要提供给学校、机关食堂。退役 3 年后，他已经经营得比较成功了。

我们一定做过很多事情，但最成功的是什么呢？了解自己最成功、最优越的一面，并将此作为个人深层次挖掘的动力之源和闪光点。

经过笔试和面试，我曾被录用到某区政府征地办从事文秘工作，当时对于应聘这份工作我是有自信的。为什么？也许是因为我在部队时就发表过不少文章，我还作为主编组织有文学特长的战友创办了一本杂志，这本杂志深受战友们的喜爱，这让我更加坚信自己在文字方面的特长。

有些战友在部队时射击方面有非常好的成绩，退役后对于安保、射击场训练教练等相关岗位的应聘就会更加自信。

因此，多想想自己在哪个方面做得最好，并将此作为我们的发展动力和能力闪光点，为我们的职业之路点亮一盏指路明灯。

社会允许我做什么

求职时要了解社会的发展情况，因为社会大环境对就业有一定的影响。例如，求职前仔细分析社会发展趋势、社会热门职业分布及需求、所投资的创业项目在社会上的优势和前景等。认真思考"社会大环境"与"社会允许我做什么"非常重要，这样可以在自己的职业生涯中扬长避短。

例如，公安类公务员考试，一般要求年龄在 28 周岁以下，有些岗位招考人数只有一两个人，基于这种情况，文化知识底子薄弱、年龄上没有优势的战友，最好不要把时间花费在这种类型的公务员考试上。如果真的想考公务员，可以考虑文化程度接近的、岗位招考人数较多的乡镇公务员，从底层开始自己的公务员之路也是一种合适的路径。

有些出身农村的退役军人，他们退役回乡后，由于文化程度低，缺乏专业技术，最后选择继续务农、进城打工、做小买卖等。另一部分退役军人则利用从部队锻炼出来的"武艺"，成了企业保安或者老板的私人保镖。还有一小部分退役军人在就业路上遇到困难，遭遇挫折。

许多战友根据自己的特长，选择做私人保镖，自己有能力干并且喜欢干，相信这是一份不错的工作。但如果战友利用自己在部队练就的一身"武艺"从事违法活动，那么这不仅是对军人荣誉的玷污，还是社会道德、法律所不允许的。

我们制定职业规划时，唯有择世所需、择己所利、利己利他，为社会所需要，才有自我发展的保障和未来发展的前景。

1.5 退役军人的就业难点和优劣势

退役军人为什么就业难

退役军人就业难，这不仅是中国存在的问题，在全球甚至是发达国家同样如此。归根结底，退役军人就业难主要有三大硬伤：学历相对较低；在部队获得的能力难以有效转化为社会所需的技能；技术含量高的高薪工作难以胜任，而低薪工作不愿意将就。

许多战友在找工作的时候，认为自己曾经是一名很优秀的军人，企业应该对退役军人另眼相看，给予很高的待遇。然而，荣誉与就业是两码事，企业更需要有实力的人。

在我国，人们普遍认为军人是崇高的、让人尊敬的代名词，很多人向往军营，喜欢军人身上的那种品格和本色。可是，到了职场，退役军人不一定具有优势。

与一些企业的人力资源管理人员交谈得知，退役军人在他们眼里的形象与评价是：退役军人体能好，但学历普遍偏低；讲义气、讲团结，但缺乏灵活性，管理难度大；勤奋肯干，但专业技能欠缺，短期内很难为企业创造实际效益；时间观念强，但因为专业技术不过关，使得工作效率偏低。在中国，紧缺的是技术岗位，而非普通的行政岗位。因此，大部分非专业性强、非特种部队的退役军人，若不具备企业所需的专业性技能，只能从事普通的行政岗位，但企业中普通行政岗位又相对饱和。

的确，大多数企业愿意招聘为国家奉献的退役军人，遇到前来应聘的退役军人，一般都会优先录用。但是，很多退役军人的实际表现并不那么令人满意。骄傲、固执、容易激动且难以沟通，这些形容词放在部队或许是夸奖，但是在企业管理上却是一种弊端。企业所需人才要具备的能力，退役军人身上似乎都有所欠缺，这是企业最不愿意看到的。即使企业欣赏退役军人的品质，但从实际情况考虑，也很难花费大力气、时间去培养退役军人，使其在职场上成长。少数企业愿意把退役军人安排在专业技能较强的岗位上，而大多会把退役军人安置在保卫部门或后勤部门，而这些部门在企业的工资福利方面相比其他岗位都不具有优势，而且这些岗位替代性、流动性很强，这是退役军人在职场上发展空间小、职场通道不顺畅的主要原因之一。

由于中国人口数量庞大，必然存在规模不小的待业群体，其中也包括部分退役军人。即使经济实力强大的美国也是如此，其劳工部门统计，退役军人失业率是平均水平的三倍！客观大环境如此，要求退役军人群体对社会容纳度、国家安置能力给予更多的理解。这种理解就是把就业看成自己的事，自己的事自己解决。过度依赖国家，对自己其实是一种伤害，毕竟依赖就是逃避，逃避永远解决不了问题。

我在搜集关于我国退役军人就业的信息时发现，不少退役军人的生活现状不尽如人意，因此一些战友心中有怨气。作为退役军人这个群体中的一员，我特别能理解战友的这种心情。我们怀着美好的愿望进入职场后才发现，目标与现实之间的差距，让我们对社会、对自己充满了怀疑，怀疑社会对我们的不公，更怀疑自己在这个社会谋生的能力。但抱怨终究不能解决问题，在没有办法改变大环境的情况下，我们唯有通过自身的努力来解决问题。

要知道，退役军人曾经在战场上的骄傲，并不代表在就业时就有优越感。军人在部队都是铁铮铮的汉子，流血流汗保卫国家，如 1998 年长江抗洪、2008 年汶川大地震救援等所展现出来的军人风骨，祖国和人民不会忘记。虽然军人退役进入社会后，就业不理想造成的心理落差，的确不是普通大众所能够理解的，但退役军人要相信国家给予军人群体的关注一定会越来越多，优待政策会越来越好。确实，如今无论是退役军人还是大学生，都已不是天之骄子，就业难已是社会共性问题，因此，退役军人自身需要付出更多的努力。

行业环境、人才竞争等因素的变化，以及社会的发展，意味着退役军人拥有更多的就业选择，而更多的选择也就意味着更多的机会和更多的挫折。

总体来说，退役军人就业难的原因有很多，如社会经济条件、政策法规、地区经济水平、环境变化、企事业单位的经济效益等，更重要的是退役军人群体的个人综合素质相对不高。

对于社会经济条件、政策法规、地区经济水平、环境变化等外部因素，我们很难改变，唯有改变自己。那么，怎么改变自己呢？一定要重视个人综合素质的提升。

什么是综合素质？综合素质包含形象素质、行为素质、心理素质、文化素质、职业素质五个方面。可以自问一下：在这五个方面，自己真的比别人强吗？这个自问，千万不要自我感觉良好地回答，一定要找到参照的标准。比如形象素质，你的着装礼仪、言行礼仪是否符合礼仪规范？比如职业素质，你的专业水平、文化水平、职场沟通水平等是否达到职场要求？你的职业技能水平是否处于高层次？你的工作能力是否不可替代？

对照就业的要求，如果还有很大的差距，我们就需要努力弥补，才能具备找到一份好工作的实力。其实，就业要求就像人的 5 根手指一样有长有短，而人跟人的短板不一样。一定要找到自己的那块短板，把它往上拔一拔，整个人的素质水平就能提上去。自身综合素质提高了，也许机遇来的时候，你就能抓住它了。

退役军人的优势和劣势

个人素质的高低对应着自身的优势和劣势，也决定了自身的机遇和发展空间。如果战友们能够理解这句话，相信离找到一份理想的工作就不远了。

很多退役军人凭借自己在部队练就的吃苦耐劳、坚韧不拔、永不服输的精神，在社会上成就了一番事业。或许，有人会错误地以为参军的两年、三年、五年是在浪费青春，浪费了接触社会和学习生活技能的时间。但是，三四十岁的下岗工人尚且能拼出事业，经历过艰苦锤炼，从风雨中走出来的退役军人难道不能吗？

战友们，没有什么事能难倒流淌着坚强、坚韧、永不服输的军人血液的我们！但是，我们要言行一致，不能总说豪言壮语，实际遇到困难时就退缩、就抱怨。要闯出一番事业，确实需要付出很多，但如果我们一遇到困难就退缩、就抱怨，凭什么说自己是在军营里百般锤炼过的人呢？

退役后，很多战友在很长一段时间找不到工作，或者职业道路走走停停，总是迷失方向。有句谚语："如果你不知道你要到哪儿去，那通常你哪儿也去不了。"不知道要到哪儿去，是因为我们不了解自己的优势和劣势。善于分析自己的人，才能知道自己要走哪条路，到达目的地也比别人快一步。

列出自己的优势、劣势、机会和威胁，进而在职业规划和选择中强化和发挥优势，抓住职场机会，并弱化劣势、减少威胁，这就是 SWOT 方法（SWOT 是优势、劣势、机会、威胁 4 个英文单词的首字母）。

那么，退役军人的优势主要体现在哪些方面呢？

优势就是人们拥有的能力与潜力，是长期积累而形成核心竞争力的东西，比如熟悉的领域、擅长的技能，或者拥有比别人更强的生存能力、学习能力，等等。懂得它，才好谋划发展；记住它，才有士气可鼓励；认识它，才能扬长避短。保持和培育自身的优势，牢牢把握优势，并淋漓尽致地发挥它，才有可能给自己的竞争力添加砝码，走好职业规划的第一步。

曾是特殊兵种的退役军人，在部队的时间相对较长，通过极端条件下的专业训练，具有特殊的专业技能。他们进入社会就业，因为自身掌握的专业技能有不易替代性，相对容易找到关联性的工作，但这类退役军人的数量不多。

曾是普通兵种的退役军人，优势主要表现在：经过部队的训练，具备高尚的道德情操，积极主动的工作精神，旺盛的干劲，严格的组织纪律，吃苦耐劳的品格，坚忍不拔的精神，较强的时间观念，等等。这些在职场上可以说是较为重要的职业精神。

如果仅仅具备较高的职业精神的优势，走好职场的第一步也十分不容易。通常企事业单位录用人才的标准，首先看是否具备相关学历资质、专业技能，然后才看是否具有较高的职业精神。如果第一关过不了，就不用考虑第二关了，所以很多战友在职场上第一关过不了，造成职业生涯第一步走错，导致职场通道出现问题。

退役军人的劣势主要体现在哪些方面呢？

目前，退役军人普遍存在缺乏社会经验、技能受限、学历受限、个人思考能力差、心态调整不及时等现实问题。

有不少战友认为，有当兵的经历就足够，有能力就足够，学历不重要。但是，面试的门槛还没迈过，就被求职简历上的学历"卡死"，即使能力再强，也没有展现其他优势的机会。

部队采取封闭管理，尤其是普通士兵，能与外界接触的机会不多，而当今社会正处在一个信息更新极快的时代，没有获取信息的渠道，思想就极易与社会脱轨，待在部队的时间越长，思想越有可能跟不上社会发展的速度。尤其是在部队时养成了服从命令、听从指挥的思维定式，很多事情客观上缺少锻炼思维逻辑的机会，久而久之，个人思考能力弱化，想法变得简单、僵化，一旦退役后，遇到新兴事物就很难跟上社会变化的节奏。

退役前表现优秀，但退役后一切归零。曾经的优势在社会上难以发挥，心理容易产生落差，心态调整不及时就容易怨天尤人、眼高手低、好高骛远，陷入习惯埋怨但肚子里又没有"真材实料"的尴尬局面。

上述的劣势因素和现实问题使得不少战友找不到满意的工作，为了谋生不得不去从事保安、司机、仓库管理员、物流等流动性强、技术含量低、替代性强、薪资待遇低、发展空间小、失业率高的工作。从职业规划的角度来看，这些职业并不是他们的最佳选择，但退役军人因为自身的局限性，又不得不选择这类工作。

当下，退役军人就业的问题，已经成为社会高度关注的问题。随着军队改革的不断深入、军人职业化的推行，从促使现役军人安心服役、退役军人群体稳定等角度来看，国家也在积极解决退役军人就业的问题。

退役军人要调整自己的心态，摆正自己的位置，持续学习提升，要比普通大众付出更多的努力，才能获得未来的好前程。

1.6　借力退役军人优待政策

很多战友面对就业困境时都希望在自己能力有限的情况下能获得其他力量的帮助，从而找到一些依靠。例如，希望可以依靠家里的人脉关系，借助家人的力量创业，或者通过家人的引荐获得理想的职位等。但在现实中，还有很多战友的家庭经济状况和人脉关系并不理想。再加上，如果本人没有学历、没有技能的话，单枪匹马闯未来，前路真是困难重重。那么，除了依靠自己的努力，还有谁可以依靠呢？

还有国家的相关优待政策可以依靠！

2018 年 4 月，国家专门成立了退役军人事务部门，这对于退役军人来说意义非凡。因为退役军人事务部门的成立，让退役军人有了真正意义上的"娘家"。

国家高度关注和重视退役军人就业难的问题。近几年，国家陆续出台、修订相关优待政策，越来越多、越来越完善的优待政策让许多退役军人的就业之路看到了曙光。

关注与退役军人相关的重要政策

近几年，国家出台、修订的关于退役军人就业及其他优待政策，各地区的执行模式和具体条款有所不同，建议战友们通过退役军人事务中心等渠道多多了解。例如，有些地方在鼓励创业方面有不少优待，有些地方在招考公务员或企事业职工的时候会对退役军人有放宽条件的优待。因此，当我们遇到具体的、实际的问题时，一定要多问、多查、多反馈、多交流、多共享，因为掌握了信息才能解决问题。

值得我们关注的退役军人优待政策包括：2021 年 1 月 1 日起施行的《中华人民共和国退役军人保障法》，2011 年 11 月 1 日修订颁布实施的《退役士兵安置条例》，2019 年10 月施行的《退役军人事务部等 5 部门关于加强困难退役军人帮扶援助工作的意见》，2020 年 1 月印发的《退役军人事务部等 20 部门关于加强军人军属、退役军人和其他优抚对象优待工作的意见》，2018 年 7 月印发的《关于促进新时代退役军人就业创业工作的意见》，2019 年 2 月发布的《关于进一步扶持自主就业退役士兵创业就业有关税收政策的通知》，等等。

及时关注与退役军人相关的政策，不仅可以给退役军人提供一些新的思路，还能使退役军人在遇到困难的时候得到及时的支援。

问与答

下面，我将以"问答形式"解读和梳理一些退役军人在就业时普遍关注的问题，希望能给面临就业的战友们提供一些思路。

问：退役后，退役军人应通过哪些部门了解当地的安置和优待政策？

答：退役军人入伍前户籍所在地的退役军人事务局。符合安置条件的，主要遵循"从哪里来往里去"的安置原则。但也有易地安置的特殊情况，如父母户口所在地、配偶户口所在地等。

除了符合安置条件的少部分退役军人由政府安排工作，绝大部分退役军人都是通过自主择业的方式就业。

退役后，退役军人可视自身的学历、能力、经济基础等条件，选择高校入学、职业技能培训、企业求职、事业编制考试、创业等形式的出路。

无论选择哪条路，都有相对应的退役军人优待政策。因为每个地区，甚至每个市、县区的扶持政策都有所不同，这个需要密切留意当地退役军人事务局的网站、微信公众号等发布的公告。

例如，广东省相关部门出台了《广东省退役士兵创业就业税收优惠政策指引》，特别是关于退役军人从事个体经营的，在税务减免额度上有很大的优待政策，这对于从事小项目创业的退役军人来说是一个很好的消息。

例如，海南省三亚市出台了《三亚市创业就业小额担保贷款管理（暂行）办法》，将退役军人群体纳入政府小额担保贷款政策享受的范围，同时在市小额贷款担保中心设立专门的"退役军人创业贷款"窗口，为退役军人申请创业贷款提供全方位的咨询

服务和贷款便利。

例如，江苏省常州市高新区出台了《常州国家高新区（新北区）退役军人创业创新扶持奖补办法（试行）》，每年拿出不低于 200 万元的财政资金，专项用于扶持、培育、引进一批优质退役军人创业项目，实现退役军人就业创业扶持政策再升级。

退役军人遇到事情时带着问题，多查阅、多咨询、多交流、多请教，相信总能获得思路和帮助。

问：退役后，退役军人是否会获得一笔退役安置补助？

答：对自主择业的退役军人，由部队发给一次性退役金，由当地安置部门发给一次性经济补助。一次性退役金和一次性经济补助按照国家规定免征个人所得税。

问：退役后，若退役军人想学一技之长，是否有免费接受培训的机会？

答：军人（自主择业军转干部、自主就业退役士兵、复员军人）退役后可选择一次免费（免学杂费、免住宿费、免技能鉴定费）职业技能培训，并享受培训期间的生活补助。教育培训期限一般为两年，最短不少于 3 个月。具体的职业技能培训可以咨询当地的人力资源和社会保障局，或者关注当地人社部门的公众号。

问：退役后，若退役军人想上职业技校或大学，有哪些优待政策？

答：退役军人可以免试进入中等职业学校学习；参加成人高考和普通高考，有10～20分不同幅度的加分，同等条件下优先录取；成人高校招生专升本免试入学，服役期间立二等功以上且符合报考条件的，可申请免初试攻读硕士研究生。

对退役一年以上、参加全国统一高考、考入全日制普通高校和高职学校的自主就业退役军人，学历教育期间按规定享受学费资助和相关奖学金资助，家庭经济困难的退役军人享受生活费资助。

建议只有初中学历且文化基础比较薄弱的战友，最好主动到教育部门咨询进入中等职业学校学习的报名流程。文化基础差确实是个现实难题，学习中职技能比获得一个学历更为实际。

如果是高中学历，而高中文化基础底子很好的战友，建议根据自己的实际情况参加成人高考或普通高考进入大学学习。虽然现在重技能、轻学历的趋势越来越明显，但学历很多时候是我们找到一份好工作的"敲门砖"，只有把门敲开了，我们才有更宽广的展示的舞台。

大部分战友都是高中毕业后十八九岁入伍，退役时在二十一二岁左右，这是一个比较特殊的年纪。如果上学毕业之后，年纪稍大些，但没有积累工作经验，就业优势也很难体现出来。那么，关于学历提升有什么好的选择呢？首先，我们一定要明白，虽然全日制学历和非全日制学历国家都认可，但事业编制考试、就业等会明显体现出来不同。这两种学历的市场接受度明显不一样。因此，只要有机会，战友最好获得全日制学历。

近几年，国家有高职扩招行动，教育部等六部门印发《高职扩招专项工作实施方案》，明确职业院校毕业生在落户、就业等方面与普通高校毕业生享受同等待遇，其中退役军人学费资助每人每年最高不超过 8000 元。

高职扩招考试相对普通高考容易很多，录取难度比普通高考要低，但是毕业文凭性质是一样的，且通过高职扩招考试录取后，入学读书的形式更加灵活，不一定要全日制上学，可以线上线下相结合就读，只要修读完学分、考试合格，即可获得普通全日制学历。退役军人可以一边就业一边用几年时间取得全日制文凭，这能为未来走更长、更广阔的路打下重要的基础。通过高职扩招考试录取的退役军人，可以申请免学费就读。这对退役军人来说是一个重大的好消息，没有全日制文凭的退役战友应把握这个学历提升的机遇。

问：我想创业，开一家小店做小生意，没有资金，没有经验，不知该如何启动？

答：对从事个体经营的退役军人，按照国家规定，给予税收优惠、小额担保贷款扶持，从事微利项目的给予财政贴息，除国家限制行业外，自其在工商行政管理部门首次注册登记之日起 3 年内，免收管理类、登记类和证照类的行政事业性费用。

目前，银行都有针对退役军人创业的小额贷款，从事微利项目的给予财政贴息。

以山东省退役军人创业贷款优待政策为例。户籍地或安置地在山东且在山东省自主创业的退役军人（不包括政府安排工作的在岗退役军人和公益性岗位的退役军人），可在中国建设银行、中国邮政储蓄银行、山东省农村信用社联合社、恒丰银行四家金融机构办理贷款。农村商业银行按照中国人民银行公布的同期同档次贷款基准利率，给予退役军人最高 20 万元、期限 3 年的创业贷款，省财政按照贷款利率给予全额贴息。对退役军人自主创办小微企业后续发展需要资金，且注册登记超过 3 年的，按照中国人民银行公布的同期同档次贷款基准利率的 50% 给予最长 2 年的贷款贴息。

有些事情看起来很复杂，但只要愿意去做，积极勇敢地迈出第一步，可能不会像想象中那么难。虽然不少战友都有创业的念头，可是很多战友碍于脸面，觉得做小生意既辛苦又挣钱不多，还要处理办证报税等各种杂事。其实，无论是谁，创业都不是一件简单的事情，都要付出心血。吃不了苦，就干不了事。万事开头难，这是千古不变的道理，只要我们咬咬牙克服困难，花一点时间把这些前期手续办下来，那么接下来的事情就越来越好办了。

如果确定好项目，开始着手筹集资金和办理营业手续，但启动资金紧缺，可以先进行工商注册，再申请小额免息贷款。注册时可在当地市县区的行政服务大厅的市场监督服务管理窗口办理，一般最快半天、最慢一天可以完成注册。

问：如果退役军人想参加公务员和事业编制考试，有没有优待？

除了招考公告中的个别岗位专门针对退役军人，公务员考试、事业编制考试并没有统一的优待政策规定退役军人应该享受特别照顾。但是，近年来也有部分招考公告开始关注退役军人报考条件优待，比如从年龄、学历等方面相应放宽。

《关于促进新时代退役军人就业创业工作的意见》的款条规定："在军队服役 5 年（含）以上的高校毕业士兵退役后可以报考面向服务基层项目人员定向考录的职位。"各偏远地区每年也会设置一定数量的基层公务员职位面向退役军人招考。每年的政法干警招录培养体制改革试点定向招录退役军人，应征入伍的高校毕业生退役后报考试点班的，笔试总分成绩加 10 分。

目前，国家公务员招录、事业编制的招录都要求有国家承认的全日制大专以上学历，少部分岗位"国家承认的大专学历"也可以报考。个别岗位，如特种兵退役身份的，要求高中学历。如果有大专学历，与社会人员共同参加考试时，在录取上相对优先考虑。例如，近几年广东省公务员考试，个别岗位只招录退役军人，非退役军人不能报考，这对于广大退役军人来讲确实是一个很好的机会。

关于编制考试的优待政策，每次考试公告可能有所不同。如果退役军人有意参加编制考试，最好先完成全日制大专以上学历的学习，再报名编制考试。

各个省份关于省考、事业编制考试的时间都不固定，因此有意向的退役军人要经常关注省人事厅、用人单位的招考公告。当有所准备时，一旦遇到优待政策，那么"成功"便是触手可及的了。

第 2 节　职业规划越早越好

2.1　趁早规划你的职业生涯

规划职业生涯为什么要趁早

　　2018 年，唐山市政府因为收费站可以自动化了，取消了所有人工收费站，本来是一件好事，但没想到的是遭到收费站员工的强烈反对。其中，一名 36 岁的收费站员工哭着对记者说："我十几年的青春都贡献给了收费站，我现在除了收费什么也不会，再找工作也没人要我，年纪都这么大了，也学不了什么东西了。"新闻播出，引起众人反思：她这十几年都做什么了？错过的机会一去不复返，早期职业方向错了，年纪越大可选择的就业范围就越窄了。

　　拥有 10 年的工作经验和将 1 年的工作经验用了 10 年，这是两种完全不同的工作状态。从第一份工作开始，因为轻松舒服不思改变，一干就是 10 年，其实是一个很危险的信号。

　　战友 A，曾在哈尔滨一家大型国有企业干了 10 年内勤工作，后来因企业改革，出现重大人事变动，离开一直很舒适待了 10 年的岗位，被调整到新成立的销售部门，以前月薪八九千元，现在是底薪 2800 元加提成。如今 37 岁的她，对这个新调动的销售岗位既不喜欢也不适应，突然的工资骤减，更是难以维持家庭正常开销，留下来很痛苦，离开又很迷茫。

　　战友 B，退役后没多久经亲戚介绍进入大型物业公司，被安排到后勤管理岗位上，负责的工作比较杂，没有专业上的细分，这份工作她一干就是 8 年，没有换工作的原因有离家近、工作压力小、福利好、方便照顾家庭和孩子。而"职业规划"这件事，她从来没有想过。直到在这个公司工作了 8 年，她才对每天都不重复且没有挑战性和成就感的工作失去热情，选择了辞职离开。但是，这时已经 30 岁的她，重新找工作时面临着前所未有的打击。30 岁进入一个新的行业，一切从零开始，适合她且还能给予她学习机会的公司已经不多，尤其 30 岁这个年龄对于很多公司来说是不愿意接受的，有些公司认为可能要担负一笔女性员工的生育成本。因此，战友 B 辞职后很长时间没有找到合适的新工作。后来迫于现实，在一家广告公司做前台服务员，但工资待遇相比以前更差了。

战友 C，参军前是某大学体育学院大二的学生。虽然大学读的是体育专业，但因为个子小，她知道如果退役后从事体育工作，将来年纪越来越大，女孩子走体育这条路将来可能发展得并不好。她也知道家里不宽裕，每个月还要攒下补助寄回家，这样的家庭不可能在她退役后找工作时给她提供多少帮助。

退役前，她知道自己很有可能留下当士官，但她知道退役留任不是自己的选择。她深入考虑，多方咨询，包括她原来的大学老师、高中老师、职业规划师等，最终决定重返校园并重选专业。退役后，她回到大学校园，没有再读体育专业，而是选择了自己喜欢的教育专业（数学方向）。在大四的时候，她考取了教师资格证书。大学毕业后，她回到家乡的县城参加教师录用考试，以高分顺利通过，在县城的一所中学当数学老师。

教书育人是她的人生理想，过平凡幸福的生活也是她的理想。她退役前进行了职业规划，因此没有错过每个重要的选择节点，再加上一步一步的努力，多年后她终于过上了自己想要的生活。跟她聚会聊天的时候，能看到她一脸幸福，对如今的生活感到很知足，也对生活充满了感恩。

战友 C 今天的幸福生活来之不易。在退役前的很多个夜晚，她为了准备各类考试在厕所里挑灯夜战；她很聪明，懂得向前辈和专业人士请教；她很勇敢，退役后重新选择专业。她要比别人付出更多的努力，比别人更加清楚地认识自己，才换来了今天的幸福生活。

规划职业生涯要趁早，怎么做才算早

2020 年教育部曾在官网上发表评论：职业规划不是找工作前的临时抱佛脚，而应是从容地提前谋划。教育部对大学生甚至高中生的职业规划的关注，初衷是希望更多的大学生能选对自己的专业，明确未来的职业倾向和发展可能性。

相比大学生，职业规划更值得退役军人关注，职业规划也应越早越好。也许有的战友到了今天才考虑职业规划这个问题，虽然迟了一段时间或几年，但总比不去规划要好。

在退役前，有很多企业会到部队向即将退役的士兵提供就业岗位；在退役后，大部分战友一放下行李就马不停蹄地投入求职的大潮中。面对企业提供的就业岗位，很多战友主要关注工资薪酬，感觉工资不错就立刻签约，而其他方面考虑不多，比如自身的条件，自己的性格，自身的优劣势，等等。部分战友退役后没有充分地进行就业前的准备就急着找工作，只要哪里有招聘信息就以最快的速度赶到，四处出击、四处碰壁、屡战屡败是常态。

我们都知道，做任何事情，没有充分的准备就做出决定，往往结局都不会太理想。特别是临近退役或毕业才思考如何面对职业选择，匆忙中做出决定，后面的处境可能将非常被动。

我准备写这部分内容时，心情是沉重的。因为写书前做了大量关于退役军人就业情况的调查，我了解到很多战友因为没有清晰的职业规划而导致了现在的就业困境。

通过对大量的退役军人调研得知，就业主要分为三类人群。第一类是退役军人接着进入高校读书，选择一个喜欢的专业，花几年时间，拿到高校文凭再就业，或者学习一门专业技能，在某个行业占有一席之地，实现财富的增长。例如，选择学习电焊技能，从学徒到不可替代的专业技能人才；有些利用在部队学习的体能训练方法，凭借良好的身体素质，成为健身教练等。第二类是进入销售行业。销售行业能为社会提供大量的就业岗位，入行门槛相对不高。退役军人吃苦肯干，为人值得信赖，很多战友在销售行业实现了自身价值，取得了良好的销售业绩。例如，有些战友从普通销售人员到销售经理再到销售总监，实现了个人的职业目标。第三类是从事体力劳动，比如快递、物流等行业，这些行业个人晋升空间难以突破，一旦年龄大了，换一份更好的工作的难度更大。

很显然，从现实情况来看，第一类退役军人做了职业规划，第二类退役军人也有较为清晰的发展规划，第三类退役军人职业规划存在不足。

人得先有方向，朝着正确的方向努力才算在走对的路。没有职业规划，就像航海没有指南针，漫无目的，随波逐流。虽然一个人未来从事什么职业，可能不会完全按照预先设定的职业规划走，但是越早进行职业规划，准备越充分，越能减少选择时的盲目性。所谓"工欲善其事，必先利其器"，越早进行职业规划，后面的路越轻松。

人们都说职业规划越早越好，那么，怎么做才算早呢？

首先，第一份工作一定要是经过充分思考和准备才做出的选择。

第一份工作，它应该是"精心布局"的职业蓝图中的第一笔，是人生中至关重要的一步，这一点我们在做职业规划时一定要清醒地意识到。

战友们应该在退役前提前了解各种职业的特点，大致给自己构思一下未来的职业蓝图，并试着多为之做些准备。战友们要尽早思考这辈子要做什么工作，思考人生的"那把刷子"是什么。

如果我们从来不曾深入考虑自己到底想要什么，而是凭着本能的"哪个舒服，哪个挣钱"做选择，那么通常的结局就是"干一行，厌一行"。在我们还不曾深入了解一个行业的时候，总会理想化某个职业，以为那里有我们想要的，但是时间久了就想逃离，就想换一份工作，从而导致恶性循环，不断换工作。

有人认为，职场上很多时候都是计划赶不上变化，做职业规划也是白做。其实，做职业规划最重要的是定一个职业的大方向，然后在大方向的基础上适时调整。例如，如果领导的做事方式让你很不满，你可以找其他合拍的领导，可以提升自己处理人际关系的能力，而不是稀里糊涂任性地换工作。不要过多考虑外部环境和机会，而要充分考虑自己的因素，先弄清楚自己的优势，再结合外部环境和机会做出选择。如果你觉得所在的行业有发展前景，但是自己面对工作非常吃力，那么你就要努力学习本行业的知识。总体来说，你仍然没有偏离自己原来的规划路线。

其次，要留时间允许自己试错，只有经过不断试错的职业探索，才能找到真正适合自己的职业。

大量调研结果表明，大部分退役军人刚就业时比较有信心，希望一步到位找到一个收入稳定、体面的工作，但是理想与现实是有很大差距的，真正能一步到位的理想工作少之又少。

我用了6年的时间才真正完成了职业规划，并最终确定了职业方向。那6年的时间是我的试错时间，不断地进行职业探索，经过几次工作尝试，最终才明白哪个职业是我真正喜欢的，哪个职业不适合我。

职业选择不需要一步到位，但大方向要正确。一些战友在择业时，没有选到令自己满意的单位就不去，宁可待在家里，也不愿意屈就。把自己的第一份工作当成自己最后一份工作，抱着"从一而终"的传统择业思想，其实这既不现实也不科学。从部队到社会，有一个逐渐适应的过程，而第一份工作很多时候就是我们的"试验田"，我们通过这块"试验田"逐渐发现自己的兴趣所在、潜能所在，真正了解理想和现实的差距，了解行业的发展趋势，也为第二份高起点的工作积累经验，进一步完善职业规划。

除了求职，还有一部分战友会选择创业。这部分战友创业时对自己的期望很高，毕竟有吃苦肯干的品格，有一定的退役安置费，有创业优惠政策，创业也是理所当然的事。但是从现实来看，相关数据显示，退役军人创业的成功率不到10%，90%的创业以失败告终。退役军人在尚不具备很高的经营管理水平的条件下，在没有一定外力的支持下，盲目自信，涉足不熟悉的行业，将会承受较高的经营风险。因此，我建议战友们在创业前，最好能"先就业"，先积累一定的市场经验，培养市场洞察力，将个人创业风险降到最低。也就是说，战友们创业前需要一段时间做铺垫和摸索创业方向，不能退役后马上创业。

再次，30岁前是职业规划的黄金期，失败不可怕，持续努力才是职业规划成功的基础。

20多岁，是大脑最后一次成长高峰期，社会也会宽容你的成长犯错。例如，25岁决定跨行转型和35岁决定跨行转型，两者就有很大的不同。25岁还是探索、试错、修正阶段，35岁已经"上有老、下有小"，试错成本太高。因此，人生很多决定都是在30岁之前做的。如果超过这个黄金年龄，但想改变自己，当下仍然是改变的最好时间。30岁前，趁自己还有机会选择的时候多一点尝试，而不是等到自己选择余地小的时候，被迫接受现实。

20～30岁是人生打基础的黄金时期，不要稀里糊涂过完这段时间，更不要把压力都留给30岁以后。这个阶段如果没有花足够的时间，尽早拥有自己的技能、经验和关系，那么到了30岁后的职业中期，就会缺乏职业动力。

"黄金十年，一人吃饱，全家不饿"。这个时期努力地专注工作，快速提升自己的能力，让自己在企业和行业里变得有价值，不可替代。在30岁之后，当我们需要面对家庭和事业的两难时，才能有更多的选择权和自主权。

就业的最初几年是一个学习和探索的过程，尝试和错误是正常的，找工作时如果总想着"活儿少、钱多、离家近"，不是这个阶段正常的状态。这个阶段要经过多次的探索，才能明确方向，哪怕走得很慢，也比那些走快路但走弯路的人要快。这就是选择比努力更重要的道理。

我们经常说学历是就业的硬伤。20～30岁，还是提升自身能力的最佳时期。如果没有学历，赶紧修读一个学历；如果没有技能，逼自己学习一门专业技能；如果外语水平不高，可以抓紧一切时间学习；如果演讲水平很差，那就参加培训并大量练习……这个时期，学习比成功更重要。如果发现自己的兴趣目标和现在的职业不符，这是转换跑道的最好时机。

最后，机会永远留给有准备的人，持续学习和职业规划应该贯穿我们的一生。

职业规划越早越好，但它也是贯穿一生的事。职业规划需要不断修正，使其符合自身实际。我们既能做好当下，又能做好未来的筹备。

学习，不仅是职业规划中重要的一部分，还是生存的基本技能。

现在的企业分工越来越精细化，生产工具也越来越科技化，新的商业模式、新的生产工艺、新的管理方法、新的技术变革让求职者压力越来越大。退役军人如果仅凭一身力气、一腔热情，将无法跟上社会发展的脚步，唯有持续学习才能适应大的就业环境。

无论哪个阶段，如果不持续学习，职业发展就会原地踏步甚至退步。我们以为自己没有退步，但实际上社会在进步，我们的圈子也在进步，所以我们与别人之间的差距就在不知不觉中拉开了。

职业规划并非口头计划，应是以学习为中心的行动。说到学习，很多战友就摇头。其实，这里所说的学习，不是与在校读书考试画等号，学习的途径有很多，比如在实际生活中遇到问题时，通过各种努力找到解决方法的过程就是学习，读万卷书、行万里路，学习沟通、学习技能等也是学习。

2.2 唯有拼尽了全力，
才可以说"条条大路通罗马"

"条条大路通罗马"是一句耳熟能详的谚语。这句谚语很多人都说过，尤其是在自己或他人失意的时候，说这句话似乎特别能鼓励人，它告诉人们失败不可怕，因为这条路行不通，还有另外一条路，总有一条是通往成功的路。

然而，我很认真地思考过这句话，我认为"条条大路通罗马"，这句话其实是讲给失败者的。所谓的"条条大路通罗马"，是一时的鼓励和自我安慰，是当下没有拼尽全力的挡箭牌，是在关键时刻给自己多指了一条错误且浪费时间的路。例如，A路走了一半觉得自己走不下去了，就安慰自己说A路可能不适合自己，还是走B路吧；B路走了一段又觉得太累了，想想还是走C路吧；C路走了一段之后又觉得要爬的坡太多了，还是换一条路吧……不是"条条大路通罗马"吗，这条不行就换一条轻松点的。道理是这样，只是哪条路是一马平川不需要爬坡的呢？不断地浅尝试错，吃不了苦就回头找轻松的路，什么时候才能抵达"罗马"呢？

因此，当我们有机会可以发挥的时候，就要把握好当下，做好眼下最重要的事，遇到困难不要马上退缩，也不要考虑其他的退路，坚定且拼尽全力把当下的路走好。

战友 W 的自述

我的高中三年，没有多少时间是用来学习的，全挥霍在了网吧和武侠小说上。高考失利后，我对自己说，在网吧和武侠里的日子没有错，"条条大路通罗马"，不上大学也一样有出路。

大学没有读成，我可以选择当兵，当兵还有机会考军校呢！

然而，在部队的第一年，我又对自己说："我只想专心做一个好兵，没有太大的野心考军校当干部。"我所谓的"专心当好兵"的日子不过是：出操、上班、看电视、打牌。而同宿舍的战友，每天4点起床替人站岗，只为有时间背单词、背公式。退役前夕，同宿舍的战友考上了军校，而我自己即使没有职业技能和学历也觉得没有关系，我告诉自己不是还有能吃苦、能抗压、执行力强这些优势吗，凭这几点我一样能闯出一片天地，"条条大路通罗马"，总有一条通往成功的路是属于我的。

然而，职场残酷，退役后就业求职时，没有人愿意给我机会试错，也没有人愿意给我时间让我成长。除了保安和保险销售，我并没有更好的去处，稍有技术含量的工作几乎都做不了。想起当初在部队时，许多战友都在寻找门路，如学习驾驶、汽修或其他工种。而我害怕学汽修会晒伤，还有每天洗不掉的汽油味。如今没有一技之长的我，每天至少面试七八份工作，依然没有头绪。

一次在某大酒店面试，人事主管看过我的简历后提出中肯的建议："你先找一份谋生的工作，能养活自己后再慢慢谈你的理想。现在可以先做保安，工作量也不大，还有时间自学考证。"我果断拒绝了保安的职位，询问还有什么适合我的职位。人事主管说还有在酒店大堂里为客人搬运行李的服务员，虽然不是什么技术岗位，但由于经常接待外宾，要求岗位人员有一口流利的英语。我立即表示可以尝试，因为我高中时的英语底子很好，有点英语基础。但接下来是打脸的时候，另外一个用人部门经理再次面试，张口就是英语对话，让我一脸茫然，紧张得满头大汗，想着几个单词似乎知道但又不确定，想着回家再查阅一下，才发现英语词典早已送给同宿舍考军校的战友了。

面试官问我，为什么他接触到的退役军人，多数有自考学历、有驾驶证、有一手过硬的本领，而你什么都没有？起初几次面试，我"豪言壮语"地说道："我把机会都让给了战友，把时间都奉献给了部队。"但后来的几次面试，面对这样的提问我自己都低头沉默了。谁都知道"豪言壮语"有几分真，如果在部队想要学习，怎么可能没有机会和时间呢？

我怎么好意思和面试官说，我在本该努力的时候选择了懒惰，在本该为自己负责

的时候选择了逃避，在本该清醒的时候选择了执迷不悟，在不想努力的时候期待不劳而获。当机会来临时，我从来没有为此做过任何准备。我总是期待着未来，却放纵着现在。

不知道 10 年后再回首今天的我们，会不会像战友 W 这样回首"当初"：在有机会的时候，我没有拼尽全力，10 年后才发现错过了很多，唯有安慰自己"当初"再努力一点，一定会有所不同。

但是，"当初"是指哪个"当初"呢？

"当初"如果在此刻，我们又会抱怨工作无趣，日子过得平平淡淡，有学习的机会又抱怨自己工作太忙……还说如果遇到了更好的机会，一定会拼尽全力，但是能力是在日常中逐渐提升的，工作的好坏是和个人能力匹配的，什么怀才不遇，真是极少极少。

当我们习惯性为自己辩解，当计划习惯性流产，当机会习惯性成为我们茶余饭后的叹息，那么无力的我们唯有抱怨，唯有自我安慰，唯有说："没关系，这次不成功还有下次，这条路不成功还有其他的路，'条条大路通罗马'，总有一条通往'罗马'的路是属于自己的。"

站在人生的十字路口，我们都明白，哪条路都有可能是通往成功的"罗马之路"，但条件就是：你正在路上，还必须无比坚定，必须拼尽全力。

编制考试之路

近几年，不断有战友加入公务员或事业编制考试的行列。如果你希望获得一份稳定的工作，且文化基础知识比较扎实、学历大专以上，对自主创业或企业求职等又不感兴趣，那么编制考试这条路是值得一试的。

我所在的工作系统，每年都有一批退役军人通过公务员或事业编制考试进来。每当看到这些战友加入，我总有一种亲切感，也为他们能通过努力"上岸"感到高兴，毕竟我们这个群体和文化基础好的大学生相比，能考进编制队伍真的很不容易。我也走过编制考试这条路，所以知道这条路的确很艰难，也非常不好走。这个过程让人非常煎熬，在复习阶段最低谷的时候甚至让人崩溃。

编制考试竞争是非常激烈的，用百里挑一甚至千里挑一来形容都不为过。如果决定参加编制考试，选择单位、应对考试等很多问题都要认真分析，并做好充分复习准备，短的 3 个月，长的 1 年，甚至可能 3 年。如果没有经过充分复习的准备，编制考试这条路还请战友们一定要慎重。

招考的范围不同，复习的方法和报考的方法也有所不同。在大家心目中，大多数人认为有一份稳定的工作，在政府单位、国有企业上班的就算公务员。其实，每次招考的公告都会详细注明，是属于公务员身份还是参照公务员管理的，或者事业编制。虽然都是国家财政供养的编制人员，但是待遇和晋升方式是不同的。很多事业单位像公立医院、公立学校招考都是属于事业编制的人员，并非属于公务员，只是参照公务员身份管理。编制性质不一样，考试录取的方式和考试难度也有所不同。建议战友们了解清楚考试前的公告再做决定。

关于"公务员或事业编制考试"的备考建议

我结合自身这些年参加编制考试的经历，以及对一些成功"上岸"的高手的经验采访，整理了备考建议，希望能对选择编制考试这条路的战友们有一点启发。

编制考试的考试科目一般是两门：《行政职业能力测试》和《申论》。

《行政职业能力测试》（以下简称《行测》）这个科目因为考试时间紧、题量大、题型多、出题灵活，有一定难度，因此在公务员或事业编制考试的笔试科目中，是较难取得高分的一门考试。考生做不完全部试题是一种普遍现象，大部分考生分数徘徊在50～60分，70分以上已经很不容易，达到80分的更是凤毛麟角，因此许多考生对《行测》望而生畏。而《申论》和《行测》最大的区别是，掌握《申论》复习方法可以在短时间内比较明显地提高分数。

对待复习备考这个问题，战友们在思想上应当有一个正确的认识，如果仗着自己原有的知识积累，只在考试前做一些试题、临时抱佛脚或者进行突击等做法是不可取的。可以说，没有认真的准备，没有刻苦努力的学习，没有针对性的练习，想要取得理想的成绩是不太可能的。如果有战友决定走编制考试这条路，包括《申论》考试在内，复习的时间应在考试前一年左右开始。《行测》所涉及的知识面很广，需要长期的积累，凭借短时间的复习是不可靠的。如果《行测》基础差的战友，可以拉长复习时间和调整两门科目复习时间的比例。

复习过程可以分为三个阶段：第一阶段为计划准备阶段，第二阶段为复习备考阶段，第三阶段为考前冲刺阶段。

（1）计划准备阶段。

当战友做出参加编制考试的决定后，首先需要了解关于考试的整体情况，《行测》包括概况、特点、形势等，心里有个底，对如何着手复习制订一个详细的计划，并坚持按照计划去完成复习内容。然后做一两套真题，了解题型特点、难易度等，发现自己的不足，为自己在今后的复习中掌握侧重点做好准备工作。

《申论》要找准一套复习资料，并以此为复习主线，如《半月谈》杂志社编著的《申论素材宝典》《申论范文宝典》《公考热点解析》等资料。

（2）复习备考阶段。

复习备考阶段是整个复习过程中最重要的阶段，要想通过考试，必须在这个阶段坚持不懈，认真打好基础。

关于《行测》，具体来说，在这个阶段完成的任务主要有三点：第一，对每种题型做全面、细致的分析，尤其是对试题特点、答题规律和方法进行认真研究，这是一个重要的步骤；第二，通过练习来巩固自己掌握的答题规律和方法，通过不断的练习实践来总结自己的答题经验，保证自己的答题方法既省时间又有较高的正确率；第三，无论考生处于哪个复习阶段，都应有意识地对各科知识进行积累，在生活中多思考问题，多关注当地的社会热点、国际国内大事、国家方针政策等，久而久之，对考试必然大有益处。

关于《申论》，具体来说，主要是研究历年考试真题，先自己进行模拟考试，再对照高分范文查找自己的薄弱点。利用碎片时间背诵、积累党报党刊的金句美文、时评亮点、高分范文。

（3）考前冲刺阶段。

这个阶段是复习准备过程的最后阶段，也是关键阶段，从时间上看基本位于考前两三个月。在该阶段应做的准备主要包括以下三个方面。

第一，认真研读考前公布的考试公告与大纲，它们会明确考试的具体情况，包括报考职位、报考方式、报考时间、考试科目、考试题型。考生对于考试题型尤其要认真分析和掌握，因为这代表最准确的考试信息，考生若发现大纲中出现了自己平时没有注意到的题型和问题，在这个阶段务必认真分析研究，直到真正掌握为止。

第二，做近几年的真题，目的在于发现问题，查漏补缺。这些问题可能是多方面的，对于出现的问题要及时解决，主要有做题时间问题、答题方法问题、某些方面的知识欠缺问题等。

第三，在考试的前几天不要再做大量的练习题，而是调整心态，使自己保持一个良好的状态。有时间可以再对考试一年以内的热点要闻、新颁布的政策法律等做一个回顾，让自己轻松、冷静地走进考场。

创业之路

在这个福利保障有待完备的社会，人生要想过得好，就需要当前所做的投资是能为未来的人生带来长久收益的。当创业的收益远大于打工，但风险不一定比打工大很多，付出也未必比打工多很多时，一个理性的选择似乎就是创业。

有些战友退役后初次就业就有马上创业的想法，也有很多人在职场打拼几年之后才选择创业。怀着创业梦想的人很多，几乎每个漂泊者的内心都孕育着一个梦想：创业，当老板。求职就业和自己创业毕竟不同，创业历程有太多的艰辛和风险。

据统计，中国每年有超过 100 万家企业倒闭，平均每分钟有 2 家企业倒闭，能存活至 5 年以上的企业不足 7%、10 年以上的企业不足 2%。创业的环境和政策越来越宽松，但是市场竞争越来越激烈，能创业成功的人一定经历了常人所不能、所不易。

退役后，有的战友选择通过编制考试进入体制内，有的战友到企业求职，有的战友选择自己创业。对于选择创业之路的战友，我常常钦佩不已，这条路需要更大的勇气，要吃更多的苦，要面对更多的挫折，要承担更大的风险。自从有了写书的想法，我对退役军人创业群体也有了特别的关注，希望能从他们身上看到我所不能企及的地方，还希望有一天通过我的记录和反思给其他战友带来一些启发。

淘宝作为比较容易起步的创业平台，为数以万计的退役军人提供了创业的希望。据媒体报道，截至 2020 年 7 月，已经有超过 1 万名退役军人在淘宝创业。有的退役军人刚刚起步，有的退役军人在淘宝年入百万元甚至千万元以上。他们有的利用淘宝拯救了父辈凋敝的家业，甚至带动困难的乡邻就业；有的开创电商新模式，让"生锈"的产业重新"发光"。

> 山东长大的梁某在西藏服役时是名狙击手，参加过全国比武，获奖无数。梁某退役回到老家时，父亲的铁锅厂已濒临破产，只剩几名老师傅。他不顾父亲的反对，放弃"铁饭碗"的工作，回到老旧的工厂创业。他带着父亲和老师傅们将铁锅改小，打造新的铁锅品牌，开起了淘宝店。经过 3 年探索，梁某终于实现创业盈利，2019 年已实现收入两千万元。铁锅作为传统技艺正在互联网中重新发光，还登上了央视纪录片《风味人间》。
>
> 辽宁本溪的退役军人李某，退役后什么都干过，销售、保安、群众演员等，他说自己对工作有点"挑"，退役后总想实现一些价值，却不料社会的洪流远比想象中汹涌。在别人看来，他有些格格不入。在公司上班，老板不许员工在办公室抽烟，鼓励检举，他就照章办事，将老板的亲戚举报，换来的是被辞退。当保安时，站岗站姿太笔直，惹来同事非议，意思是都跟你一样，那不得累死。最后，李某决定通过淘宝创业。在淘宝的世界里，他终于找到了自己发挥的舞台，专注于淘宝平台的粉丝运营，每天的直播带货也有可观的收入。
>
> 重庆的退役军人熊某，在淘宝开店卖重庆火锅底料。为了找到最正宗的火锅底料，他跑遍了重庆的火锅店，找最懂火锅底料的老师傅把关原料。熊某最初的起步，全靠战友们下单支持；如今，线上的淘宝店订单喜人，线下的重庆火锅底料已经打入成都大大小小的火锅店。
>
> 从边疆某部队退役的胡某，退役后去上海闯荡，做了 3 年广告策划，眼看上海房价越来越高，决定回家卖桃子。他的家在蒙阴县的山脚下，几十亩的桃林是父亲退役后回家种的。他的父亲是 20 世纪 70 年代的老兵，父子俩决定好好打理桃林。胡某肯吃苦，负责跑市场，开车一走就是几千千米，先在山东，再一路往南，把桃子卖到广东。后来，胡某决定尝试在淘宝上卖桃子。从开始什么都不会，到主动上淘宝大学、装修网店、打通物流和仓储，如今的胡某不再辛苦跑几千千米的路卖桃子，因为淘宝上的订单已经使他忙得不可开交。

我之所以挑选了几个淘宝创业案例，是因为我知道绝大多数战友的创业基础并不是太好，那些看起来高大上的创业项目，不一定是我们退役军人步入社会初次创业的最佳选择。

我的一个女兵战友陈 Y，因为家里条件比较宽裕，退役后在父母的资助下，她开启了高大上的创业，在家乡旅游区开了一家咖啡馆。她说那是她的梦想，不仅可以挣钱，还没有朝九晚五的职场压力，也不用每天起早贪黑地叫卖产品，她的创业项目是每天看着青山绿水，还能和全国各地的游客交朋友，闲时还能喝茶看书，这一切看起来都很完美。但是，前期投资了近 200 万元之后，生意并没有想象中那么好。旅游旺季时能来几个游客，一年好几个月的淡季，很久都没能迎来游客，开店没多久就入不敷出，再坚持下去只会亏得更厉害。为及时止损不得不关门停业，最后回归职场，从职场小白开始做起。

绝大多数的退役军人缺乏高新技术创业项目，缺乏充足的创业资金，一开始做大项目、大额贷款创业，一定要慎之又慎，最好等到有一定项目经验，在成本风险可控的情况下创业。

国家相关部门多次出台鼓励退役军人群体创业的政策，鼓励发展新个体经济，鼓励线上创业就业。线上电商已经渗透到社会生活的方方面面，小额资金创业、小型项目启动，成本风险相对可控，再加上退役军人吃苦耐劳的优良品质，线上创业就业值得我们退役军人作为就业的一种方式去尝试。

退役军人作为社会上谋生的成员，无论选择哪一条路，企业求职，或者考公务员，或者创业当老板，都是不容易的。因为这个世界上没有不吃苦的工作，也没有不吃苦就能挣来的钱，在人生的十字路口，当我们做好了选择，认准了一条属于自己的正确的路，那就要拼尽全力、砥砺前行。

2.3　专注于你的"核心专长"发展

"核心专长"是立足的根本

战友 D，工作 7 年了还是某公司的普通行政文员，月薪依旧是当初的 3000 元，每天做着相同的工作：复印、订外卖、帮领导订出差的车票、贴发票等。后来碰到公司裁员，她是第一时间被裁掉的。你这样随时可以被替代的，你能干的活儿，随便一个年轻人也能干，同样的活儿，年轻人薪酬更低。如果没有核心竞争力，就很容易被社会淘汰。

社会残酷，职场更残酷。很多人迫于生计或现实，只能重复着眼前忙碌、简单的工作，职场多年，依旧无法形成自己的"核心专长"，无法拥有自己不可替代的专业能力，随时面临失业的危险。

我们不得不面对和深思这样的问题：如果辞职了，我能找到比现在更好的工作吗？这份工作会不会很容易被取替？我能够为就职的单位提供什么价值？离开所在单位，我在职场上比别人更专业的地方是什么？未来三五年，我以什么方式做得比别人优秀？

　　记得在退役前夕，我所在的部队的大多数战友都在焦虑着如何才能找一份好工作，但有一位老班长面对各个优秀企业抛出的橄榄枝，却不知挑哪个好。这位老班长是通信光端专业的业务骨干，几乎所有通信光端方面的难题，只要他出手都能轻松解决。这样的人才，未等他退役，通信类企业都争着来抢，并给出优厚的待遇，希望他能早点退役到企业工作。相比之下，其他战友因为业务技能水平达不到企业的要求等原因，要想进入企业还真不容易。

　　还有一部分战友，他们退役后很长一段时间未能就业，或者见别的战友有的考上编制，有的在大企业找到合适的工作，于是怨天尤人，不仅不从自身找原因，还滋生了莫名的怨气，认为他们能找到好工作，都是托了关系、找了门路。

　　事实上，能力和才华，才是真正的"关系"和"门路"。

　　在现在的求职过程中，尤其是机关事业单位的招录，已经非常透明和规范，通过关系被录用的可能性极低，而企业更加注重录用的员工能为企业带来效益。因此，靠关系就业的想法并不可取，应该把重心从"找关系""找门路"放到自己的"核心专长"上，这样才是正确的。

　　什么是"核心专长"呢？

　　某知名人士在 2013 年跨年演讲中提到"U 盘化生存手艺人"的四个特点：自带信息，不装系统，随时插拔，自由协作。自带信息，也就是我们所说的一技之长，如设计师、会计师、培训师、翻译、程序员等，这些人可以运用自己专业领域独特的技能实现自身价值。

　　"核心专长"是你最拿手、最有把握的事，它可以让我们在就业应聘时很有底气。

　　"核心专长"是在行业里拥有雄厚的专业知识和技能，如果持续专注于这个行业，这个技能短时间内不会被轻易复制。

　　"核心专长"是职场竞争力，有些能力是自己独有的：别人不会，你会；别人会，但你比别人做得更好；别人也做得好，但你的速度更快；别人也快，但你创新；别人也创新，但你能把成本控制得好；别人也能把成本控制得好，但你有本事以此做迁移，辐射其他领域。

　　"核心专长"是你能为社会提供什么样的价值，是你在专业领域做出一些标杆性的成绩，是你在某个行业有明显的存在感和话语权。

如何做，才"专注"

　　被企业抢着要的老班长和其他愁着找不到工作的战友，两种截然不同的情况，说明当时大部分战友没有意识到发展个人才能的重要性。随时被人取代，成为裁员风口的人，一定是没有意识到发展"核心专长"的重要性。

　　那么，如何发展"核心专长"？怎么做才"专注"呢？

（1）断舍离兴趣爱好，塑造"极简"的"专注"思维。

有些战友在部队所学专业难以迁移至企业应用，或者工作一段时间后发现自己对所从事的工作并不感兴趣，这个阶段换专业或工作成本较低，可以重新思考自己的"核心专长"。

将爱好作为"核心专长"也是不错的选择，但也有很多人不认同把爱好变成"核心专长"。然而，的确有很多人基于兴趣爱好，将它深入发展变成自己的个人品牌，可见爱好变成专长也是值得推崇的。

乔布斯说："人这辈子没法做太多的事情，你的时间有限，所以要把最重要的那件事做得精彩绝伦。"有的人想要做的事情太多，哪个都不想放弃，总想每件事情都能成功，这是"专注"的弊端所在。如果不改变思维方式，只会把自己置身于多而杂却无力应付的焦虑中。

退役就业时，我非常焦虑，觉得哪个工作好像都可以做，但是哪个都没有底气做好。后来分析自己，我教育背景一般，职业技能缺乏，人脉资源、经济资源贫乏，在这种条件下，唯一能做的就是把自己不多的时间、精力、金钱、拼劲等聚拢起来，专注于做一件事情。在我确定礼仪培训师方向后，就一直在这个领域深耕，这是职业方向的"断舍离"。

选择自己想要深耕的专业技能，还需要运用发散和直觉思维找到尽可能多的领域，把这些选项罗列下来。按照喜欢或擅长的、有意义和有价值的、自己能长期坚持下来的这几个标准进行筛选，留下一个领域深入研究和学习，并在这个领域耕耘下去。

"十年磨一剑"与"一万小时定律"都表明，任何人在任何领域想要达到卓越的水平都需要至少 10000 个小时的刻意练习。例如，某人有一项专长是写作，通过刻意练习，让写作能力不断精进，从而变成优势和核心竞争力。刻意练习，这是个必要的条件，也就是说如果每天有效学习 3 个小时，需要 10 年时间达到卓越。一项技能越熟练就越有竞争力，这就是为什么 10 年经验的人比 3 年经验的人更有价值、更有竞争力。

（2）养成良好的工作习惯。

现在的工作怎么做得更好一些？工作流程是否可以优化？你想要脱颖而出，就得比同事多付出一些时间、精力。例如，在工作流程上更优化，在工作质量上更优质，在成本控制上更精细。

（3）终身学习，深耕专业，持续精进。

现代社会不断发展和变化，企业中的每个成员都面临着未知风险，比如失业、降薪。飞速变化的外部环境无可避免，但对每个人来说，在社会立足的关键是终身学习，这是专注于"核心专长"发展、提升职场竞争力的最佳方式。

终身学习分为两大类：广度学习，不局限于自己的专业领域，博览群书，开阔视野，打开思维；深度学习，在某个领域持续深耕，打造自己的核心竞争力，形成自己的竞争壁垒。

无论是广度学习还是深度学习，都涉及有效的学习方式，那么什么才是有效的学习方式呢？

认知心理学家认为，最有效的学习方式是效率最低的，意思是只有那些通过一段时间慢慢学习积累的知识才能形成永久性的知识，而那些快餐式、应试式、速成式学习的知识基本上很快就会被遗忘。

（4）摆脱习惯性的"浮浅工作"。

我们的职场充斥着大量的琐事，专注、长效地去做一件事，变得有点奢侈。某研究表明，脑力劳动者 60% 以上的工作时间都花费在打电话、回邮件、群聊沟通等"浮浅工作"上。

所谓"浮浅工作"就是浮在表面上的工作，也就是不需要进行很多思考的事务性工作。这些工作不仅对认知要求不高，还因为实际产出无法衡量，它们会给人们一种幻觉，只要时间被填满，自己处于忙碌状态，人们就误以为这些工作很有价值。

事实上，这样的工作通常不会为世界创造太多价值，而且它们可替代性强，不会让我们的能力得到提升。更可怕的是，一旦我们习惯于"浮浅工作"，将会慢慢丧失职场竞争力。

如何摆脱习惯性的"浮浅工作"呢？与"浮浅工作"相对的是深度工作，深度工作是指在无干扰的状态下，专注地进行职业活动，使个人认知能力达到极限，实现个人成长。深度工作的关键是有效利用碎片时间，专注高附加值的工作事项，聚焦成果、形成闭环。

高附加值工作：每日总结、计划，独处思考，项目设计，课程开发，客户管理等。低效事项：不停刷手机，各种无聊唠嗑，做事虎头蛇尾，总忙于别人的事。合理安排"浮浅工作"与"深度工作"的时间，尽量把琐事集中到一起办，为自己创造整段时间做最重要的事。

（5）有效社会，极简社交。

我们身处一个需要人际关系维护的社会，不可避免需要社交活动，但是要创造深度工作时间，需要遵循一个"关键少数法则"，意思是我们要明确自己工作和生活的目标，然后根据自己的目标来判断某个社交媒体是否有利于自己目标的实现，如果没有那就减少使用次数甚至停止使用。

（6）专题类购书精读并输出。

选择跟自己的"核心专长"相关的方向，购买 50 本以上的这个领域的专题类书籍进行精读，掌握书中精华，做输出验证，比如你可以将书中精华变成演讲内容与他人分享。输出是促使和验证你飞跃式进步的重要手段。

"I 型人才"和"T 型人才"带给我们的思考

管理学家提出的"I 型人才"和"T 型人才"的概念，引起了人们的高度关注和热议，也让我们在专注核心领域发展的同时，有了更多的反思。不易被社会淘汰且具有核心竞争力的人才，一定是既专业又具有良好素养的人。I 型人才是指在一个领域研究比较深，但直上直下，没有延伸或变通；T 型人才是指以 I 型专业领域为基础，先在社会上站稳脚跟，再横向发展延伸，积累广博的知识。T 型人才，最大的优势是他们除了在专业领域研究，还能够系统性、全局性地思考问题。

某 IT 公司员工小李，大学毕业后进入该公司，一待就是 7 年。他认为自己是老员工，晋升加薪是必然的，但没想到一次裁员风口，他成了裁员对象。他不甘心这样的结局，找到人力资源部门理论，得到的回应是，他的能力不差，但相比其他既有专业能力又有销售能力的员工，公司只能留下两种能力兼备的员工。还有一部分员工，虽然专业领域研究得很深，但人际关系、沟通能力、创新变通能力欠缺，仍有可能被淘汰。

著名管理思想家埃米尼亚·伊贝拉在《能力陷阱》一书中提到，我们很乐于去做那些擅长的事情，于是一直在做，做得越多就越擅长，越擅长就越去做，这样的一个循环能让我们在这个方向获得更多的经验，但因为把时间和精力都分配到所擅长的事情上，而其他新的知识容易忽略，从而陷入能力陷阱，在其他方面无法突破。

伊贝拉提醒我们，当你沉迷在自己的优势里，不愿意接受新模式、新技术，不愿意放弃暂时的荣耀和利益时，也就是你快要出局之时。如果没有死死绑在一个将来可能会失效的专长上面，拥有随时跳出专长束缚的能力，那才是最值得拥有的专长。

避免能力陷阱就是避免只做擅长的事情，敢于探索陌生领域，与不同的人和团队建立沟通桥梁，提高预见性，敏锐地预见新的可能性，感知环境中的威胁与机遇。具有专长能力的人要提高沟通能力，千万不要让自己带着"核心专长"变成职场上的"孤岛"。保持好奇心同样重要，不要因为自己是某一方面的专家，就对其他岗位和圈子嗤之以鼻，毕竟今天许多变化几乎都属于跨界打击。

专注"核心专长"发展时还要时刻思考自己的岗位是否不可替代。如果工作处于价值减量状态，明知如此不仅不进行自我反思，还想升职加薪，这可能就是一个能力陷阱。

基于自己的某项技能特长，在职场内外进行人际互动，让自己成为受人欢迎的"资源"，以此为驱动，不断拓展能力边界，放大自己的价值。更新职场技能，构建知识体系，通过更新和迁移已习得的知识，适应越来越多的职业需求和岗位变化，才是我们具有"核心专长"且能在职场上如鱼得水的秘诀。

2.4 职业瓶颈期与人生低谷时怎么度过

经济学上有个"边际效益递减"理论，比如肚子饿了，吃了 3 个鸡腿，虽然这 3 个鸡腿的味道实际上是一样的，但第一个鸡腿的味道一定是最香、最有价值的，第二个、第三个就会出现"边际效益递减"。

在职场最初的快速进步期，我们会感觉到每天都能学会很多东西，每月做事的熟练度都在增加，每年看问题的眼光都在变化，但精力投入到一定程度时就会出现拐点：每天按时上下班，按计划工作，开始厌倦这种生活，开始感觉没有进步。这时候，从边际效益递增到递减的拐点就是职业瓶颈。例如，很多人都会感叹，现在真是做什么都不容易，挣钱是很难的，想突破、上升到更高一个层次更难。

职场既有顶峰时刻，也有拐点时的瓶颈时刻。人生也是如此，既有高光时刻，也有至暗的人生低谷期。

说到人生低谷期，我深刻地记得那个场景。下班时间，广州人来人往的地铁上，一个穿着职业装的姑娘，一边紧拽着把手，一边满脸悲伤，眼泪早已夺眶而出。虽然她难过的真相我不得而知，但是我似乎感同身受，因为成年人的生活，总是那么不容易：或者是生活压力逼得自己喘不过气来，或者是工作不顺，或者是家人生病，或者是自己失去了什么……总之，当自己感觉很差劲的时候，看到的世界似乎都是灰色的。

没有人的一生总是一路高歌，谁都会经历低谷。当我们处于低谷时，那种感觉就像在深海，疲惫、迷茫、焦虑、悲伤、痛苦充斥在周围，如果沉浸其中太久，不愿采取行动自救，就会沉入海底；如果勇敢地划动双手，就会摆脱漩涡，让自己浮出水面，这时才能呼吸，才能挺过来。

越是谷底，越要奋起

走在实现梦想的路上已经好多年了，仍然屡战屡败、屡败屡战；

创业艰难，前景不明朗，市场不明晰，团队不成熟，资金周转困难，心力交瘁，辗转难眠，而一起官司、一笔欠款、一次意外，成了压倒骆驼的最后一根稻草，创业失败，负债累累，一无所有；

工作业绩的考核，总差那么一点点才达标，每次为了达标周旋在客户中，拉关系、欠人情、陪喝酒，直到身体"报警"；

加班是每天的常态，忙得没有朋友，没有家庭；

在考编的路上奋战了数次，依然未能"上岸"，无数个夜晚崩溃痛哭，几乎失去了再战的勇气；

谈了多年的恋人分手了，感觉从此不会爱了；

亲人从病重到去世，甚至其他的重击，所有的事情都一股脑袭来，本想撕心裂肺地哭一场，却发现黑暗到极点，却痛苦麻木得没有一滴眼泪；

…………

在人生至暗的低谷，绝望、无助，却不想和任何人接触，深陷创伤和痛苦中而不想面对糟糕的自己。

每个人的人生都会经历低谷，人在低谷的时候，可以什么都没有，唯一不能失去的是生活的希望和奋斗的勇气。

新东方创始人俞敏洪曾笑谈自己过往的经历，他说创业初期，新东方两间漏雨的破房子不敢放学生交来的学费，于是每天都把钱拎回家，结果有一天被人盯上了，还被打了一种大型动物的麻醉针，连医生也想不通俞敏洪怎么就活了下来。后来，俞敏洪发现，原来自己的酒量特别大，抗麻醉能力特别强。在新东方创业早期，俞敏洪为了拉关系请人喝酒，当时的规矩是，一人一杯连敬三圈，经常半个小时不到近两斤酒就喝完了。有一次，俞敏洪喝得太多导致昏迷，送到医院抢救了 5 个小时，醒来的时候，号啕大哭。即使创业这么难，但还是咬牙坚持应对各种困境。俞敏洪觉得，恰恰是这些苦到极点的经历，锻造了他今天的成熟和隐忍。正是这些低谷时的痛苦，促使着他反弹，不断迈向新的目标。

央视有一个专题报道"人生由我不由命——脑瘫厂长陆鸿"。一个从被骂"脑瘫"、被嘲"傻子"到年收入千万元的创业者，面对央视镜头，陆鸿扭着僵直的脖子，口齿不清却掷地有声地说："我也是个有价值的人！"陆鸿一路走来，经历了人间污浊的洗礼，在他人生最绝望的时候，打碎命运的枷锁，绝地反击，脚踏实地，跳出舒适区，他坚信自己可以成功，并以赤子之心回报社会的回馈。

看完陆鸿的故事，我已泪眼蒙眬。残障人士有人生低谷，退役军人不也一样有吗？退役后，那种无法顺利找到自己和社会的融合点，遇到了前所未有的挑战和困难，有家庭的矛盾、职场的不顺、创业的失败等，这个时期，既痛苦、困惑，也很无助，不就是退役军人处于人生低谷时的写照吗？

人生就像洪水奔流，如果不碰到暗礁，就难以激起美丽的浪花。没有永远胜利的战士，从失败中爬起来，对失败进行客观公正的反思，由内而外寻找原因，承担所有的问题和责任，舔净伤口，恢复元气，寻找机会，从头再来。熬过人生最黑暗的低谷，终有一天会成为你的财富。

越在谷底，越要奋起。请相信，至底之后，将迎来向上的路。

越是低谷的时候，越不要闲着

在海边，有一幕很常见：渔民在休渔期无法捕鱼时，就会修补他们的渔网。

是的，我们越是处于低谷的时候，越不要让自己闲着，因地制宜，顺势而为，做可以做的事情。

毕淑敏在《我是怎样度过人生的低潮期的》一文中写道：

安静地等待。

好好睡觉，像一只冬眠的熊。

锻炼身体，坚信无论是承受更深的低潮或是迎接高潮，好的体魄都用得着。

和知心的朋友谈天，基本上不发牢骚，主要是回忆快乐的时光。

多读书，看一些传记。一来增长知识，顺带还可瞧瞧别人倒霉的时候是怎么挺过去的。趁机做家务，把平时忙碌顾不上的活儿都抓紧此时干完。

曾在网上看到一个提问："37岁失业了，孩子的奶粉钱都没有了，压力巨大，超级痛苦，怎么办？"网友们的回答让我印象深刻。"我跟你同岁，我也失业了。但是，失业不代表没事情可做，以前不想做的、没时间做的，现在都可以做了。利用这段时间，我好好收拾屋子，也收拾一下心情。联系了几个人脉广的朋友，接了一些零散的项目，一边投简历，一边赚点生活费。还收到中华骨髓库的通知说，我和一名病患配型成功了。这个世界上还有一条鲜活的生命，等着我去挽救呢！当我认为生活对我很残酷的时候，我认为我比病重的人还多一份希望。请不要浪费这份希望，这个世界没有绝对的困境，只有不肯主动走出来的心。"

人真的是常常因为百无聊赖，才会无病呻吟，因而心生杂念。唯有全身心投入去完成一件事情时，才会忘记那些生活的沉重。唯有忙，才能悄悄改变现状。

有人说：最悲惨、最无助、最绝望的时候，读书是人走出苦海、脱离困境、活下去的最重要途径。还有人说：当一无所有的时候，最低的跃起成本就是忘我读书；当理想撑不起野心的时候，最简单、最容易做的事也是读书。读书越多，越能参照和反思自己。从书中学到全新的知识和思想，这是一个打破固有观念、重新建构思想的过程，这个过程让人学会反思自省，学会辩证地看待问题，认识到世界事物的多元性，从而学会包容、接纳。

俞敏洪在北京大学求学时，因为样貌不太出众，学习也不好，班里的同学成绩好，大家都很排斥他，那段日子俞敏洪的内心无比孤独，但他没有轻言放弃，而是把时间都放在图书馆里。后来，他创业成功，身价不菲，回想起那段无人问津的日子，他说道：感谢那段人生最自卑、最低谷的经历，让自己用读书经营了自己的底蕴，修炼了自己的气度。

在人生低谷的时候，沉静下来读书，是完成人生最重要的知识储备的极佳时期。当有了一定的知识储备，才会在后来努力奋斗的时候拥有一股持续前进的力量。

创业成功后的俞敏洪，仍每个月读40本书，并坚持写读书笔记，他说这些都是坐车、坐飞机，甚至一些会议的转场中见缝插针读的。一个管理着几万名员工的人，仍能抽出时间读书。但是，大多数人一个月都看不了一本书，他们认为看书实在看不进去；还有人认为读了书还是一样穷，一样解决不了眼前的问题。其实，这就涉及读书的技巧问题，解决这个问题的关键是，要想从书中真正获益，就要带着验证去读书，即用实际行动来验证书中的理论，解决现实中的问题。

人生低谷时，熬不过去就是火坑，熬过去了就是重生。熬的方式，除了读书，还有很多种，只要我们始终不放弃自己。当有一天通过各种办法走出了人生的低谷时就会发现，原来你能熬过多少至暗的低谷时刻，你就能走多远。身边的一切还是那样，环境没有变，身边的人也没有变，唯有我们自己变得更好了！

2.5　跳槽，代表你的专业能力升级

战友Z，服役5年，2008年从武警某部退役。退役后，战友Z在一家公司当行政秘书，虽然工资不是很高，但她觉得能在深圳这个城市找到一份工作已经很不容易。她很能吃苦，工作上虽然谈不上有很大的发展空间，但也很想找更好的出路。然而，她的先生经常跳槽，这使得她只能坚守工作岗位来保证家里的开支，从而在该公司的行政秘书岗位上一待就是8年，8年后才晋升为行政主管，之后在行政主管的岗位上又干了3年。

2020年，受新冠肺炎疫情的影响，公司裁员，在该公司待了11年的战友Z失业了。这时候，她已经38岁，除了11年的文秘工作经验，其他方面相比11年前没有任何进步，想要找到更好的工作显然非常难。

战友Z的先生也是退役军人，他初中毕业后参军，原是某后勤部队的一名司机，人长得高大帅气，为人比较讲义气，凭他在部队学的一手过硬驾驶技术和不错的外在形象，退役后很快便在深圳一大型企业找到一份司机工作。但不知何种原因，他的第一份工作干了不到一年便辞职，接下来不断换工作：企业司机、物流公司仓库经理、保险公司车险直销员、某大型夜总会保安队副队长，最后创业开过茶叶店、一元精品店，但经营不善，均以失败告终。

因家里小孩接连生病需要治疗，无奈之下，战友Z和先生办了几张信用卡，从中周转费用，从一万元到两三万元，最后到十几万元，过着拆东墙补西墙的日子。两人的收入刚好够支付房租和水电费等日常开支，没办法给小孩更好的生活条件，不得已把小孩送回老家给老人带。目前，战友Z和先生通过贷款买了两辆车，两人在深圳做起了网约车司机。

战友H，退役后在中国电信从事客服工作。关于这份工作，她认为虽然工资很低，但事少、离家近，从普通客服专员到客服经理，她一干就是10年。在此期间，因为工资低，无法过上更有质量的生活，她无数次动过辞职的念头，但是因为没有专业技能和学历，担心找不到更好的工作，迟迟不敢做出跳槽的决定。

退役后，我和H在同一个城市工作。2014年我组建公益团队时，便有意识地带着她一起做公益教育项目。上礼仪培训课时，邀请她做我的课程助教，希望她通过教育的平台，能发现自己另一方面的潜质，并培养自己的一项专长。

经过两年多的努力，H发现自己在儿童公益教育领域有潜力且有很大的发展空间。

2016年年初，战友H通过了女童保护志愿者讲师、高级儿童礼仪讲师、社工师的资格考试。2016年年底，正值中国电信客服平台改革，客服专员被大规模裁员。在改革前，战友H有意识地提升自己，通过业余时间学习，找到了深耕的领域，并考取了相关证书，最后她终于鼓起辞职的勇气，跳槽到一家社工服务机构做负责人。现在，她已在公益领域小有成就，信心满满地找到了未来的职业方向。

究竟什么时候，才应该考虑跳槽

在现代职场上，很少有人会在一个职位或一个单位工作到退休。如果不是在较稳定的体制内工作，一般都会经历多次找工作的场景。换岗位或换单位，我们叫作跳槽。

工作不开心、工资不涨、工作无乐趣、领导脾气差、同事奇葩……深受困扰的职场人士往往用跳槽来改变现状，随性而为，"一言不合就跳槽"。

现在的你，也许已在职场上摸爬滚打一段时间了。在职场浸润的日子里，也许你有过无数次跳槽的想法。

跳不跳槽？在无比矛盾的时候，多理性地想想，认真地规划，做理性的分析。换工作之后会有更好的发展，这是理性的跳槽；随自己的心情，怕苦怕累而换工作，这是非理性的跳槽。

跳槽是为了更好的职业发展。那么，在哪些情况下，我们应该考虑跳槽呢？

第一，这份工作已经在严重透支你的身心健康。它本来是一份让你活下去的工作，但逐渐让你活不下去了，那就得考虑它的可持续发展了。

第二，合理的报酬。只有保证生活正常开支，才能安心干事业。如果你的单位经常不按时发工资，还有越拖越久的趋势，或者工资水平明显低于行业平均水平，那么你得认真思考出路了。

第三，"重复性劳动"是职场危机的罪魁祸首。日复一日的重复性劳动，工作越来越熟练，但成长越来越慢。上述案例中的两位战友，十年如一日，做着简单的重复性的工作，成长越来越慢，便是一个危险的信号。

第四，可替代性强，很多人都能做，甚至未来人工智能也可以做。扩展性很弱，很难学到扩展去做其他工作的技能。

第五，相关研究发现，工作 5 年左右是进入职业停滞期的临界时间。如果以任职时间长短来对员工的职业成长状况进行判断，当任职时间达到或超过 5 年而没有晋升或横向流动，在以后的职业生涯中能够进一步提升的可能性非常小。在职业停滞期，尤其是在 30 岁之前，如果发现自己进一步提升的可能性很小了，这时候就要适当考虑和权衡跳槽的时机，以及调整职业成长路线了。

以上几点也是非常实际的需求，如果是综合权衡之下做出的选择，那么跳槽是相对理性的。

但相关数据表明，有 70%的人是一时冲动，脑子一热就选择了跳槽。

非理性的思考，想不清楚就跳槽，可能最后都是跳进了另一个让自己更后悔的坑。

（1）情绪化的跳槽。领导脾气不好，感觉领导工作安排不好，同事相处不融洽等，这些情况应该综合权衡，而不是随便跳槽。工作中遇到委屈实在太正常了，没有一份工作是没有"委屈"的。如果拿着高薪但对人际关系诸多不满，也有可能是我们自己的能力和情商不适应工作，此时应该提高各种能力，而不是通过随便跳槽让工作来适合我们。

（2）哪里工资高往哪里跳。很多人跳槽就是为了高工资，更有一部分人把跳槽当成涨薪的捷径，隔一段时间就会跳一跳。找工作不看钱，不现实；但只看钱，不看前景，更不可取。一份工作的收益，钱只是一部分，个人能力和格局的提升，个人发展的空间，这些都是无形的收益，这部分才是职业规划中的重中之重。

相关机构调研显示，59%的人直言跳槽是为了"赚更多的钱"，但是绝大多数人跳槽后发现，原以为跳槽是华丽的转身，没想到是从一个坑跳进了另外一个坑，兜兜转转才发现，事少、钱多、离家近都是幻想。如果想通过跳槽获得高工资，往往是难以长久的，因为高薪一定是和个人能力相匹配的，而不是通过频繁的跳槽来实现的。

（3）每个岗位都干不深入就想着跳槽。现实生活中的职场新人，特别是比较有能力的新人，对自己看得过重，于是在短期得不到自己想要的结果的时候，就想到另外的地方去实现自己的目标。当他到了另外一个地方，对企业的期望往往就更高了，结果跳到新的单位才发现现实和幻想有很大的差距，于是又想着跳槽了。

对于职场新人而言，3 年时间在个人职业发展道路上是知识和经验积累的标准线。职场新人从无知到有知、从没经验到较有经验，往往需要 3 年左右的时间进行系统学习，才能够让个人判断能力、思维模式和工作方法等有质的提升，并且能初步形成一套自有的模式。而往往就是在这个阶段，职场新人会面对外部的很多诱惑，如果没有清晰的规划与目标，很容易频繁跳槽，并最终导致职业发展的困惑。如果每次跳槽都能达到修正当初盲目求职这个错误的目的的话，那么这样的跳槽是值得鼓励的。但是，在目标不明确的时候就选择跳槽，拿整个职业生涯做"赌注"，结果可能比原来更糟。

（4）跟风式跳槽。没有自己的规划，也没有做好跳槽的充分准备，人云亦云，盲目跟风。看着公司同事走了，也跟着要离开，又听说其他行业发展前景更好，也跟着一头扎进去。这样的跳槽，大多数是越跳越糟。

做足功课，才能华丽转身

跳槽的成本非常高，因为不见得下家一定比这家好，要适应新的工作内容、团队成员、企业文化，这都需要时间和精力。缺乏职业规划，其实怎么跳槽都是错。从有跳槽的想法到决定辞职，建议给自己一个跳槽冷静期，并认真思考自己跳槽是否符合职业规划，考虑这份工作是不是我们职业生涯中的一个重要阶段，而不仅仅是一份工作那么简单。唯有做足功课，有意识地、审慎地评估风险，才有可能华丽转身。

（1）想通过跳槽解决什么问题？是想解决职场发展的问题，还是生活的问题？如果是想解决生活问题，其实是你的生活习惯、作息、情绪有问题，这个可以自己调整，但是以换工作来解决生活问题，不一定会让你越跳越好。很多时候，对现在的工作不满意，不代表你所在的单位不好，也不代表你所在的单位没有好的岗位，而是你应该想想能不能努力在本单位好好发展，是否有换岗位或晋升的空间。

（2）跳槽能不能带来明显的提升？跳槽去另一个单位，工资上涨了很多吗？成长空间比以前更大吗？有些人在选择职位时，更看重的是工作环境，究其重要的原因就是一个优秀的工作环境，即一个好的企业或团队可以为你提供更好的发展机会，以及更宽泛的人际关系网络。如果和以前差不多，充其量就是在不同岗位间跳来跳去，这样的跳槽意义并不大。

（3）跳槽后会产生哪些新成本？例如，转换成本、学习成本等，你是否评估了这些成本？频繁跳槽意味着会浪费大量时间在面试、入职和试用期上，而且进入一个新行业需要用两三年时间才能真正入门。频繁跳槽会让你的简历上多几份短期工作经历，而新的应聘单位会认为你是一个没有明确规划、浮躁不定的人。

（4）职业空白期怎么办？在下一份工作开始之前，大多数人会经历一段职业空白期。所谓职业空白期，主要是指由于某种原因在一定时间内处于无工作或无就业纪录的状态。在决定跳槽、递交辞职信前，你是否至少要准备 3 个月的生活费？以便在职业空白期能保证基础生活的开支，并为找下一份工作做好准备。事实上，如果将这段时间充分利用起来，做好该做的准备，非但不会降低个人的职业含金量，反而可以有更多的精力用于既往经验的总结、自我深入思考和分析。如同火车到站，修整一下、加加油，对职业长期发展有利。如果几年内没有成长，没有专业能力的积累，没有独当一面、解决问题的能力，即使跳槽到新的单位一样帮不了你。花时间去提升自身的能力，比盲目跳槽更划算。

（5）想换工作这个想法跟谁聊？听谁的意见？有人先跟老板聊，跟人力资源主管聊，这可能都得不到你想要的答案。跳槽之前最好先跟能打破你认知局限的人聊，听听他们的意见。对于大多数人而言，真正有用的跳槽次数非常有限，无法根据过往经验做出有效判断。而征求他人的意见，或者是自己已经有了答案的情况下寻求他人的意见，其实大多数人是想在身边的圈子里求得一份内心的肯定感，而被征求意见的人，一般也是顺水推舟，说几句你想听的话。局限于已经固化的认知和圈子里，反复征求意见，不会起到什么作用。最好的做法是找过来人，或者找行业内部人员探探消息。

每次跳槽都应该是一个阶梯形的成长

有人曾说过：年轻人应该挑战自己，不要把时间浪费在安稳、简单、重复的工作上，而要以"成为某个特殊又有用的领域的最顶尖人才"为目标。"成为某个特殊又有用的领域的最顶尖人才"这样的职业规划，其实是一种延迟满足的艺术。这种延迟满足要能够为长期目标而舍弃短期的利益，在长期愿景上专注耕耘。

在职业发展中，我们收获的是两份工资，一份是钱，一份是成长。失去了成长加速度，就是失去了未来的竞争力。当下的成长，在未来就是一笔收入。如果有一个平台比原来的更大，你会有更快的成长，但如果摆在你面前的平台小、来钱快，那么你一定要知道，眼前的这点钱，在巨大的成长面前不算什么，因为你的成长在未来会变成今天十倍甚至百倍的收入。

有职业规划的人，跳槽是为了实现某个职业目标，他们知道自己想要什么，有明确方向，跳槽是一个升级，是一个更好的开始。如果跳槽不是为了实现你的职业目标，不是你职业规划中的一段路，那就不要被短期的利益蒙蔽，使自己错过更长远的机会。

有人说，道理都懂，但面对选择仍然迷茫。也许稍微调整一下思维方式，可能会不一样。因为认知决定行为，行为带来结果。高维度的思考，是扭转局面的关键。

（1）"高估自己"是认知盲区。很多人经常忽视组织在他们的成功中发挥的作用，对自己的评价总是超出实际贡献。多数人认为所在公司有问题，而看不到自己可能也是问题的一部分。如果过高评估自己，自己往往会低估找到新工作所需的时间，以及要付出的转换成本。

（2）"不可替代"的错误认知。很多人会说现在的工作无法体现自己的价值，自己的工作很简单，很容易就会被人取代，就像流水线上的工作一样，根本没有办法建立自己的不可替代性。其实，这是一种很广泛的错误认知，不可替代性不在于职位，而在于人。只要这个岗位存在，就没有工作是不可替代的，能够发挥不可替代性的只有岗位上的人。不可替代性是指在岗位上，你为所在岗位添上的附加值，扩展岗位的宽度。如果你能够为简单的工作附加更多的内容和价值，扩宽岗位的宽度，能人所不能，你就是不可替代的。例如，有人说，司机这个职位很容易被人取代。是的，谁都可以学会开车，但是只要司机岗位存在，你不仅车开得好，还能兼任老板的秘书，甚至还能联系一些关键客户，当你在一份即使如司机这样简单的工作中，积累了可迁移的技能、有意义的经验、可持久的关系，你在司机中是最优秀的，你就是不可替代的。

（3）跳槽的底气不仅来自学历，还有其他方面。例如，可迁移的技能，这是每个人处理问题的基本能力，如沟通能力、分析能力等，这些能力不会因行业的不同而发生变化。有意义的经验是指一个人在职业道路上所积累的经验，有意义的经验越丰富，抗风险能力就越强。可持久的关系，你所结识的领导、同事、客户，这些人会影响你的职业高度。当你具备了迁移的能力、有意义的工作经验，拥有可持久的关系资源，相信你的跳槽会是胸有成竹、从容不迫的。

愿你的每次跳槽，都是一次能力的升级，都有一个更高的起点。

2.6 "斜杠青年"不一定适合你

2020 年上半年，受到新冠肺炎疫情的影响，在教育培训行业，无论是培训机构还是培训师都遭遇了史上艰难的日子：很多培训机构没有生源就无力支付租金等开支，不得不关闭；绝大多数培训师不能上课就没有收入，因此不得不考虑新的出路以维持生活。

这时候，在教育培训的圈子里，短短两三个月的时间，突然出现了大量的培训师转行微商的局面。现实生活的残酷，为了活下去，"转型做微商"这个转变似乎可以理解，但又觉得似乎哪里不妥。

这么多培训师转型，让我思考这背后的深层原因是什么。假如我是暂时处于失业状态的培训师要不要去做微商？什么时候才会选择做微商？如果做微商挣的钱足够多，会不会促使我转型专职做微商？

就在我百思无解的时候，培训界的一位大咖"秋叶"发声了。他的发声，正好给了迷茫中充满疑惑的我一个完美的解答。"秋叶"的观点：①如果既想做微商又想做老师，就会把自己的标签定位变得模糊，最后在别人心目中，既不像卖课程的也不像卖货的，反而这两种产品销售效率都会降低。②打造个人品牌，就是打造你在别人心目中的特色标签，大家认可你这个标签了，在特定产品中你说话就有影响力。如果你什么都想要，反而会让别人记不住你的标签，除了很信任你的人，大家不会重视你的推荐，得不偿失。③一个人可以给自己很多种可能，但最终只能选一种可能。④做一个长期主义者，而不是用短期利益刺激别人，才是打造个人品牌、换取长期可持续回报的方式。

"秋叶"的观点解答了我之前"说不出来的哪里不妥"的疑惑。是的，如果我的定位是一位培训师，再身兼卖货的微商身份，确实对我的标签定位有一定影响。尤其我已经过了有资本折腾的 30 岁之前的年龄，30 岁之后重新定位是一件成本很高、代价很大的事情。

2020 年下半年，原来受新冠肺炎疫情影响的各大行业开始慢慢复苏，培训机构也逐渐步入正轨，培训师又开始了忙碌的讲课。但是转型做微商的培训师却悄无声息了，不知道为什么不再坚持做微商了，也没有之前培训师的影响力了，这种状况正好印证了"秋叶"所说的"做一个长期主义者，才是打造个人品牌、换取长期可持续回报的方式"。

什么是"斜杠青年"

"斜杠"（"／"）的概念，是指拥有多重职业和身份的人。例如，达·芬奇不仅是画家，还是科学家／生物学家／工程师／天文学家／音乐家／数学家／植物学家；某人可能不仅是演员，还是导演／主编／书法家／服装设计师。又如，茶艺师／花艺师、公务员／摄影师、民宿老板／花艺师／茶艺师等。

当下的经济环境和线上平台给我们创造了多重职业的机会，当很多人不满足于只做一件事时，"斜杠"概念的兴起，与许多追求多彩人生体验的年轻人一拍即合，成为年轻群体的一种生活态度和一种职业取向。他们在拥有第一职业的同时，开始发展第二职业，如白天在公司上班，晚上依靠其他平台做微商、写作等，找到了自己的职业自主性和技能发挥空间。

某调研机构对 1988 名 18～35 岁青年进行的一项调查显示，52%的受访者确认身边有"斜杠青年"。为什么"斜杠青年"这么多呢？这是新时代大环境赋予年轻人的多元选择。

经济发展、产业升级、互联网技术的进步、各种新兴职业的兴起，大大改变了生产组织的形态，解除了工作场景的束缚。当一个人就能成为一个独立的服务提供商时，"斜杠青年"就有了生长的土壤，为多重职业提供了更多的可能。

一个独立的室内设计师，主业是做室内设计，但是在室内待久了，想换换工作环境，因而一天中抽出几个小时做起了外卖员。这两个职业并不冲突，满足个人对不同职业的体验，而且就业大环境的土壤非常好，一辆摩托车、一部手机就能做外卖员。某中学语文老师，因为爱好瑜伽，主业之外的另一个身份是瑜伽老师，语文老师的主业做得还不错，而副业虽然不像专业群体那样有更多的时间和精力，但是作为瑜伽老师的技能水平也是符合专业要求的。

这里讲的"斜杠身份"，其实就是你有一个主业，同时要开展其他的副业。检验"斜杠身份"最好的方法就是你的副业能不能经受得住市场考验。

某知名淘宝店铺，一年几十亿元的销售额，这个品牌的创始人就是一个"斜杠身份"。如果不做"斜杠身份"的尝试，该网店老板就不会知道世界给他打开的另一扇窗。他当时的主业是韩语翻译，在韩国带团的时候，发现代购是在带团之余可以做的，于是他在淘宝上开店，将从韩国代购回来的衣服重新包装，在淘宝上卖。他的主业是韩语翻译，"斜杠身份"是淘宝店服装店主，两者并不冲突，而且相辅相成，两份职业同时创造财富。

上面提到的案例，选择"斜杠身份"的原因主要是增加额外收入、兴趣所趋、自我提升，是个人从主观意愿出发选择"斜杠身份"。但还有一部分人是迫于现实生活，被逼选择"斜杠身份"增加收入。尤其是有了小孩的一些人，家庭开支太大，仅靠主业的工资无法保证家庭的生活质量，本着不能把鸡蛋都放在一个篮子里的原则，只能多开发一个"斜杠身份"，不同身份之间关联性不大，以保证旱涝保收。

还有一部分人不喜欢单一稳定的工作，认为单一稳定的工作束缚了个性的发展，而且晋升之路漫长，认为自己晋升概率较低，当精神和价值感得不到满足时，就开始基于自己的兴趣爱好分化一些可以成为职业的"斜杠身份"。这部分人的"斜杠身份"是现实生活压力及精神追求交织下的选择。

还有一部分人本着"去做想做的事，成为想成为的人"的想法，且对赚钱不那么看重，想活出精彩的自己，希望见到不一样的事物，希望能体验未曾体验过的情感，希望能遇到一些想法与众不同的人，渴望改变自己，渴望创造更多的价值，从而选择"斜杠身份"。

"斜杠青年"积极探索多元的人生，让人生有更多的选择，这是一种价值观的选择，并不是成功的方法论。如果从正能量的角度来看，这些吃苦耐劳、自强自立、充满活力的青年，充分利用时间体验丰富多彩的人生，充分挖掘新的职业能力，值得学习和鼓励。同时，从侧面体现了社会价值，如外卖员或瑜伽老师等的"斜杠身份"，充分挖掘自身潜力来促进社会经济发展，为大环境的经济发展注入活力。

"斜杠青年"真的适合自己吗

战友 L，主业是公司职员，副业是微商。她经常在上班时间通过朋友圈做微商卖"××润唇膏"，半年时间赚了几万元，这个收入超过了她主业的工资，于是她萌生了辞职专攻微商的想法。我的建议是不能辞职。她说现在不是很流行"斜杠"吗？我说你这不叫"斜杠"，你这叫上班时间干私活儿。举个例子，我的邻居家有一个阿姨，工作任务是带孩子，但是她等邻居家孩子去幼儿园时，还在小区接其他活，帮别人去买菜，甚至有时候在小区收集废纸箱，这位阿姨可以说是集"育婴师、废物利用家、供应链专家"于一身，业务范围横跨母婴、管理等领域。

战友 L 和邻居家阿姨，两个人其实都是在拿自己的工作时间、精力去换小钱，但这种所谓的"斜杠"其实不是真正的"斜杠"，应该叫作"打零工"。过早消耗精力在换钱上面，只能换回小钱，而不是换来能力、名声、专业。做好了副业而做不好主业，只会消磨你在所在领域的口碑。

你是"斜杠"还是瞎兼职打零工？本质的区别是，你是不是在合适的时机，用合适的定位，做合适的事情。

关于"斜杠青年"现象，有人给予肯定，也有人认为选择"斜杠身份"一定要慎重。后者的观点：一个人同一时间只能做好一件事，多面发展容易导致浅尝辄止、术业不精。不同角色的共存和转换，需要投入更多的时间和精力。做好主业已经不容易了，哪有精力做好第二个职业呢？特别是现在各个行业精细分工，做好个人品牌已经很吃力了。如果不懂聚焦核心，一堆"斜杠身份"就会分散你的时间和精力，这样势必造成主业的影响力没有、副业也做不长久。

例如，有些人利用业余时间做保险销售。保险和微商都是做漏斗筛选，认识的圈子里总会有相信你的人，于是就有成交利润。虽然这个变现快，技巧也相对容易学习，赚钱不会特别难，但如果没有新的关系补充，很快就会陷入瓶颈期。保险销售员的"斜杠身份"大多数人的结局是，既削弱了本职的个人影响力，又透支了原来的关系网，最后"斜杠身份"也无法坚持下去。

很多"斜杠"最后终止了，主要是随着职业身份的增加，工作量势必增加，不能保质保量完成工作，主业、副业都打折扣。有个朋友早期"斜杠"比较多，好几个职业，既要写文章，又要拍照摄影，白天还要上班，刚开始他觉得几个职业转换很好玩、生活很丰富，但是时间长了，他感到时间在来回撕扯，没有办法把其中某一块做得更好，最后砍掉了摄影，留下了写文章的"斜杠"。

有人在网站上发表过几篇文章就说自己是自由撰稿人，会弹吉他就说自己是独立音乐人，实际上可能写作水平类似日记，音乐水平也就比普通人稍微好一点点，但没有变现能力，顶多叫作兴趣爱好。即使可以变现，和专业的撰稿人和音乐人相比，既浪费大量时间，也没有明显的创收，这种其实也是兼职打零工，也是定位的问题。定位错误其实就是瞎兼职，而不是真正的"斜杠"。

"斜杠青年"看起来鱼与熊掌可以兼得，但我们回到职业的本质来看，一切职业的本质都是交换：我们用时间和解决问题的能力换回金钱。虽然"斜杠"是职业的延伸和发展，但不代表每个"斜杠"都能挣到钱，也不是每个"斜杠青年"都能很好地发展下去。这就是时间与回报的问题。

有些"斜杠身份"确实可以用碎片化时间来进行，虽然可以用碎片化时间去肩负多重身份，但不能占用整块时间。例如，你每天有 5 个小时做"斜杠"，那么你花 5 个小时录制一门网课，在网络平台上售价 99 元，如果有 1000 人买，那这 5 个小时的时间卖了 1000 次。一次投入反复售卖才是"斜杠"最大的魅力，它会放大你的劳动成果，既不会占用你太多的时间，也不会过于影响你的主业。

反之，如果在网络平台上卖重复性劳动，比如滴滴小哥、外卖、代驾，从事的是重复性和低技能的劳动，"斜杠"很容易沦为兼职，或者今天在朋友圈卖唇膏面膜，明天做烘焙，后天又做手工，还不如把那些时间用来把主业做大做强，成为一个更有价值的人。分散本该专注精进本职的时间，造成专注和兼顾的矛盾，容易陷入样样都会、样样不精的困局。

合适的时机，合适的定位，做合适的事情，这是"斜杠青年"需要掌握的几点。也许认真分析之后，你会发现"斜杠青年"不一定适合自己。

哪些"斜杠"真正值得发展

真正的"斜杠青年"，"单杠"能力要强，在自己强大到面面俱到之前，必须有一样拿得出手的技能，如果连一项技能都没有，那么没有人相信你能拥有好几项技能，这不符合常理。强到别人无可替代，这是开启"斜杠"的前提。"斜杠"还要能被职场认可和变现，能被认可和变现意味着它确实是一项杰出的能力。如果你的"斜杠"技能无法变现，说明没有被社会接受，或者说没有契合社会的需求，充其量就是个人爱好。

"斜杠"应该是拥有主业水平的技能，符合成长性及技能类的职业发展规划，把自己的核心技能迁移到其他领域而生成的"斜杠身份"，其实这些"斜杠"是相通的，且能够使自己的价值最大变现。将自己的核心技能迁移到其他领域而生成的"斜杠身份"，是跟你的工作相关联的，尤其是年轻人用工作技能去开启自己的"斜杠身份"，它不仅和你的工作相关联，还能和工作相辅相成，如综合能力型的咨询类"斜杠"、本职业+延伸型的"斜杠"、工作技能型的"斜杠"。例如，平时在单位做文字类工作的人，"斜杠身份"是网络小说写手，或者公众号文案写手等。工作技能型的"斜杠"，"斜杠"本身就是工作中的技能，通过多年磨炼慢慢使这项技能特别优秀，优秀到可以作为一项专门的职业技能，能够变成一个新的身份标签，带来一份新的收入，如 PPT 技能、演讲技能、制图技能等。

如果服务的是企业，"斜杠"的风险相对较高，因为企业能外包的业务都是非核心业务，那些核心、价值大的项目一般不会给外包的"斜杠"人士，因此发展将会受到很大的限制。如果服务的是个人客户，那"斜杠"将会有点优势，主要原因在于，基于互联网的效率，个人的工作效率会成倍放大。例如，你的主业是公务员，副业是作家。作家这个"斜杠"，你一个人就可以完成整个流程，从文章创作到排版上传，从公众号群发到打赏收钱，都可以不依赖其他人独立完成，互联网大大提高了工作效率，为"斜杠"提供了土壤。

"斜杠"有很大风险，但仍然避免不了很多初入职场的人被各种因素吸引。不管如何多元尝试或发展，你一定要清醒地认识到你的精力有限，当做其他事情时，必然要花费你的精力。现在行业分类很精细，在绝对优势上，你几乎很难做到大而全。"斜杠青年"真正成功的人还是少数，因此你的主业一定要强。你的"斜杠身份"最好聚焦在你的优势行业里、聚焦在你的优势技能里，因为最好的"斜杠"就是由你最精专的主业发展出来的，只不过它被输出成了不同的形式。

第3节　对抗焦虑最好的办法是行动

3.1　只要行动起来，事情就变得容易多了

20世纪90年代末，空调需求量大幅增长，很多空调生产企业承诺即买即安装，24小时内完成安装，但实际上没有几家企业能兑现承诺。面对这种情况，海尔迅速采取行动，从各地调集200多名售货人员组成一支空调安装队，兑现了当初对消费者的承诺。因冰箱而知名的海尔却利用这次承诺顺利进军空调界，实现了跨界的华丽转身，海尔的空调品牌也因此一路攀升。

某知名主持人在某节目中提到，他在新冠肺炎疫情期间每天都过得特别充实，因为他足不出户也有事可做，做菜、健身、画画、看书，还学会了5种乐器！后来，有网友在该主持人的微博上互动调侃自己："你在新冠肺炎疫情期间学会了5种乐器，而我却躺在家里发霉，还长了5斤肉！"新冠肺炎疫情期间，很多人只能待在家里，每个人的时间都是一样的，为什么有的人能比我们过得充实？能比我们生活得更有意义？我想答案就是每个人的行动力不一样！

行动力是拉开人与人之间的差距的关键。

有个朋友和我聊起她的学习计划，信誓旦旦地说"一定要考到某资格证"，但是半年后，她一本书都没看完。她的朋友圈都是吃喝玩乐的状态，当被问到学习成果时一直强调自己最近比较忙。有人说，人生最大的悲剧莫过于满脑子想干一番大事，在现实中又找各种借口。很多人都像她一样，经常想着改变自己，对很多事情都感兴趣，准备试一试，但总是思想上计划宏大，行动上寸步难行。

在长期与退役军人、职场新人的接触中，我时常有一种很痛心的感觉，因为很多人不太喜欢行动，而比较喜欢去设想甚至幻想，道理他们都懂，但一到行动时就找各种借口。

战友W退役后几年，由于各种原因，体重一度超过了165斤，她从一个"微胖女孩"变成了"肥胖大妈"，形象、社交、职场发展等都因肥胖而产生很多负面影响。她着急、焦虑，天天想着减肥，针灸、医美埋线、推拿、代餐、辟谷、洗肠、汗蒸……几乎能想到的减肥方法都尝试了，但她就是无法坚持健康有效的生活作息和运动锻炼。

曾经我很容易失眠，特别是在心里想着某件事情需要做但还没有做的时候，我会将这件事情一整夜翻来覆去地想，简单的事情想来想去，无限放大事情的难度，于是事情变得很复杂。等到第二天去解决它的时候，我又感叹道：这是多大点儿事啊？值得我失

眠一整夜吗？

后来，我总结了以下三条经验，并想明白了一个"真理"："只要行动起来，事情就变得容易多了！"我的失眠似乎不药而愈了！夜晚该睡觉的时候好好休息，白天抓紧时间行动。本着这样的理念，我再去做其他的事，基本上就不觉得是难事了。

凡是需要解决和完成的事情，不能在睡觉的时候去想，只需要在白天清醒的时候梳理分析，然后立即去解决和完成它们！

只要大方向正确就不需要想太多，最好马上行动！因为当我们迈出第一步的时候就会发现，事情远远没有想象得那么难。

只要行动起来，事情就会变得容易多了。

凡是在白天决定要做的事，我会尽可能马上行动，因此我被身边人称为"行动派"。我乐于接受这样的"美誉"，因为立即行动能使我快速解决问题，让我减少烦恼叠加带来的困扰。

你的行动力不强，究竟是什么原因

每当夜深人静时，我们总会有很多想法，而很多决定也是在这个时候做出的。可是一觉醒来需要付诸行动时，还有多少人记得昨天晚上立下的誓言？

战友 W 比谁都想减肥成功，但是健康规律的作息习惯、运动锻炼是最有成效的，却不是轻松就能达成的。道理她一定都懂，但是在运动锻炼这件事情上，她要么不愿意行动，要么无法坚持下去。

每个人都有自己的想法，都渴望成功。条件千万个，办法万千个，道理很多人都懂，可就是不想行动，即使行动起来了，也就三分钟热度。那么，你的行动力不强，究竟是什么原因呢？

——我还没有准备好，等我准备好了再行动。

这样的想法真的是很多人迟迟不行动的原因。既然是很多人的共性，那么就值得我们进行探讨。

为什么说不存在"准备好"这回事呢？因为你一直在成长、一直在变化，今天的"准备好"等到明天再看，就又变成"不够好"的状态了。因此，如果我们一直在等待"准备好"，那就意味着几乎永远都没有办法行动。

在这个计划赶不上变化的时代，我们不妨先行动起来，再边做边调整。同样的道理，做一件事情，也许当下没有办法做到最好，但我们可以先留出提升、改进的空间，后面再好好完善它，这也是一种提升自己的策略。

从另外一个科学的角度来看，我们的大脑也没法考虑周全，它也需要一个不断训练的成长过程。当下的大脑，它不一定是最好的状态，它还有巨大的开发空间，唯有不断训练它，它才能解决未来更多不确定的问题。

有时候，没有行动前的权衡和犹豫，而是头脑发热去行动，可能并不是坏事，因为想得越多，越倾向于不去行动、不去犯错。不犯错当然好，但可能会给我们将来留下很多遗憾。

我们常常感叹：某人看起来老老实实的，怎么就会比我们先成功了呢？通常这种情况就是聪明的你想得太多、做得太少，而老老实实的人明白，唯有行动、唯有勤奋才能追赶别人。

与其不断权衡利弊、考虑得失，不如多想一想"这件事我应该怎么做？需要准备什么？"，这样才能更好地实现目标，避免不好的结果发生。也就是说，我们应把精力从"要不要去做""会不会出问题"转移到"怎么做"上面。

每个人都经历过这个阶段，明知自己的现状浑浑噩噩，什么都不想干，或者希望想清楚了再行动，其实这很难，因为很多事如果不行动起来，根本不会有机会想清楚。如果大体知道利弊和措施方法，就可以先做起来，这样才有机会深入推进。

我的书一直在"先写完再考虑别的事"中离目标越来越近了，我的朋友也有想写书的，但是一会儿想着"写了可能没人看"，一会儿又想着"写了找不到出版社出版"等，最后我都快写完了，她还没有动笔。

——我怕自己三分钟热度，行动几天可能就放弃了，既然知道自己一定会放弃，干脆就不要开始了。

因为预知自己中途一定会放弃而不去行动，这样的人也有很多，这种想法背后是什么心理根源呢？

我们不想行动，也许是因为设定的目标太难、太遥远了。如果急于求成，恨不得用几天就能完成目标，往往结果就是越逼迫自己，越容易放弃。那么，有什么对策呢？我自己的经验是将整个行动分解成微小的行动，这个微小可以是小到你自己毫不费力就可以完成。例如，你看不了一本书，那就看一页书，一页书都不想看，那就看一行字，一行字都不想看，那就看一个词，只要你能打开这本书，即使不看，但你在行动了，迈出了重要的一步，剩下的只要坚持下去，总有一天你会想看一页书，接着是一本书。

因此，我们不能一下子设定过于宏大的目标，不然很容易中途放弃。其实，我们的本质都是非常懒的，比如迫使自己通过高强度的运动去减肥实在是太痛苦了，大脑也会畏难，因为痛苦和畏难，才使我们想要逃避。

另外，对于在行动中遇到的障碍，我们要有足够的心理预期，了解产生障碍的过程，并对障碍有足够的应对措施，这样即使遇到困难也比较容易接纳而不易中途放弃。例如，我在写书的过程中，会有负能量爆棚的时候，会怀疑自己的能力，会认为自己的能力配不上写书的梦想，会觉得自己真的写不下去了、脑子里没有东西了……这是我的黑暗期。但好在我有心理预期，我知道自己一定会经历这个阶段，于是我接纳黑暗期的自己，休息几天，做点自己之前因为要写书而未能做的事情，几天之后，状态回来了，也就有了继续写下去的动力。

——上班太累了，回家后就想躺着刷手机，什么梦想都不能让我行动起来。

在成人的世界里，没有谁是不累的。既然别人的梦想能让其行动起来，为什么你的梦想就不能呢？

我们做自己感兴趣的事，不用别人催就会主动去做。我们有目标和想法，但是在行动过程中容易被各种情绪影响，从而失去动力。这种情况有以下两种可能。

第一种是这个目标也许看上去是正确的，但可能不是我们要追求的。如果这个目标不是我们内心想实现和坚持的，就很容易放弃。如果真的发自内心想去做这件事，哪怕没有任何收益，我们都会做得非常开心，且行动力满满。

如果实在找不到自己的兴趣所在，那我们就寻找一个可以刺激自己的目标。例如，让某人对你刮目相看，让父母替你骄傲，挣钱买房买车……通过最能刺激你的目标让自己行动起来，只要行动起来，你就赢了很多人。

很多目标看上去是正确的、有意义的，比如应该通过运动锻炼减肥，但无法驱使自己行动，其中的原因也许是这个目标不适合你，因为你每次都需要调动自己的意志力和本能抗衡，然而我们的意志力是有限的，这说明这个目标的确需要重新审视。

我曾经买了很多书准备学习 Excel，结果过了很长时间都没有什么成效，为什么会这样呢？这让我联想到一种普遍的心理状态——每个人都有自我美化的偏见视角，总觉得理论上自己可以远比现在更优秀，认为自己可以读更多的书、更有效地学习，但是低估了自己能够"努力"的程度。因此，合理评估自己可以"努力"的程度，也是决定自己是否会放弃的一部分因素。

有人想好好学英语，要求自己每天打卡，但是每天打卡的过程很痛苦。学英语看起来很美好，但真的不是刚需啊！原来，学英语能真正坚持下去的人都是有目的的，比如考研或者出国等。纯粹为了提升自己而学，目标不够强的人，最后都无法坚持下去。没有目的的坚持毫无意义，因为我们无法从中找到乐趣，更看不到未来的收获和希望。

还有一种是目标明确且属于刚需，但自己的内心不够强大，一遇到困难就想放弃，这个时候需要反思自己，多刺激和鼓励自己采取行动。

很多人都喜欢不动脑子舒服地躺着。当你真的很累的时候，这样休息一下可以让自己"满血复活"。甚至你可以怎么舒服怎么来，但短暂休息后就要为梦想奋斗了！如果你长时间都是这副模样，那真是谁也救不了你了。

——要实现的那个梦想真的太难了，而我的才华真的配不上我的梦想，行动？唉，还是算了吧！

心理学上有一种理论叫作认知失调，是指当我们的行为与自我概念产生冲突时，人们会产生不舒服的感觉，为了消除这种不舒服，人们通常会扭曲自己的观念。认知失调清晰地表明，许多时候人们会为自己的行为寻找理由进行辩解。成功的人就是不断做事的人，直到完成这件事为止；平庸的人就是不做事的人，但他会找借口，拖到最后证明这件事"不应该做"。

如果我们身边有很多在行动方面谨小慎微、负面思考比较多的人，我们也会受到影响，因此，我们应尽可能结交行动力比较强的人，选择一个能鼓励自己成长的环境，促使自己进行"认知调整"，这样我们的行动力也会潜移默化地提升。

从"小到你愿意行动"的微小习惯开始

别人向你灌输再多的知识和道理，都不如自己迈出第一步。运气、机遇、天赋等不能触手可及的东西我们无法把控，我们能够掌握的就是自己的行动力，提升行动力可以从微小的习惯开始。

美国人斯蒂芬·盖斯在《微习惯》一书中提到，自己是个天生的"懒虫"，为了改变自己的懒，他开始研究各种习惯养成的策略。盖斯不像很多需要减肥的人那样，一开始就制订宏大的减肥计划，因为绝大多数人都是坚持不了几天就彻底放弃。盖斯的行动计划都非常微小，比如每天做一个俯卧撑。2012年12月28日，盖斯非常吃力地做第一个俯卧撑，两年后他可以一口气做16个，并通过这个微小的习惯拥有了理想的体形。盖斯用长期的可以实现的微习惯——俯卧撑实现了人生的重置。这充分说明，从微小的目标开始行动，我们更容易成为真正的行动者。

盖斯除了分享微习惯的经验，还鼓励立即行动。例如，如果你想学油画，那现在就行动，要么报一个油画学习班，要么去买一本油画入门书；如果你想学吉他，那现在就行动，先去买把吉他，然后找个老师；如果你想像别人一样跑马拉松，那现在就穿上跑鞋下楼去跑……行动之后，再分解目标，若能坚持下去，一定是在过程中体会到了成就感。这个成就感，一定是自己和自己比，而不是跟别人比。

行动带来的复利会像滚雪球一样越积越大，立即行动产生的成果会令人产生成就感和愉悦感，并持续巩固这种行为。

"微习惯"的理念，对我的影响是比较大的。用"从最微小的事情开始""立即行动""累了就休息一下也无妨""创造随手可得的去行动的环境"等内容去鼓励自己。在对抗自己的懒惰时，我就想着要从身边的小事开始做。不想跑步的时候，我就告诉自己，先穿上跑鞋吧，到楼下走一圈也行。结果往往就是，从走一圈的念头到行动时，我发现自己可以慢跑半个小时！想学习摄影，我会立即行动，买书、找资料、找老师，老师说等上课时再交学费，而我通常会先交学费，因为交了学费就不得不上课了。每当我在朋友圈看到没看过的好书，我的习惯就是立马搜索、立马立单，而不是考虑什么时候有活动或者等拼单，只想买回来尽快阅读。

立即行动，可能需要克服很多困难，首先是时间的冲突。我们想做的事比较多，但是时间少得可怜，那就弄明白什么才是眼前最重要的事。如果几件事都是马上想要去做的，那就立即去做最重要的那件事！不论你在做哪件事，只要在行动就行！如果还分不清楚哪件事应该先做，那就把你的每一天都当作生命中的最后一天来度过，这是帮助我们在生命中的重要时刻做出决定并马上行动的最好办法，因为所有期待、所有骄傲、所有的所有都在死亡面前变得不值一提，此时你自然知道哪件事应该立即去做。

另外，创造"随时可得"的行动环境，也是提升行动力的秘诀。有人分享过一个小心得。她说以前上班很少喝水，有时是实在太忙忘记了喝水，有时是觉得去茶水间煮水比较麻烦，结果因为喝水少身体亚健康状态越来越明显。后来，她分析原因不是自己懒，而是需要一个"随时可得"的行动环境，如果随时可以伸手拿到水，就会行动起来喝水了。于是在进入工作状态前，她会将需要喝的水准备好，将一个大的保温杯放在旁边，还把手机闹钟调好，这样再忙也能随时喝水。

道理实在太多，别人成功的例子随处可见，梦想谁都有，差别就在于是否立即行动！不是看到希望才去行动和坚持，而是行动才会有希望。种一棵树最好的时间是 10 年前，其次是现在。有梦想、有想法，那就立即行动吧！

3.2　一次只做一件事，专注的人生更有价值

罗马思想家西塞罗说过：再脆弱的人，只要把全部精力倾注在唯一的目标上，必能有所成就。袁隆平的一生只专注于杂交水稻，他说：人的一辈子做好一件事就足够了。美国著名咨询公司麦肯锡，倡导员工一次只做一件事，即在一段时间内，只能有一个思考重点。

一次只做一件事，专注的人生更有价值。

确定眼下最重要的那件事

乔布斯曾在斯坦福大学一次演讲中分享了他和妻子劳伦的故事。当时，劳伦是商学院的研究生，他们共同参加一次活动，劳伦到来的时候晚了，没有位置坐，她就被朋友带到了一个嘉宾预留位。乔布斯到场后，被引导到劳伦旁边的座位上，他被劳伦深深吸引住了。乔布斯问自己："如果这是我人生在世的最后一天，我是愿意去开一场会议，还是同这个女人一起度过？"想明白后，乔布斯决定邀请劳伦共进晚餐，自此一生携手。后来，人们说，劳伦给了世界一个更好的乔布斯。

在乔布斯的爱情传奇里，他实际上是做了一个思想实验：他把自己的余生压缩为一天，这样就能更加聚焦地思考，什么是当下最重要的事情。

而在乔布斯的事业中，他的哲学很"简单"，那就是聚焦当下最重要的"1%的事情"。曾经，乔布斯被逐出董事会，没有乔布斯的日子，公司高层"大展拳脚"，不断推出各式各样的新产品，但结果是产品销量不尽如人意。董事会不得已把乔布斯请回，此时乔布斯做了一个决定，苹果公司所有产品只留下一个型号，经销商从无数个减到一个……乔布斯对多余的事情说"不"，把最重要的那件事做到极致，很快苹果公司起死回生。

战友 V，负责某个采购项目合同的签约，后来手头上又有几个需要跟进的合同，他心里想着几个项目同时跟进没有问题。但是，最重要的那个项目因为某个细节没有跟进到位，导致那个合同跟丢了。后来，他吸取教训，对于眼下最重要的、必须签的合同，自己必须全身心投入跟进，其他重要度次之的合同交给其他同事跟进。

"一次只做一件事"是成功的关键，那么，如何确定"最重要的那件事"呢？

将事件排序，分出轻重缓急和重要程度。比如，很多人出门前会把手机的电池充满，以便出门在外能用手机做很多事情。但如果手机只有 10%的电量了，想必这个时候谁都很珍惜这一点点电量，会去想这一点点电量该如何利用，且一定会把眼下的事情进行排序，用手机去处理当下最重要的那件事情。

将目标任务倒推分解。举个例子，想一下 3 年后你会成为什么样的人，想拥有什么样的生活，就会找到 3 年后的目标。为了 3 年后的目标能实现，那今年、本月、本周、今天要做的事情是什么呢？现在最应该直接努力的事情是什么呢？通过排序和目标任务倒推分解，你就会确定最重要的那件事情。比如，你想 3 年后拥有高级职称、工资翻倍，那么眼下最重要的事情就是全身心投入论文和备考，而今天最重要的事情就是在某个时间段完成一定数量的写作或习题。

重要的事情通常需要花时间和精力去思考，而不是那些简单常规不用动太多脑子的事情。需要花时间和精力思考的事情需要占用黄金时间，而简单常规不用动太多脑子的事情一般在比较低效的时间就可以完成。

拷问现在所做之事，是否对未来有价值。很多时候，我们容易被当下的一些琐碎事、烦恼事所蒙蔽，就会把当下比较急的事情当成重要的事情，但其实这些事情放在几年之后回看，就会发现其实没有太大价值。

一次只做一件事会更快乐高效

专注是指你在认真地做一件事，一心一意想着把眼下最重要的事情做好，它是一种特殊的状态，意味着你要全身心投入所做的事情中，全神贯注地对待这件事情。

当我们浑然忘我地去做一件事时，就能保持内心的秩序，这种幸福的体验就是专注，心理学称其为"心流状态"。

爱默生在《愉悦而专注地做一件事》一文中说：对于一个人来说，人生最大的财富、命运至高的垂怜就是安心一意追求人生的目标，不管编织、造物、修运河，或者制定法律、艺术创作，只要专心致心，都能给人带来幸福。苏格拉底曾经说：艺术家们看上去都不怎么聪明，而实际上他们却是真正聪明的人，因为对于工作的专注带给他们幸福。

相关研究表明，一个人能同时兼顾几件事的说法只是一个美好的谎言，所谓的"多面手"根本抓不住重点，看起来好像都能兼顾，没什么事能难倒他们，实际上每件事都做得不怎么样。

为什么说一次做一件事更好呢？

在如今资讯更新迅速的年代，绝大多数人过于追求速度，从而忽略了专注。唯有专注于某件事情的时候，才能够把自己的时间、精力和智慧凝聚到所要做的事情上，从而最大限度地发挥积极性、主动性和创造性。

从大脑的特性角度来讲，只有按照"一次做好一件事"的原则去处理问题，我们才能更好地完成想要完成的事情。那么，大脑的特性是什么样的呢？

首先，大脑的资源有限，难以胜任"多任务处理（计算机术语）"。如果计算机是单核处理器，也就是说，它一次只能处理一个任务。如果用单核处理器同时处理多个任务，必然降低速度，更容易"死机"。

我们在处理事情的时候，需要消耗自身的精力，而所谓的精力，其实就是大脑资源。同一时间处理多件事情，大脑精力会消耗得非常快。除此之外，还有更多的坏处，比如更容易犯错，反应时间增加，会忘记重要的细节，会缺乏创造力，大脑会长期受损等。

心理学教授曾做过一个实验，将一群年轻人分成两组：一组年轻人被要求在两件不同的事情之间快速切换，另一组年轻人则做完一件事情再做另一件事情。实验结果显示，前一组年轻人在同时进行两件事情的时候，完成任务的时间比后一组年轻人多出一半，而且准确度降低了30%左右。

其次，大脑思考讲究秩序。工作的时候，大脑需要思考，而思考就是讲究秩序的行为。在一个时间段内，一次只做一件事情的好处就是大脑能够更好地按照特定的秩序去处理问题。

大脑不喜欢面对压力和焦虑。在这个快速发展的时代，我们每天都要接受各种信息，解决各种各样的问题，不少人为了节约时间、提高工作效率，不得不同时安排几件事情，一心二用甚至多用，但人的时间和精力是有限的，事情多了，不得不在做一件事情的时候又想着另一件事情，那么焦虑情绪就容易产生。

我们很专注地做一件事的时候就会进入高能状态、进入心流，所有的杂事都不存在或者不重要了，唯一能听到的就是自己努力工作的声音，以及自己心跳的声音。当我们认真去做一件事的时候，因为我们的专注投入，全世界都会出手帮助，为我们的成功打开一条路，让我们感受专注带来的人生价值。

时间管理与专注的程度

一心一意做一件事，全身心盯着一个目标，一步一个脚印，真的很不容易！因为在这个过程中实在有太多的诱惑，让我们很难集中注意力，很难静下心来去专注地做一件事。例如，我们很多时候拿起手机就很难放下，时不时想看看微信、刷一下短视频，本来想刷5分钟放松一下，不知不觉地刷了一个又一个。一天，又有多少个5分钟呢？当我们能够"管住"流逝的时间，才会明白自己与随处可见的诱惑做抗争有多难。

有人备考，虽然每天都会抽出大量的时间按时听课学习，但是往往听一会儿就没有耐心了，没过多久就拿起手机看新闻、刷短视频。说好的用两个小时复习，却让时间悄悄溜走了。虽然目标很明确，一次只做一件事——备考，但是专注程度却不高。其实，专注程度的高低决定事情的成败。如何提升我们的注意力，专注地做好一件事呢？

（1）了解大脑处理信息的方式。我们在看小说的时候，可以长时间一动不动，但是看教科书的话，坚持10分钟都难，两者的区别在哪儿呢？在看小说的时候，我们的思维和小说情节的发展是完全同步的，甚至可以边看文字边脑补画面，但是教科书的知识密度大，大多还是陌生知识，可能看了半天什么都没看懂，大脑无法处理这么多信息，就选择放弃专注了。所以说，维持专注力的关键在于，正确处理信息处理速度和接收速度之间的关系。因为信息处理速度和接收速度需要适应性训练，因此，根据自己的实际能力，可以从专注10分钟开始到20分钟、30分钟，逐渐延长专注时间，以训练大脑适应和处理信息的能力。

（2）创造一个免打扰的环境。无意义的社交（如微信聊天、刷短视频、闲聊等），还有各种各样的诱惑（如某大咖的直播、"双11"打折等）都会影响我们专注的程度。营造适宜的环境氛围，玩乐的时候好好玩，工作的时候认真工作，将手机调成静音模式，或者将手机放置在工作区域之外，卸载容易偷走时间的App，周边的工作环境越简单越好。

（3）时间边界内的自我约束与时间工具的使用。番茄工作法的发明者西里洛，当年他最焦虑的是如何通过考试这件人生的大事，但各种因素让他无法安心备战考试。外界的干扰和内心的焦躁不安都让他无法静下心来，他甚至一度有过放弃的想法，直到他看到了厨房里那个番茄形的定时器，这个每25分钟就响一次铃的定时器给了他灵感，于是他发明了番茄工作法，让自己顺利地通过了考试。在他发明这个时间工具的多年里，有200多万人利用番茄工作法使工作取得了实质性进展，让这个能够有效控制时间、预测时间和实现目标的时间工具流行起来。

时间给我们设置了界限，假如我们真正明白界限的不可侵犯性，那么番茄工作法能帮助我们把界限变得具体，从而督促我们做事，促使我们在有限的时间里尽最大努力完成任务。

如果你是一个自律性很强的人，可能不需要类似番茄工作法、闹钟、沙漏等时间工具，但如果你需要这些工具，就必须认识到时间界限的意义，在预设的时间里完成我们应该做的事，之后再去做另一件事。

（4）专业的事交给专业人士去做。术业有专攻，请专业人士做专业的事，可以省下自己的时间和精力去做自己更有把握的事。例如，我喜欢购买宜家家具但不擅长安装，为了节省时间和精力，我会从 App 安装服务平台直接下单，请专业师傅代为安装。如果自己安装的话，一天的时间都搞不定，但花几百元请专业师傅用一两个小时就能安装完毕。我用节省下来的一天时间去做我擅长的事，这样对比一下成本，当然是请专业人士更划算。我也不擅长做家务、煮饭，那我会定期请钟点工阿姨帮忙，虽然这是一笔不小的开支，但对于我来说，节省下来的时间和精力可以去做更有价值的事，那么这笔开支就是花得其所。

（5）分清可以同时做的事。重要的事，一次只做一件，那么有哪些事是可以同时做的呢？简单来说，就是用脑子和不用脑子的事，可以同时做。比如，走路时，可以听音频，因为音频内容需要大脑去理解，而走路相对不需要；做家务的时候，可以听音乐；用碎纸机碎纸时，可以背英语单词等。

3.3　自我成长和精进，
一条无人陪伴的孤独的路

成长和精进是自己的事

修行的路总是孤独的，因为智慧必然来源于孤独。

"孤独"这个词想必是很多一直在持续精进和成长的人的生活底色。我和很多朋友谈起"孤独"，往往一下子就戳中了他们心底柔软的部分。

在人人容易浮躁的今天，很多人没有手机就魂不守舍，不刷朋友圈、不追剧、不逛街买衣服、不喝酒打牌就觉得日子不完整。这些吞噬时间的东西，如短视频软件，微信、微博等碎片化的信息输出工具，一旦开始玩，我们的神经就不断地被刺激，很难停下来。长期沉迷于此，脱离之后，留下的只是空虚，每天短暂的舒适都在透支未来。在这样的大环境中，碎片化的知识和花边新闻，更容易受绝大部分人的欢迎，而系统的、比较严谨的知识内容越来越使人们觉得沉重，没有耐心接收，慢慢地被大多数人抛弃了。

一旦抛开手机、电视、社交，沉入系统性的学习思考之中，就会觉得一个人走在一条比较孤独的路上。这种"孤独"背后的含义很多，不仅是"一个人""独处""自我思考总结"，更是"得靠自己"。

如果你想比别人拥有更多的"敲门砖"，如学历、资格证书等，那么这个过程需要预留大量的独处时间思考、学习，而且这个过程无法由别人替你完成。

对于在职的"考试党"来说，国庆节长假是一段极好的系统复习时间。在长假几天里备考复习，纵观微信朋友圈，朋友们都过得丰富多彩，如品尝美食的、看电影的、逛街的、出游的等，前面几天"考试党"可能坐得住，但到了最后两天就开始做思想斗争了：真的想出去玩啊！但这样的黄金时间对于在职"考试党"来说特别宝贵，少复习一个小时就有可能差一分，若因这一分考试通不过，还得再来一次，而吃喝玩乐虽能满足一时，却可能耽误考试。于是，他们咬咬牙，谢绝各种社交与外界诱惑，只与书本、各种复习资料为伍，假期里除了吃饭睡觉就是复习，于"考试党"来说真是一段孤独艰难的时光。

叔本华说：要么孤独，要么庸俗。其实不单是考试，学习一门新的技能、研究某个新的领域等，都需要付出很多整块的、高质量的学习时间。在这段时间里，这件事你永远不能委派给别人去做，而是需要你独立思考总结、排除干扰，才能取得成功。

退役后的日子，对于每个退役军人来说都是不容易的，要么是生活上的琐碎，要么是事业上的曲折坎坷。面对这些不容易，本身就是一种自我成长和精进，这条路很艰辛、很孤独，大多数时间没有人陪伴，唯有靠自己。有些战友能沉下心来适应这种孤独，但更多的战友无法适应或抵抗这种孤独。

真正喜欢孤独的人不多，但是必要的孤独时间需要预留出来，因为你需要在这段孤独而高质量的时间里自我成长和精进。你不可能指望着热热闹闹的人群陪你完成这个过程，你也不可能在一片赞美声中去精进自我。你必须经历过挫折、经历过失败，甚至经历过嘲弄、经历过自我否定，才有可能踏上这条精进自我之路，而这是一条无人陪伴的孤独的路。

自我成长中如何对抗孤独

成长之路，谁也无法避免。孤独意味着绝大部分时间是独处的，它最大的意义就是沉淀自己，这也是最好的增值期。只有习惯孤独，才能快速成长。

什么原因让我们无法习惯孤独呢？行为科学中有一个通俗的"嗑瓜子理论"：你在嗑瓜子的时候，随随便便几个小时就没了，但是如果换成学习，时间就过得特别慢，为什么呢？一粒瓜子，我们从将瓜子仁嗑出来到吃进去只需要几秒钟的时间，吃到瓜子仁是你得到的反馈。但是任何一项学习任务，即使我们全身心投入，也不太可能立即得到反馈，久而久之，我们就会觉得无聊，继而萌生孤独感。

我们应该如何抵抗这种孤独感呢？靠自己。在独处的时间里，我们是做些只有自己才能完成的事，还是和他人做伴以吃喝玩乐来消磨时间呢？有些人选择了一条最容易走的路，很轻松且不费力，符合人懒惰的动物本性。这是一条最容易走的路，代表着舒适和安逸，容易趋乐避苦，轻而易举获取一些东西，大多数情况下这条路通往的是堕落。有些人选择了很少有人愿意走的路，因为沿途困难重重，所以为伍做伴的人极少，这些人从一开始就明白，难走的路都是孤独的。

心理学上有一种抵抗孤独的"代偿法"，即通过代偿减轻、淡化由于需求得不到满足而产生的痛苦和空虚。代偿分为消极代偿和积极代偿。消极代偿容易获取，如浏览社交网络、看直播、打游戏、喝酒打牌、逛淘宝购物等，但长此下去会让人滋生空虚感或更为消极的情绪。积极代偿虽然要求高，而且较难进入状态，如学习、锻炼等，但一旦投入其中，便可获得无与伦比的精神体验。

我身边的战友，他们是如何对抗孤独的呢？据我观察，有不少人采取消极的代偿法，即闲暇时间根本无法一个人静静地待着，要么约上三五个朋友抽烟、喝酒，要么一个人不停地刷手机或打游戏。长此以往，他们无法完成自我的成长，取而代之的是越来越不适应社会的进步，逐渐沦为社会的底层。

用积极的代偿法抵消孤独感，具体要怎么做呢？

（1）做成一件事需要时间，要学会耐心等待。

做成一件事需要时间，因此这会磨掉我们的很多锐气，这个过程有的人等不起，如随便找份工作，意思是有口饭吃就好，每份工作干不了几个月，觉得没意思就辞职走人，几年下来工作换了十几个。沉不下心来学习，专业技能毫无长进，不仅蹉跎了岁月，最后还被沉重的生活压倒。还有的人等不起，投机取巧，想走捷径挣大钱，最后吃了大亏。

有的人等得起，他们花了很多时间和很大精力走进高校深造，学习新专业、新技能；有的人边工作边复习，顶着巨大的压力和孤独，最后考上公务员；有的人在创业的过程中不怕苦、不怕累，更不怕吃亏，最后成就了自己的事业。等得起的人，经历了风雨，成功对抗了孤独，终于见到了彩虹。

（2）通过某项运动或某种自己喜欢的方式，让自己享受孤独带来的成就。

日本著名作家村上春树在他的《当我跑步时我谈些什么》一书中写道：每个人都是孤独的，这个世界终将被孤独所包围。村上春树曾说："打算作为小说家度过今后漫长的人生，就必须找到一种既能维持体力又可将体重保持得恰到好处的方法。跑步的时候，灵魂可以喘口气，一天跑一个小时，这是属于我沉默的时间，对于我的精神健康来说，成了具有意义的功课。至少跑步时不需要和任何人交谈，不必听任何人说话，只需欣赏周围的风景，凝视自己即可，这是任何东西都无法替代的宝贵的时刻。"

浮躁的社会，心静者才能胜出。很多人每到夜晚就开始坐不住，需要呼朋唤友去酒吧喝两杯，才能把夜晚的时间打发过去，长期如此身体很难有好的结果。其实我们应早点安静休息，让心理和身体都得以安静休整，而不是在喧嚣的环境中打发时间。除了早点休息，我们还可以通过冥想、音乐、阅读、瑜伽等方式让自己安静下来。这个安静的状态，其实也是对抗孤独的过程。

丘吉尔有句话被很多人铭记："在人生的头25年，我渴望自由；在接下来的25年，我渴望自律；后25年，我意识到自律就是自由。"人与人之间的差距，不过就在"自律"二字。越自律的人越自信、越自由。很多时候，不是我们看别人自律得可怕，而是我们对自己的要求还不够高。一个人的身材和精神面貌，藏着个人的生活方式，也映射出个人的自律性。一个暴饮暴食、从不锻炼、作息混乱的人，身材往往失调；而一个饮食节制、经常运动、作息规律的人，身材往往匀称。你想拥有健康的身体，至少每天要有一段较为独立的时间锻炼，并"亲自"与时间相处，让身体处于"孤独"而积极的状态。

（3）目标要具体，能准确描述；有时间限制，不能习惯往后拖延。

1984年东京国际马拉松比赛，名不见经传的日本选手山田本一出人意料地夺得了世界冠军。当记者问他凭什么取得如此惊人的成绩时，他说：凭智慧战胜了对手。当时，许多人都认为这个偶然跑到前面的矮个子选手是在故弄玄虚，马拉松是一项需要体力和耐力的运动，只要身体素质好、有耐性就有望夺冠，爆发力和速度都是其次，说用智慧取胜确实有点勉强。两年后，意大利国际马拉松比赛山田本一又获得了世界冠军。记者又请他谈经验，他的回答还是上次那句话：凭智慧战胜了对手。很多人对此仍然不理解。10年后，这个谜终于被揭开了，山田本一说："每次比赛之前，我都要乘车把比赛的线路仔细地看一遍，并把沿途比较醒目的标志画下来，比如第一标志是银行，第二标志是一棵大树，第三标志是一座红房子……这样一直画到赛程的终点。比赛开始后，我就以百米的速度奋力地向第一个目标冲去，等到达第一个目标后，我又以同样的速度向第二个目标冲去，全部赛程就这样被我分解成许多小目标后轻松地跑完了。起初，我并不懂这样的道理，我把我的目标定在终点的旗帜上，结果跑到十几千米时就疲惫不堪了，我被前面的那段遥远的路程给吓到了。"

在前行中的人，如果把目标分解成若干个小目标，当目标不再宏大时，压力也相应变小，继而目标不再遥远而是触手可及的，在实现目标的过程上，那种油然而生的孤独感也会减小。

有个著名"两小时理论"：人与人之间的区别在于业余时间，人的命运是晚上8点到10点决定的。也许，我们不一定要固定在这个时间段努力，但每天有计划地完成预定的目标，数年之后，我们和同辈人已然不同。但愿你我都能在这条无人陪伴的孤独的路上坚强前行。

3.4 寻找你的职场导师，缩短成长的路径

每个初入军营的新兵能快速进入角色、迅速成长，一定得益于有个好班长，无论这个班长是个"狠角色"还是个"温和派"。曾经那个懵圈的"大头兵"因为有了"班长"这个角色的引领，才能真正蜕变成一名军人。

退役后步入职场，作为如一张白纸的职场新人，如果有一个像"班长"一样的职场导师，相信我们也会快速成长起来。

关于"职场导师"一词，我真正深入了解是从美国商业精英谢丽尔·桑德伯格的一本名为《向前一步》的书开始的，书中提道：职场人士必不可少地需要一个"职场导师"，

但是如何才能拥有职场导师呢？——不是你找个导师就能变得优秀，而是你脱颖而出，你才会得到一个好的导师，这个好的导师才能真正助你走得更快、更远。

职场中遇到一位好导师，少走很多弯路

职场中最大的幸事，莫过于遇到好的导师。据调查，职场人士中认为自己需要职场导师的人数高达 97%。初入职场的新人一定会遇到各种各样的问题和挑战，职场导师的出现可以给职场新人以信心，使其思路变得清晰，能进一步确认行动和方法的可行性。此时职场导师的作用是帮助职场新人界定需求的边界，在方向上画出一条可行的道路。他们在职场中提出让职场新人受益的建议，从而帮职场新人找到一条不必迂回的成功之路。

我很幸运，在不同的职业阶段都有很好的职场导师，他们引导我成长，告诉我错误的原因，给予清晰具体的指引，鼓励我勇敢前行。

我刚参加工作时在办公室负责整理文字材料，那时我的公文写作功底并不扎实，但学习主动性比较强。我的第一位职场导师 L，为人亲和，工作能力极强。我每次写完材料，他都会仔细审核，提出具体的修改意见。这种指引的方式让我学到了严谨的公文写作逻辑。他说，职场就该有职场的形象。不管什么时候，他在办公场合都是职业着装，从不出错，给人非常专业的印象。此外，他还亲自指导我文秘工作的流程和细节，包括如何掌握做事的节奏，如何沟通才能取得更好的效果。初入职场的那两年，L 教我习得职场技能和职业素养，助我从一个职场小白变成独当一面的办公室业务骨干。

在我们面临职场转型、职业发展、个人重大决策等问题时，比起单纯靠自己痛苦且漫长的领悟，职场导师的点拨可以为我们提供一个安全、稳定的空间，以及更广阔的视野和思路。

当我们面对具体问题手足无措的时候，职场导师会告诉我们，用什么样的工具能最快取得效果，采取什么样的工作流程能节约时间和精力，不同的同事擅长的领域是什么，领导喜欢什么样的沟通方式，行业内的发展趋势和潜规划有哪些，等等。有职场导师指路，当职场的未知变成可预见时，我们就像吃了定心丸，可以迅速进入职场角色，从而比别人更具有职场竞争力。如果职场导师在行业内有一定的话语权，在关键时刻，他的一句话、一封推荐信还会成为我们最大的人格和信用担保，给我们带来更多的人脉和发展机会。

如何寻找适合自己的职场导师

在寻找职场导师之前，要明确自己当下最关键的问题是什么。只有匹配需求，寻找的职场导师才会让我们事半功倍。

职场导师大体分为两类：一类是"技能导师"，另一类是"人生导师"。技能导师大多数是从工作中关联较密切且经验丰富的同事中寻找，而人生导师则是从职场中能给我们职业发展、个人发展、人生方向起到指导和帮助的同事、领导或朋友中寻找。此外，职场导师还可以通过书籍等其他方式寻找。

1. 如何寻找"技能导师"

在职业生涯的不同阶段，因技能的升级，我们应该不断寻找导师。寻找技能导师，我们不要仅仅盯着单位给自己指派的那位帮助你干活的师傅，最好从身边相对比较熟悉的人中寻找。我们应以谦逊的态度留心观察，寻找那些职位、经验、技能、眼界比自己高的人，若他们在某些方面强大的话，不管年龄大小，我们都应主动向他们发出请求指导的邀请。如果没有回复，我们就先花一段时间与自己的目标导师建立友谊再请求指导。中国人比较含蓄，有时不需要正式说话，你有疑问他愿意给你建议，其实慢慢就形成了辅导关系。

从个人自发的非正式指导转向在更正式的合作中寻找。在职场中，常常会遇到因工作项目而形成的合作关系，当这种指导关系被彼此认真对待时，这些正式的指导项目会比较成功。研究表明，通过正式项目找到技能导师获得指导后续升职的可能性，比自己找到技能导师获得指导后续升职的可能性高出一倍。

除了在工作中经验比较资深的同事可以作为技能导师，本单位外的人员也可以。例如，选择固定的某个技能导师提供包年或私教服务。固定的技能导师有两大好处：一是节约沟通成本，不需要每次都向对方交代我们的背景信息和个人优缺点，固定的技能导师会对我们越来越熟悉，会在不断交流的过程中深化对我们的了解，提出更适合我们的个性化意见；二是给予及时反馈，当拥有更多的及时反馈时，我们就能更快地发现自己的问题并及时解决。

比如，在某项技能遇到瓶颈的时候，有的人会选择普通的大班课程学习，有的人会寻找更有经验的人进行一对一的指导。一对一可以进行具有针对性的专项指导，虽然学费是大班课程的好几倍，但是节约了时间和精力，更重要的是解决问题更有针对性。例如，有人急需在 PPT 方面快速进步，但书本的自学课程和线上的课程要花费的时间成本较大，于是转为线下寻找一个 PPT 高手，向他付费，拜他为师。跟高手学习一天的时间，比一个人埋头研究一个星期的效果还要好。

2. 如何寻找"人生导师"

然而，现实中的"人生导师"却没那么容易找到，但功夫不负有心人，办法总比困难多。在职场中要努力让自己"脱颖而出"，只有自己足够努力，才有可能接近与自己相匹配的导师。因为真正吸引优秀的人做导师，也是基于导师对学生外在表现和内在发展潜力的评估，并且导师会本能地给那些情绪积极、准备充分、才华出众的人提供帮助。如果学生在指导下真心愿意学习，导师还会发自内心地愿意为学生投入更多，从而更容易确立导师与学生的关系。

假如知道某个人很优秀，有很多地方值得我们学习，希望得到他的指点，我们可以主动联系对方，自报家门并说明需要对方提供什么帮助。还要注意的是，如果确立师生关系确实有难度，应该循序渐进。有时候直接去找目标导师成功率不高，因为对方对我们并不了解，一般不会轻易答应，那么可以利用工作关系先接近对方或者接近对方团队的成员，通过工作的合作让对方对我们有所了解，然后建立关系。

很多人认为导师一定是很成功的"牛人"，其实并不一定。我们要寻找的导师，可以做过我们想做的事，能力在我们之上，也许年龄比我们小，性别可能是异性，但能帮助我们在职场中快速成长。

导师一旦选定，需要在较长时间内，彼此充分信任，敞开心扉交流，因此要广泛地接触，充分地了解导师的品格。导师的生活和工作的状态是否是我们理想中的模样？如果恰好是，对我们而言是莫大的鼓舞和激励。

我们还有一些更具体的办法可以尝试，将主动权掌握在自己的手上。我们可以充分利用午饭时间去社交，尽可能不要一个人吃饭，经常约上自己部门或其他部门的人，大家在饭桌上都比较放松，通过饭桌上的交谈，可以深入了解彼此。共同就餐是彼此了解工作过程和现状的好机会。

我们可以适当参与业内的活动，带上自己的名片，同时还要注意收集参会人员的名片；介绍时尽量熟练地介绍自己，而有特点的介绍容易让别人记住你。

我们应花时间研究一下公司的架构图，多想想未来自己最想去哪个部门，寻找与目标部门的人接触的机会，可以从请人喝一杯下午茶开始，逐渐深入了解，为未来做好铺垫。

我们应寻找与自己升职没有利益冲突的人。如果这个导师的下属不会和我们竞争同一个岗位，这样的领导更容易没有顾虑地成为我们的职场导师。跨部门寻找导师，也许会让我们在部门外织起另一张网，我们也会因此得到更多的工作机会和横向信息。

我们可以寻找身边的标杆，研究其成长的关键路径。将对方当作一面镜子，进行深入思考，常自省、多请教，我们应从具体现象中提炼出可指导工作的规律与方法。

扮演好"学生角色"，才能共享导师的资源

曾有一段时间《中国好声音》这个节目非常火爆，其亮点就是导师选学生。导师为什么会卖力选好的学生？学生为什么努力展示自己的才华，希望找到好的导师？因为好的导师和好的学生都是彼此成就的。

社会学家和心理学家经过研究发现，人们的内心是非常渴望参与互惠行为的。职场前辈愿意当职场导师被人认可，因为被视为伯乐本身就很有成就感；导师在帮助别人的同时，可以培养自己团队的核心成员，也为自己的影响力加分。职场前辈通常愿意做导师且有动力帮助别人，我们要做的就是成为导师愿意提携的那个人。

如果我们有幸找到一位好的职场导师，那么我们就扮演好学生的角色，在自己力所

能及的前提下，善用自己的专长，默默地给予导师帮助，或者分享一些生活中你做得比较出色的事，有意识地提供反向帮助或辅导。

确定导师之后，职场指导不需要局限于单一的定义，有人喜欢面对面实时对话，有人喜欢文字沟通，有人喜欢随意的方式。为了维持稳定可持续的师生关系，我们需要适应导师的沟通方式，这样才能真正达到指导目的。但定期与导师会面很重要，有时候导师会给一些建议，但这些建议需要一段时间实践，那么一段时间之后，我们的成绩如何呢？其实，导师很期待看到听从自己建议后学生取得的成绩。因此，我们工作上取得的成绩，要第一时间让导师知道，并及时表达感恩。尤其是导师的哪个具体建议起到的帮助，更要及时反馈，这有利于更好地深入学习探讨，同时让导师得到鼓励，有效促进师生情谊。我个人向导师的反馈，有时候会请导师一起吃个饭，或者一起喝个下午茶，整个过程很轻松，但是又能达到反馈的效果。导师的时间很宝贵，如果导师愿意把自己的时间留给我们，我们就要好好珍惜，每次见面前认真准备问题。谈话时避免东拉西扯，要学会聚焦沟通，这也是对导师的时间的尊重。

也许你需要花费很多年的时间，才能拥有与导师同等规模的人脉资源。但是，如果你有导师，他也许能提升你的关系网络，把你介绍给相关的人士，使你获得更多的工作机会与建议。

3.5　凡事都有三种以上的解决办法

身处职场，没有人不会遇到问题，也没有人不会焦虑。让能解决问题的人升职，让制造问题和时常抱怨的人让位，这几乎成了当今职场铁一般的定律及客观事实。

解决问题的能力是一个不断提升的过程。对于职场人士来说，拥有独立解决问题的意识及解决问题的方法，是不可或缺的素质和能力。当我们具备了解决问题的能力之后，才能不被轻视，才是有价值的员工，职场发展也会达到一个新的高度。

职场中解决问题的能力会随着职场的历练而提高，但解决问题的思维模式需要刻意训练，积极解决问题的态度值得我们重视。

"设置职场大脑的最优程序"是个好习惯

在职场中，我们遇到了问题怎么办？我们焦虑了怎么办？其实，这是两个很重要的问题。

首先，了解一下我们的大脑是如何处理这两个问题的。是不是能通过刻意训练，让我们获得一个处理问题的思维模式呢？

　　NLP 是神经语言程序学（Neuro-Linguistic Programming）的英文缩写，Neuro 是指身心系统，Linguistic 是指语言，Programming 是指大脑的思维模式。还有人将 NLP 译为身心语法程序学，还有人形象地将 NLP 比喻成"大脑的说明书"，认为它主要研究我们的大脑是如何工作的。如同一台计算机程序，当我们的思想和行为程序得以改善时，我们会重组大脑神经系统，从而改变行为、改变命运。再举一个简单的例子，当我们开着车看到红灯时，大脑就会说："红灯！要停！"这是 Linguistic 语言，然后我们会产生一种意识，以后遇到红灯就要停下来，不能往前冲，这就是 Programming 程序。所以，每个人无时无刻不在"NLP"，它无时无刻不在我们的生活中，包括职场的方方面面。

　　拿破仑曾经做过一个试验，他问一群学生，能否在 30 年内废除所有监狱，学生们都觉得不可思议，没有人表示认同。甚至有人反驳：如果把杀人犯全部释放，这个社会就会大乱。还有人认为天天都有人犯罪，因此，无论如何监狱是不可能废除的。拿破仑听了大家的讨论，接着问："你们说了各种不可能废除监狱的理由，那我们来想想假如可以废除监狱，我们应该怎么做呢？"于是，大家强迫自己反过来思考，过了一会儿，有人说：可以成立各类活动中心，通过活动减少犯罪事件……拿破仑立即给予这位同学鼓励，不久，之前持反对意见的同学也开始热烈讨论起来，并提出了许多种可行的方法。

　　这个试验说明：当你认为某件事不可能做到的时候，大脑就会为你找出各种做不到的理由；当你真正相信某件事可以做到时，大脑就会帮你找出能做到的各种方法。

　　有意识地锻炼自己的大脑，学习编写职场大脑程序，并启动最优程序，让大脑指挥我们，在职场中积极寻找解决问题的方法，这样做是个很好的习惯。

　　我们来想一想：

　　为什么很多服务行业喜欢将服务标准化、流程化？

　　为什么我们做 PPT 时，设置好了模板，可以省很多时间？

　　为什么我们将工作日程提前安排好，处理接下来的工作才能从容不迫？

　　为什么会议发言前，做好了准备工作，熟练了发言词，会更加淡定自信？

　　为什么应对有可能突发的情况，我们多准备一个预案会更加稳妥？

　　…………

　　这些"为什么"既是职场中我们解决问题的经验总结，也是我们的大脑思维模式经过多次训练后总结出来的规律，更是大脑思维模式成熟的体现。

　　当我们的大脑设置好了最优程序，接下来的行为都是大脑可控的、已知的，我们因此面对问题时少了很多焦虑情绪，原因是此时大脑垂体分泌的后叶催产素，会让我们产生安全感（相关研究表明，脑垂体分泌的后叶催产素及大脑分泌的多巴胺、内啡肽，它们会让人产生安全感和愉悦感）。

　　比如，有人遇到问题时，他的大脑的启动程序是这样的：第一反应是因为毫无头绪、结局未知、过程不可控而产生焦虑情绪；第二反应才会问自己能不能解决。后来，通过刻意的训练他明白，面对问题，当大脑的程序习惯设置为最优时，那它就会指示大脑第一时间采用最优的行为方式来解决问题。例如，当大脑程序设置为"凡事都有三种以上的解决办法"时，他的行为就变得积极，原来因毫无头绪、结局未知、过程不可控而产生的焦虑情绪会明显减少。

在职场中刻意训练处理问题的思维模式，对职场人士影响至深的首推"NLP 的 12 条预设前提"中最著名的一条：凡事都有三种以上的解决办法。

如何理解"凡事都有三种以上的解决办法"这句话呢？

对事情只有一种解决办法的人，很容易陷入困境，因为别无选择；对事情有两种解决办法的人也会陷入困境，因为他制造了左右两难、进退维谷的局面；对事情有三种解决办法的人，通常会找到第四种、第五种解决办法，甚至更多的解决办法。

我们碰到问题常常会陷入一种限制：没有办法。"没有办法"的思维模式使事情画上句号，而"总有办法"的思维模式则会使事情有突破的可能。"没有办法"只能说明已知的办法都行不通，而有些办法你不知道，但并不代表它不存在。正因为世界上尚有未知的办法，才会使事情有更多的可能性。

当我们觉得没有办法的时候，看到的是"不可能"，也就停下了寻找答案的脚步。而当我们的信念处于一种"凡事都有三种以上的解决办法"时，注意力就会集中到寻找办法上。当我们开始寻找各种办法时，突破也就开始了。

> 世界上最危险的兵种是潜艇兵，他们的训练相当艰苦，危险性极高，训练或执行任务过程中一旦出现故障或受到攻击，潜艇兵几乎没有生存的可能。第二次世界大战期间，美国一艘潜艇在海上执行任务时突发故障，潜艇上的 22 名潜艇兵跟着潜艇迅速沉到海底。由于海水的压力，他们根本无法逃生，被救援也不可能，如果长时间困在潜艇里，所有人都会因缺氧而死。就在大家绝望的时候，一名老炮手站了出来，他认为除了破舱和等待救援应该还有其他办法，他提出了一种可能逃生的办法，那就是利用鱼雷发射管把人弹射出潜艇。大家认为这种办法值得一试，于是开始进一步细化这种办法，那就是在发射前每个人必须排空肺部的空气，然后屏住呼吸 30 秒，这样就可能逃生。在历史上，从来没有人用这样的办法从潜艇中逃生，教科书上更是没有。与其坐以待毙，不如按第三种办法试一试。接下来，所有人按照发射前的准备事项，一个个通过鱼雷发射管弹射到海面上，最后他们真的成功了。

"没有办法"对我们没有好处，应该停止这种想法；"总有办法"对我们有好处，应该把它设置为我们大脑的最优程序。

> 20 世纪 40 年代，杰弗逊纪念堂的墙比周围其他建筑有更多的裂纹，这就需要每年花费大量资金修补。纪念堂负责人找来专家分析原因，有专家认为问题可能出在清洗墙体用的清洁剂上，所以解决办法就是减少冲洗次数，或者更换清洁剂。后来，又有专家追问了 5 个"为什么"：①为什么冲洗墙体？因为墙上有很多鸟粪。②为什么有很多鸟粪？因为有很多燕子在大厦周围筑巢。③为什么有很多燕子筑巢？因为墙上有很多燕子爱吃的蜘蛛。④为什么有很多蜘蛛？因为大厦四周有蜘蛛喜欢吃的飞虫。⑤为什么有很多飞虫？因为大厦窗户大，阳光充足，飞虫聚在大厦里繁殖很快。

> 通过 5 个"为什么"的推断，问题的根源找到了，即大厦窗户大、光照充足，最后的解决办法也变得简单了，那就是加窗帘。原计划需要几百万美元才能解决的问题，靠一个窗帘就解决了。

对于杰弗逊纪念堂的墙体裂纹，原来以为只有一种办法，即每年花费巨资修补；有专家提出了第二种办法，那就是更换清洁剂；而第三种办法是最实用的，却不是人人都会想到的，而是习惯寻找多种办法的人才有的思维模式。

如果一个人的信念里总是认为自己"一定有办法"，那么一定可以让问题有解决的可能性，而认为自己"一定没有办法"的人，只会让问题继续存在，并成为烦恼。当我们遇到难题时，"凡事都有三种以上的解决办法"的信念会使我们在思想和行为上更加灵活和更有弹性。常常启动我们职场大脑的最优程序，这样的职场人士一定是很受欢迎的。

解决问题的态度，才是拉开职场差距的关键

我想大家不难见到一些人固执于某种行为或处事模式，对效果不满时，喜欢把责任推给他人或其他事物。在职场中，我们听到过太多这样的话："这件事情确实是没办法了！""这事也就这样了，我也无能为力！"我们暂且不去确认事情是不是真的没办法了，单是听到这样的泄气话，就会感到反感。"办法"不是指一种办法，而是指一个人至今已知、已做之外的所有办法，"没有办法"的心态导致产生无法突破、消极的执着情绪。

某办公室里的一台复印机坏了，李同事说："坏就坏了，让后勤部门再买一台吧！"于是，办公室里的其他人就默认复印机真的坏了。可是，等了两个星期，没有人跟进后勤部门买新的复印机这件事，终于有人因为没有复印机可用影响自己的工作了而着急了："要不找人修一下吧！"于是，陈同事过来看了一眼下结论道："这台复印机用了 4 年了，肯定坏了，修好还是容易坏，还不如快点让后勤部门买台新的呢！"又过了两天，曾同事忍不住了，决定按复印机上的售后电话打过去咨询。售后人员听了问题反馈后，让曾同事确认一下电源是否插好，当曾同事弯下身子确认电源是否插好的时候，他惊呼一声："啊！插头松了啊！"曾同事按照售后人员的指导重新插上电源，复印机又正常工作了！

"凡事都有三种以上的解决办法"这种信念在职场中有重要意义，它是一种处理问题的积极态度。面对困境，也许你真的想不出来第三种办法，甚至第二种办法都想不出来，但是你愿意积极面对、想办法解决，和你笃定事情是不可能解决的，甚至都懒得去想办法，这完全是两种截然不同的职场处事方式和态度。

当我们无比坚定地知道自己的目标，我们就不会放弃寻找解决办法的可能性。第一种办法行不通就想第二种办法，第二种办法不行就继续想，第三种、第四种……永不放弃，不断尝试，直至成功。如果我们都有这样积极想办法解决问题的态度，职场上还有什么样的困难不能解决呢？

👤❓ 从"凡事都有三种以上的解决办法"开始面对困难

很多培训师在上课过程中都遇到过突发情况，比如突然断电、电脑黑屏、忘记带充电器，需要借用别人的电脑但发现课件忘记备份了，或者有带课件但发现到了别人的电脑里不兼容，等等。为了避免在企业培训时出现类似的突发情况，有经验的培训师会怎么做呢？是的，凡事都有三种以上的解决办法！

他们会在每次备好课后重新检查一遍最新版的课件，然后复制一份到 U 盘、QQ 在线发一份、邮箱发一份，以确保无论哪个环节出现问题，都能保证手中有课件可用。为了确保在意外停电不能使用电脑和投影的情况下也能正常上课，他们会与培训方提前沟通好准备白板，改为板书的授课方式。为了符合课程的逻辑结构，他们会准备好相应的案例以配合板书授课方式。尽可能把各种因素都考虑进去，然后做好三种以上的应对措施，这种好习惯使有经验的培训师无论遇到什么突发情况都能很好地应对。

刻意训练自己"凡事都有三种以上的解决办法"多线思维解决问题的能力，并以此面对工作和生活中的困难，相信一定会看到事情的积极变化。

事例一

某物业公司经常接到业主投诉，说等待电梯的时间太久，且夏天没有空调，等待的时间不仅长，还热得让人无法忍受。业主纷纷要求更换速度快且带有空调的高档电梯，否则就要联合起来向媒体曝光。物业公司则认为更换电梯不仅工程浩大，还成本很高，因此问题迟迟没有解决。除了换电梯还有其他办法吗？有一名物业员工提出建议：①安装360°旋转的壁扇；②在电梯口安装一面很大的镜子（几乎每个人都对镜子里自己的形象感兴趣）；③电梯口的广告使用触屏浏览的方式。果然，三个解决办法落实后，投诉几乎没有了。

如果物业公司一心想着更换速度快且带有空调的高档电梯，自己就掉进高成本的坑里了，不换又和业主水火不容，矛盾继续存在。

提出解决方案的物业员工的思维很好，成本不高且办法简单，既节约了物业公司的成本，又解决了业主的问题。

事例二

某工厂车间发生了一起工伤事故。车间的一位打磨员在打磨的过程中，异物飞入左眼，造成眼结膜感染。车间主任找到了问题所在，提出了三种解决办法，避免今后发生类似的情况。

① 每天晨会强调安全意识。

---

② 现场纠正员工的操作姿势：右手拿打磨机，左手撑住产品，大拇指按住角打磨机防护盖，头低下与打磨机不得少于40厘米，身体与产品、打磨机的间隔不得少于50厘米。

③ 将平光眼镜更换为防酸眼镜，同时将眼镜中间下方用胶纸封闭。

在三个解决办法中，调整操作姿势后，打磨飞出来的东西不会正对着操作人，而防酸眼镜中间下方用胶纸封闭后，能有效遮挡异物飞入眼睛。

事例三

某零售集团旗下有几百家零售店，每家零售店都遇到一个问题，那就是每天晨会用时半个小时，这半个小时是员工每天最头疼的，因为大家都觉得这半个小时要么没话可说，要么就是挨训。

后来，有员工提议"晨会废话少说，时间留给业绩说话"，集团规定每天晨会时间缩短为10分钟，但要求每个员工做出承诺，每个员工要比昨天多卖1元钱。

结果，晨会改革后，集团每天的收入都会增加30万元以上。

每个人的工作场景、职场经历都不一样，遇到的问题也不相同，如果积极践行"凡事都有三种以上的解决办法"的多线思维方式，找到方法的可能性越多，解决困难、面对冲突的能力就越强，职场发展空间就越广阔。

第二课

从职场小白到职场精英：
职场礼仪素养提升

第1节 职场礼仪素养的基础

1.1 礼仪影响你的人生

礼仪是律己敬人的方式方法

　　提到礼仪，很多人会诧异不解："礼仪？没听说过！是不是和礼仪小姐相关？"每个人对"礼仪"都有不同的理解，问 100 个人也许会有 100 种答案：礼仪是文明与野蛮的区别所在，是人类区别于动物的标志；礼仪是自然法则在人类社会的体现，是人类与自然和谐共处的纽带；礼仪是社会伦理的秩序；礼仪是国家典章制度；礼仪是人际交往的方式……

　　礼仪，我们将这两个字分开聊一聊。

　　礼，在古代是对神明的一种敬意，后来引申为对人的敬意。礼，是律己敬人，约束自己，尊重他人；礼，是做人做事的道理，是我们做人最根本的东西。礼是仁，礼是德，礼是中国文化的核心。礼在内，核心是尊重，礼仪往往基于善意和体贴。举个例子，我们正在上班，领导突然来看我们了，他走进办公室了，我们见到他，在一刹那间会做什么呢？我们会站起来。还会不由自主地做什么呢？我们会鼓掌欢迎。领导讲话时，我们是端坐着听还是歪着身子听？我们会端坐着身子认真听。这时候手机响了，我们是拿起来接还是怎么处置？我们会马上关掉手机。当领导和你讲话时，你是不屑、冷漠，还是脸上充满欣喜、满脸笑容？你会充满热情的笑容。给领导倒杯水，我们是单手还是双手端着这杯水？我们会双手端。走路是噼里啪啦还是小心翼翼？我们会小心翼翼地走。即使从来没有学过规范的礼仪知识，但因为我们心里有敬，遇到上述场景，我们依然会做出正确的、合乎礼仪的选择，而我们外在的仪、外在行为举止受我们内心的"敬"的驱使。

　　再来看看仪。我们心中有礼，对他人有敬意、有爱是否要表达出来呢？我们懂得一些做人做事的道理，是否要通过恰当的行为方式表现出来呢？所以，仪在外。有了内在的礼必须表达出来，因为你不表达出来别人通常不知道，所以我们要用恰到好处的方式、方法展示自己的敬，把心中对别人的尊重表达出来。

　　礼仪，简单来说就是律己敬人的方式方法。说到律己敬人，有些人认为自己很特殊，不会把自己看作大集体中的一员，总喜欢搞特殊，找一切理由为自己开脱。这种现象是不是有点熟悉：当道路交通秩序混乱时，做买卖的觉得我忙，时间就是金钱，应该先行；普通大众觉得有钱人根本不愁吃和穿，我还得赶紧忙活着养家糊口呢，我应该先行；年老的觉得年轻的应该敬老让行，年轻的却想自己着急上班应该先行。于是，有钱人的轿车档次越来越高，车轮和时间赛跑；于是，行人横穿，翻栏占道，满街乱跑……认真想想，我们是不是真有这种心态呢？正是因为存在这种心态，"严格约束自己"便成为一句空话。唯有律己敬人，才有高度的文明礼仪社会。

礼仪是让人相处舒服的艺术

一次，我跟先生和朋友用餐。在用餐过程中，先生很热情，不停地给身旁年纪大的朋友夹菜。这个细节我看在眼里，急在心里，我认为从礼仪规范的角度来讲，应该"让菜不夹菜"。于是，我在回家路上就"教训"先生，让他以后注意这个礼仪细节。可是，先生也不认输："我是因为之前跟朋友一起吃过饭，观察过他最爱吃这个菜，而且他这段时间身体刚刚恢复，应该多补一下，所以我就主动关心他一下，这是很自然地表达我对他的关心，处处按照教科书的礼仪规范，那倒显得不自然了！"

先生对餐桌上"让菜礼仪"的理解使我重新思考：礼仪，它在生活中究竟扮演着什么样的角色？起到什么样的作用？

1. 礼仪是相处舒服的基础

经常有学员对我说："老师，我觉得礼仪是一件很做作的事情，本来人活得就很累了，还要讲那么多礼仪，活得不是更累吗？"其实，我们不是为了礼仪而活着，而是礼仪让我们更好、更有尊严地活着。道理很简单，礼仪是社会规范，是大家共同认可的规则，是大家约定俗成的惯例。假如人与人之间，不讲礼仪，不知道尊重他人的方式方法，不明白什么话能说、什么话不能说，慢慢大家就会发现，彼此有很多麻烦。

一位很受邻里街坊欢迎的老人，她每天遇到熟悉的邻居就打招呼，如："老梁吃了没？准备去买菜啦？"老人比老梁还要年长，但是她仍然热情地称邻居为"老梁"。也许，没人要求她使用规范的礼仪："梁先生，早上好，请问你是外出买菜吗？"在她的圈子里，"老梁"是更为恰当、更能让人接受的称呼，正是因为遵循了特定场合大家约定俗成的规范，老人深受邻居的喜欢，与邻居相处融洽。

关于场合，其实我们可以将其理解为"如何灵活运用礼仪的艺术"。有人说，时刻控制自己的言行是一种心理压抑。这个问题，我们应该理解为加以控制自己的言行指的不是个性那一部分，而是社会上每个人都应遵守的共性部分。一个越渴望公平公正、民主和谐的社会，它的制度规则越要完善，因为这保障了每个人在多元化的社会中能顺利彰显个性，在自由发展的同时还能维护社会的和谐。控制自己的一些言行举止，保留个性中既有特色又符合礼仪规范的行为，将自己最好的一面展示给大家，这正是一个人的个性体现。一个平时爱说爱笑的开朗的女孩，在正式场合能控制平时过度爱说爱笑的本性，就会被认为懂得礼仪，否则，她就有可能被认为是一个缺乏分寸的傻大姐，很难承担大事。

2. 发自内心的善意体贴比礼仪形式更重要

我们经常在新闻里看到这样的场景：领导下乡视察，去看望农民，领导离农民还有几米远的时候，农民就主动伸出手表达想要跟领导握手的意愿了。如果按教科书的礼仪规则，这显然不符合礼仪规范，应该是领导先伸手、农民才能伸手。但实际上，在当时的场合，谁都不会责怪这位农民的礼仪不到位，因为他是那么真诚和纯朴，遇到体恤民情、受人尊敬的领导，他心里只有一种深切的敬重，而这种敬重已经远远超出了礼仪的意义！

因此，礼仪是灵活的，也是发自内心的一种善良体贴的举止，并不是一本正经、教条式的生活规则。一个有素养的人，总是会在恰当的时间和地点，表现出恰当得体的言行举止，带给人舒服愉悦的感受。这些得体的言行举止，不一定出自精深礼仪之道的人。例如，我们在平常交往中接触过很多纯朴善良的人，虽然他们没有受过良好的教育，更没有专门学习过规范礼仪，但与他们相处会觉得那种氛围非常融洽，与他们相处非常舒服。其实，任何礼仪如果能让对方在心里产生愉悦感，才算是真正的礼仪，那些教条式、僵化的礼仪形式未必是真礼仪。

3. 礼仪修养的几个层次

在进行礼仪培训时，培训师将很多礼仪规范都给学员讲了，学员也有所了解了，但这代表学员全部都懂礼仪了吗？当然不是。在课堂上，我常常向学员强调："知礼仪和懂礼仪，有一段遥远的距离。老师只是一个引领者、传播者，无论多么好的培训、多么优秀的培训师讲解礼仪，都抵不过自己内心的领悟。无论多么细致的礼仪规范都替代不了自愿自觉的行动。"缩短知道和做到的距离，唯有修养。我国的礼仪规范历经几千年的大浪淘沙精彩纷呈，随着时代的发展，礼仪也在不断添加新的内容，但礼仪的核心和礼仪修养的层次不会变。

第一层次，基本礼仪。基本礼仪包括仪容、仪表、仪态，这是一个人外在形象的呈现，也是基本礼仪的呈现。

第二层次，行业礼仪。不同行业所需要遵循的礼仪是不同的，如商务人士需要了解商务礼仪，服务行业需要遵守服务礼仪，公务员需要执行政务礼仪，等等。行业礼仪包括的内容很多，需要多年的经验才能灵活运用，进而才能得心应手。

第三层次，言谈礼仪，沟通技巧。中国有一句老话：话到了，礼到了，事儿就好办了。在人际交往中，沟通技巧非常重要。言谈礼仪不是掌握几种社交礼节就可以的，而是需要多年的积累、综合运用、把握尺度，达到有礼有节的境界才算过关。

第四层次，礼由心生。《大学》中有一句话：自天子以至于庶人，壹是皆以修身为本。

意思是说修身是礼仪的根本，无论是皇帝天子还是普通百姓，都应该修养自己的身心，丰富自身的知识，使内在的气质与外在的行为能够统一。

退役军人初入职场，如果要问"什么是职场礼仪修养""属于礼仪的哪个层次"，简单来说涉及三个方面。

办公场合基本礼仪。掌握职场必备的接听电话、公文写作、接待来访客人、汇报工作、交代工作、出差、办公环境维护等方面的基本礼仪。

职场着装礼仪。工作中的着装不能只想着体现自己的独特性，工作着装不是为了彰显个人魅力，而是代表一个群体、一个组织的形象。服务行业有些要求商务正装，有些人却嫌西装过于正式穿着不舒服，于是下身穿西裤，上身穿圆领 T 恤。不合时宜的着装，既有损所在企业的形象，也有损自身的着装品位，同时显示着你基本着装礼仪的缺失。

职场沟通礼仪，既是尊重他人的体现，也是自我尊重的体现，还能减少同事之间的矛盾。而且，我们必须通过职场礼仪努力营造一种积极乐观的职场氛围。

礼仪是一种良好习惯的养成

法国哲学家马斯卡曾说："美德不应由一个人的特殊行为来衡量，而应由他的日常行为来衡量。"在单位餐厅就餐时，我经常会看到某同事这样做：他进餐厅或离开餐厅时，总会拉一下玻璃门等下一位进或出餐厅的人。动作小心谨慎，生怕放开玻璃门把手后，门会撞到下一个人。每当这时我总会感叹：君子如玉，触手也温。一个好习惯，可以温暖很多人。

雨果曾说："最高的圣德就是为别人着想。"习惯屈膝，体贴他人，是董卿从小养成的习惯。记得在央视《开学第一课》的舞台上，她采访 96 岁的翻译家许渊冲时，三分钟的对话访谈，她跪地三次，用仰视或平视的目光专注又耐心地倾听老先生的分享，再细细转述给现场的观众。她穿着连衣裙和高跟鞋，跪着并不方便，甚至这个姿势也不那么好看，但是她这一跪，跪出了根植于内心的修养。这源于她一直以来的良好的交流习惯，在很多采访镜头里，她跪着采访过坐在轮椅上的公安英雄、行动不便的残障女孩、年幼的孩童……

排队是礼仪教养，是一种良好的习惯。因为大家都自觉排队，遵守了规则，维护了秩序，提高了效率。日本的排队文化举世闻名。餐馆前安静地排着长长的队，电车站台上排着长长的队，购物结算柜台前排着长长的队……排队是日本人普遍的好习惯，彼此都认为，排队是遵守规则，按秩序排队就是在公共场所不给他人添麻烦。很多年前，我们的国人并没有排队的习惯，办事或候车的时候，特别容易出现蜂拥而上、争先恐后的局面。那一刻，没有秩序的样子，不仅影响心情，更影响效率。如今，文明排队已经成为我国民众一种良好的生活习惯。等候地铁的时候，自觉排队，按顺序上下，花费的时间反而比争先恐后要短；购物买单时，有序排队，收款员也稳而不乱；看病时排队，医生有了更好的心情看诊，患者有了更好的就医体验……

在很多城市，面对先进的如厕设施，一些人的如厕习惯却令人大跌眼镜。他们只想着自己是最后一个人，于是上厕所后怎么省事怎么来，如此恶性循环导致大家一进公共厕所就不自觉地捂鼻和抱怨，殊不知每个人都可能是始作俑者。在公共卫生间养成良好的习惯，既是一个人的公共道德，也是一个人必要的自律体现。

这些年，很多服务型企业特别重视服务效能的提升，除了标准化的服务，还在标准化服务的基础上进行创新和不同层次的服务升级。在服务效能提升中，很多企业普遍应用了"5S管理"。企业通过整理、整顿、清扫使现场整洁有序，通过严格的规定让员工遵守清洁标准，通过长期推行标准使员工形成习惯，最终保证"5S管理"的长期实施。许多企业虽然对全员实施了"5S管理"，但是后期真正做到且有成效的，都是企业中有着礼仪素养的员工。

礼仪并不高深，它无处不在，它就是一种良好习惯的养成。

礼仪是对待工作和生活的态度

某日开会时，领导非常严肃地批评了一位新同事，原因是他经常擅自和其他同事换班，扰乱了正常的工作秩序。才工作短短两年时间，他就因为工作不认真多次违反工作纪律，不仅给自己的职业生涯留下了不好的印记，还给同事留下了不好的印象。

这位新同事毕业于南开大学，算是高才生了。刚开始领导对他寄予厚望，希望他能发挥高才生的优势，为工作增添丰富的内容。可经过一段时间的相处，大家却对他大失所望。他认为当前的这份工作不符合自己的职业理想，而自己的职业理想是做一名律师。积累了对工作的诸多不满，他有种"破罐子破摔"的想法，认为反正这份工作不是自己想要的，还不如好好复习，通过司法考试离开单位。有了这种想法，他经常上班时间把该做的工作放到一边去看司法考试书籍，对所负责的工作连最基本的岗位知识都一问三不知，领导过来检查时总是答非所问。除此之外，遇到自己不想上的班，他就骗同事说领导同意换班，以此要求其他同事跟他换班，而换班对于特殊岗位来说意味着承担相应的责任，但对于他来说就如同儿戏。

一名高才生对本职工作不熟悉，欺骗同事、欺骗领导，缺乏职业责任感，虽然毕业于知名高校，但是最基础的本职工作都做不好，想得到他人的尊重似乎很难。

职场人士最重要的品质之一就是敬业，这和自己所在单位的管理是否正确、领导是否英明，以及这份工作是否适合自己无关。敬业是职场中最基本的礼仪修养，也是做人最重要的一项品质。

几乎每个人都坐过出租车或网约车，好的服务总让人在旅程中心情愉快。

　　客人坐上出租车，出租车内干净舒服，放着让人放松的轻音乐。司机是一个年轻小伙子，带着亲切的微笑，回过头来："请问，我能荣幸地把您这位优雅的女士送到哪个地方？"

　　"您是想听音乐呢？还是想安静地休息一会儿呢？我看您像是从外地来的，或者想让我给您介绍一下我的家乡呢？"

　　"谢谢，我想休息一会儿。"

　　"您在这边要待多久呢？"

　　"明天就回去。对了，早上6点有出租车吗？"

　　"您要是愿意，我可以来接您，哪一趟航班？"

　　"东方航空，×号航班。"

　　"我能知道您的房间号吗？我明天到了您的饭店就会打电话给您。"

　　"2109房，我姓×。"

　　"好的，就这么定了。"

　　第二天清晨，客人还在熟睡中，电话铃声响了起来。

　　"早上好，我是司机小陈，昨天送您回酒店的司机。"

　　"天啊，你来得真早！"

　　"我查了您的航班，是7点起飞，如果您6点离开酒店，就赶不上飞机了。"

　　客人立即从床上爬起来，飞快洗漱完匆忙下楼。在黎明的晨光中，司机靠在闪闪发亮的出租车前，正燃着一支烟。见客人出来，立即把烟掐了，小跑上前把行李从饭店服务员的手里接过来，放到了后备厢里。

　　"别紧张，不会迟到的。"

　　"谢谢你的细心和提醒，要不然我可就麻烦了。"客人想着要是误了这趟飞机可能出现的种种麻烦，心里很庆幸自己今天的好运。

　　一路畅通无阻，很快就到了机场。司机一直帮着客人把行李提到了检票处。此时，离飞机起飞还有20分钟。对于这样热情负责的司机，客人觉得只是多给些小费实在不足以表达谢意。

　　一个敬业的司机，一个知礼守礼的司机，不但能出租他的车，还能展示一个城市的文明礼仪形象。

　　礼仪不是虚无的东西，对于现代职场人士来说，礼仪就是对待工作的态度。因为态度决定行为，行为决定尊严。一个出租车司机能如此对待自己的工作，并始终保持热情，不仅能够感染顾客，还能够感染自己，不仅能给顾客留下非常深刻的印象，还能让顾客对这个城市充满好感。对工作的好心态，是能够给职场礼仪加分的！

礼仪是情商素质的外在体现

　　美国著名心理学家丹尼尔·戈尔曼总结出一个公式：人生成功=80%的情商+20%的

智商。一个人的发展，在重视智商培养的同时，更要重视情商素质的培养。情商素质包括对情绪的自我觉察能力、情绪管理能力、自我激励能力、冲动控制能力和人际交往的技巧。情商是决定人生成功与否的关键。

1. 礼仪与情商有着密切的关系

礼仪，对它的理解无论是律己敬人的方式方法、让人相处舒服的艺术、一种良好习惯的养成，还是对待工作和生活的态度，总体来说，它都与情商有着密切的关系。如果从情绪的角度看待礼仪的内涵，那么也可以理解为礼仪是情商素质的外在表现。简单来说，一个人有礼貌、知礼节、守规矩，懂得自尊和尊重他人，与这样高情商的人相处是一件很轻松、愉悦的事。

自我情绪管理能力较强的人，清楚地知道在什么时候、什么场合采用什么方式与他人进行沟通。恰当的时机、恰当的表达，体现对他人的尊重，这是礼仪，也是高情商的体现。例如，高情商体现在言语礼仪上，从言语上尊重别人，既是善良的底线，也是礼仪的外在体现。

当朋友为你精心挑选了一件生日礼物时，尽管你不怎么喜欢，可是你没有张口就说："我不需要这个，你买了也没用！"而是面带感激、十分高兴地说："太感谢了！你真是太细心、太体贴了！礼物真美，我很喜欢，真是谢谢你了！"

这样善意的"谎言"是十分必要的，这是一种对自我情绪的约束，目的在于避免伤害他人的自尊，也让自己显得体贴、懂事。如果你看到不喜欢的礼物，直接表达出不喜欢的情绪，这该是多么尴尬的局面啊！然而，生活中总有一些人打着"我性格比较耿直"的旗号消耗别人的感情。

2. 礼仪与自我情绪管理

有较好自我情绪管理能力的人是比较理性的，这种理性通常能够使矛盾得以化解，使事情得到圆满的解决。退役军人特别是男兵，很容易遇事"动肝火"，这其实就是自我情绪管理能力不到位的例子。"动肝火"很多时候不但解决不了问题，伤害了他人的情感，还会危害自己的身心健康。其实，一个情绪激动的人，最需要的不是解决问题，而是将不愉快的情绪发泄出来。因为情绪激动的人往往有三种心理需求：发泄的心理、尊重的心理、补偿的心理。因此，先解决情绪问题，再解决实际问题，是我们处理事情的一个技巧。

成功管理自己的情绪，还需要加强文化知识储备。有人问：什么人最可怕？答案：无知者最可怕。一个无知的人，无从了解自己和对方，如何管理自己的情绪呢？例如，有些游客的不良习惯会引起当地人的反感，造成肢体冲突。原因在于，有些游客不是存心不尊重当地的风俗习惯，而是对旅游地的风俗习惯不了解或理解存在差异。如果在出游前能对当地的风土人情和生活习惯有所了解，使得自己在心理上有一定准备，就不会导致自己在关键时刻无法应对。

3. 礼仪与财富

有"礼"走遍天下，无"礼"寸步难行。能走遍天下的人，要么拥有丰富的人脉资源，要么拥有许多金钱。如果你是创业者，那么你一定会明白，在激烈的市场竞争中，使我们站稳脚跟的不只是产品质量，还包括令人感到舒服的服务，而好的服务决定产品的价值。好的服务离不开高情商的服务质量。

一个关系不错的同学给我发微信消息向我借钱。正当我左右为难的时候，她又发来一段类似于借条的文字。在这段文字中，她声明于某年某月某日因何事向我借钱，三个月后以本金加利息的形式偿还，最后写上她的名字与身份证号。看到她发的消息，加上我手头并不宽裕，我有点犹豫。为了打消我的顾虑，她再次告诉我，她发的那段文字让我截图保留，三个月后连本带息还钱。最后，我愿意把钱借给她。我不是担心因为不借钱而伤害朋友间的感情，而是她借钱的方式让我愿意相信她值得我帮助。

礼仪与做人密不可分，这里的"做人"不就是情商的外在体现吗？一切成功最主要的是做人的成功，一切失败是做人的失败。学习礼仪的过程是抑恶扬善的过程，是修身养性的过程，是追求完美的过程。

1.2　步入职场第一步——求职礼仪

某个银行柜员的岗位正在招聘，要求大专以上学历，相关专业即可，所以当天前来应聘的人非常多，包括很多具有大专学历且刚退役的男兵。退役男兵李某也在其中，对于这次应聘，他信心满满，因为他外在形象比较好，且在部队的两年有较好的表现。几位面试官在会议室里对求职者进行面试，没有轮到的几位男士和李某一同站在走廊里，边等边聊天。看时间还早，等久了觉得无聊，李某从口袋里掏出一盒香烟，抽出几支分别递给身边的男士，大家都拒绝了，只有他径自点燃香烟，深深吸了一口，在烟雾缭绕中悠然地与其他人聊天。正当李某聊得很投入时，面试官叫到了他的名字，于是他急急忙忙跑到会议室门口，到了门口却突然意识到自己的嘴里还叼着香烟，又赶紧把烟扔在了门外，一步跨进会议室。

李某递上自己的简历，不知道为什么，他感到一丝慌乱。其中一位面试官要看他的具体资料，他又赶紧打开随身带来的资料袋。由于资料没有分类，在慌忙寻找的时候，资料散落一地，李某连忙表示歉意。面试官又需要其他资料时，李某继续在散乱的资料袋里翻找，翻找半天也没找出来，还把香烟带出来了。

看着面试官沉下来的面孔，李某就预见这场求职要失败了。

退役军人脱下军装进入社会择业，这就意味着要身处职场，迎接职场的挑战，而求职是迈入职场的第一步。在求职时，我们仅靠专业知识和热情是不够的，还需要掌握一些求职礼仪和技巧。因此，求职礼仪是我们求职时必不可少的素质。

很多战友第一次坐在面试官的面前，因为没有充分的准备，再加上工作经验缺乏，面试状态比较紧张，比如双手紧握在一起不停地搓动，或者放在桌子下面，目光总是不和面试官接触，声音过于低沉等，这些都是不自信的表现，即使资历很好，都有可能因为这些不佳的表现而被拒绝。

在面试中展现自信的一面并非那么简单，自信的能力并非与生俱来，而是需要经过一定的自我训练和外在环境的磨炼。

其实，观察周围的朋友圈子你会发现，那些性格比较外向乐观的人，人际交往比较成功，人显得比较自信，与人沟通表现出有吸引力的微笑、恰当的手势、得体的仪态等，而这样的自信大多数经过了训练和塑造。

求职面试时，我们需要展现自信的一面，可以有意识地训练自己，形成自我心理暗示：从内心肯定自己，整合归纳自己的优点，并在面试前反复演练展示；从外表肯定自己，了解所求职公司职员的穿着风格，提前准备求职的衣服，做好搭配衣着的工作，在必要的时候，可以请家人、朋友帮忙，看看穿着是否得体、是否符合求职场合。

有关形象专家做过专门的统计，面试者中着装大体合格的仅占40%左右。有很多人看起来好像很重视着装，但事实上穿着都是不合适的。而且有一个现象，着装的合格率与年龄成正比。职场经验越丰富的人，对面试着装的把握越好，而年轻人群的问题最大，因为年轻人往往穿自己喜欢的衣服面试，而没有考虑职业需求和场合，有些衣服穿起来是挺漂亮的，但是与面试的职位不匹配。即使有穿着合格的，但衣服的清洁感和品质感也是个问题。

面试的时间或长或短，但大多数的面试，在前几分钟，面试官就给你打了分数。这前几分钟的时间很短，甚至几十秒钟的时间，但留给人的印象非常重要。心理学家将第一印象称为"首轮效应"。首轮效应是指人们在日常交往中初次接触时瞬间产生的印象，这种瞬间印象对日后的交往有重要的影响。喜欢看相亲节目的人都会有这种感觉，有男嘉宾出场后只说了几句话，女嘉宾很快就能做出决定是亮灯还是灭灯，而不需要花费太多时间去了解他。因此，我们在面试时若能给面试官留下很好的第一印象极其重要，第一印象好了，那么面试的成功率就非常高了。

虽然形成第一印象的时间很短，但我们要付出的努力和时间却不少，特别是面试的很多细节需要我们花心思去了解。那么，求职礼仪包括哪些要素呢？

求职简历的准备

求职简历是我们求职的"敲门砖"，精心准备求职简历，是非常重要的一步。

准备好一张求职照片。近几年，求职人士大都开始有意识地准备自己的求职照片，很多人还拍了"最美证件照"。但是，最美证件照的一个问题就是，这些照片被修图之后识别度很低，很难给招聘企业留下特别的印象。尤其是过分修图的最美证件照，很多人喜欢修得跟写真一样，过分修图其实很容易影响求职者在面试官心中的印象。

求职照片并非选美，作用是方便企业用照片来判断求职者的相貌特征和职业化的程度。因此，求职照片不要过分修图，避免和真人差距太大。求职照片主要是传递个人信息，与职业形象相符，并能显示出自信即可。因此，求职照片建议穿较为正式的职业装，化淡妆，背景简单，自然大方，适度修图（下图中的图2和图4比图1和图3更适合做求职照片）。

图1　　　　　　图2　　　　　　　图3　　　　　　图4

对求职简历内容的细节要求。每次招聘，人力资源部门一天要看几百份求职简历，但从中初步筛选出来的求职简历通常只占很小一部分。求职简历是让别人第一眼就能了解你，其实就是你的名片，你要用最简短的语言告诉对方，你能胜任这份工作。

很多求职者为了突出自己工作经验丰富，恨不得用十几页纸来记录自己的工作经历。其实，人力资源部门看求职简历的时间也就几秒，又臭又长的工作经历通常会直接跳过。因此，我们写求职简历的时候，要注意几个细节：求职简历不要超过两页，最好能控制在一页；每份工作经历简单概括，只需突出你的岗位职责和业绩；不要写太多和工作无关的经历；选一两个真正的强项写进求职简历，不要连一年内换几份工作都写进去，显得你干过的工作太多，没有真正的强项。

多备一份求职简历。除了随身携带一份求职简历和相关资料，还要在网上储存一份电子版的求职简历，同时准备好白纸、笔记本、笔等，其他资料分门别类装入文件袋，务必放在方便取出的地方，这样不会让你在面试的过程中尴尬地翻找。通过这些小细节，面试官可以观察出你的条理性。

外在形象的准备

俗话说"百闻不如一见"，面试时给面试官留下的第一印象至关重要。当你敲门进入面试室时，面试官第一眼看到的就是你的外在形象。印象的形成，90%以上来自非语言信息。让自己看起来好一些，需要做好前期的准备工作。俗话说"三分长相，七分打扮"。即使你天生丽质，面试这一天也得好好打扮一下自己。

面部打理，特别是油性皮肤，男士要备好面巾纸，面试前要简单清理一次面部。女士如果是油性皮肤，妆容上要做特别的处理。如果没有化妆经验，要提前学习这方面的知识。

学习化妆的渠道很多，可以请身边化妆经验比较丰富的朋友手把手示范，也可以上网找视频学习并多次实践练习，还可以参考化妆技巧方面的书籍，但最重要的一点就是面试前让亲人朋友给你的求职妆容打分。如果能在亲人朋友那关顺利通过，那么证明你的求职妆容不会有大的问题，面试这一天你也会显得从容自信。

男士要在面试当天的早上处理好胡须、鼻毛等，女士要在前一天晚上洗好头发。

面试前避免吃辛辣的食物，一是容易有较重的口气，二是影响嗓子。如果口腔有异味要准备好口香糖或口腔清新剂。

有很多年轻人面试求职时自我感觉良好，可是还没开始介绍自己就被面试官刷掉了，连自己都找不到直接被刷掉的原因。也有很多职场人士感觉自己能力、人缘并不比同事差，但是为什么升迁的机会远落后于能力不如自己的人呢？问题的答案可能和外在形象对于事业的影响有关系。

一般而言，面试官评判面试者服装的标准：整体和谐、协调中显示着个人的气质与风度，稳重中表达着个人可信赖的程度，独特中表达着个人的特性。

日资企业的老板在面试求职者的时候，就特别喜欢观察求职者是否懂得最基本的职场着装搭配。有不少男士，日资企业的老板对他的资历等各方面都满意，但当不经意地看到他的脚下是黑皮鞋搭配着白袜子时，通常会本能拒绝；看到女士穿着黑丝袜搭配着白色或浅色高跟鞋时，也会本能拒绝。因此，有条件的求职者，可以请专业礼仪形象培训师进行面试着装辅导。如果没有专业人士辅导，可以记住以下的礼仪细节，以避免出现明显的错误着装搭配。

1. 男士求职着装

① 忌西裤短，标准的西裤长度为裤管盖住皮鞋。

② 忌衬衫放在西裤外。

③ 忌衬衫领子太大，领子和脖子之间存在空隙。

④ 忌领带颜色刺目。

⑤ 忌领带太短，一般领带长度应是领带尖盖住皮带扣。

⑥ 忌不扣衬衫扣子就佩戴领带。

⑦ 忌西装上衣袖子过长，西装上衣袖子应比衬衫袖子短 1 厘米。

⑧ 忌西装的上衣、裤子口袋内鼓囊囊。

⑨ 忌西装配运动鞋、凉鞋、拖鞋。

⑩ 忌皮鞋颜色和鞋带颜色不协调。

男士着装自我检视清单如下所述。

① 头发干净自然，如要染发则注意颜色和发型不可太标新立异。

② 服饰大方，整齐合身，以大方得体的职业装为宜。

③ 面试前一天修剪指甲。

④ 不要佩戴标新立异的装饰物。

⑤ 选择平时习惯穿的皮鞋，出门办事前一定要清洁。

在面试中，穿职业装最为稳妥。一般秋冬季的求职面试场合，男士穿深色西装是最佳选择，给人稳重、可靠、干练的印象（见图5）。在衬衫的搭配上，经典白色衬衫和蓝色衬衫不失为最佳搭配，衬衫最好选择无图案或条纹不明显的。领带的风格与材质最好与西装、衬衫一致。另外，领带的长度要合适，打好的领带末端应恰好触及皮带扣。

男士求职着装并非一定要穿西装，这需要结合所面试企业的文化风格、季节等因素而定。春夏季的求职着装，可搭配得体的有领的白色、灰色、浅蓝色的Polo衫，给人清爽、阳光的良好职场印象（见图6）。无论如何搭配都需要把握一个原则：整体颜色不可太过杂乱，全身的大块色块以不超过三色为宜，尤其要注意上衣和裤子的搭配，整体上要讲究统一。

此外，鞋袜的选择和搭配也不能忽视，职场中穿西装时通常搭配皮鞋。西装和皮鞋的颜色以深色为宜，袜子颜色最好和鞋裤一致，穿正装应穿深色、款式单一袜子，且以袜口抵达小腿为宜。

图5

图6

2. 女士求职着装

女士的面试着装相比男士稍微灵活一些，可以选择的衣服款式和饰物搭配也相对丰富。一般来说，较为传统的行业企业，女士可以选择常规的职业装，包括浅颜色的衬衫搭配西裙或西裤，通勤款连衣裙等。

西裙的长度建议在膝盖上下约一个拳头的高度（见图7）。

西裤可以选择九分裤或直筒裤（见图8）。

选择深颜色的套装时，可以挑选颜色鲜艳的小方丝巾或胸针作为点缀搭配。

鞋子以包头船型、中跟高度为4～6厘米的黑色皮鞋或浅色皮鞋为佳。穿皮鞋时，应搭配肉色丝袜。丝袜不能有脱丝，面试时包里可多准备一双丝袜，以防脱丝时出现尴尬场面。

另外，女士着装还有几个禁忌要注意。①忌露。着装不能露出肚脐、脊梁等。②忌透。夏天衣服再薄，也不能使内衣等若隐若现。③忌紧。面试时的着装不能过于紧身，让内衣、内裤的轮廓原形毕露。④忌异。职场新人会有一定个性和风格，但不能过分新奇古怪、标新立异。⑤忌乱。卷袖子、敞扣子、颜色杂乱、饰物乱配、衣服脏或皱，不烫不熨、油垢污迹等不应出现。

图7

图8

内在素质的准备

经常有学员在面试前找我做一对一的面试礼仪辅导。辅导内容除了求职前的形象设计，如选择合适的衣服、语言表达技巧等，更多的是带着学员模拟面试流程中常见的仪态礼仪，如做形体矫正训练，纠正含胸走路的姿势，这就是内在素质的准备。除此之外，还有一些内在素质的养成和礼仪细节值得关注。

遵守时间。迟到、失约都是求职大忌。参加求职面试一般提前15分钟左右到达面试地点，一是表现你的诚意和尊重，二是提前熟悉场地可以稍做准备。如果面试途中遇到突发状况，一定要尽早打电话通知面试单位，解释原因并询问是否可以晚些到达或能否重新安排面试时间。

在等候面试时，不要到处走动，不要大声交谈，避免影响他人面试或思考，可以利用面试等待的时间整理思绪，考虑一下如何应对面试官可能提出的问题。

面试中的称呼礼仪。在第一次通话或见面的时候，我们需要和面试官对话，需要称呼对方，那么第一种方法是我们可以问对方：我怎么称呼您比较合适呢？第二种简单的方法是留意周围的人都怎么称呼这个面试官，可按同样的称呼和他打招呼。

仪态礼仪。面试时表现自然，适当的紧张可以理解但要学会放松心情。进门后主动打招呼。进入面试场地时，敲门时应轻扣，之后慢关。如有座椅，就座时，应从容大方走近座椅，然后从侧面轻轻落座。一般以坐满椅子 2/3 为宜，坐姿自然大方，腰背挺直，不要倚靠座椅，身体可微微前倾。穿裙子的女士就座前应自然地用双手将裙子拢一下，就座后上身略微前倾，双腿自然并拢并自然后收。

言谈礼仪。面试时应吐字清晰，富有情感。说话时少带"嗯""啊"等无关紧要的习惯词，当不能回答某个问题时，应如实告诉对方，可以根据实际情况发问，但不要急于问待遇和超出范围的问题，不要抢着说或打断对方的话。

聆听礼仪。好的交谈是建立在"聆听"的基础上的，善于听是对说者的最大的尊重。因此，面试时面试者应认真倾听，准确领会面试官的意图，降低失误的可能性。回答问题时，面试者身体微微前倾，表示出自己的重视，目光注视面试官，避免长时间凝视，否则给人咄咄逼人的感觉。在面试官说话时，面试者应不时做出点头同意状，表示自己正在听或听明白了。

离场礼仪。当面试官表示面试结束时，不论结果如何，面试后的礼仪不能忽视，面试者应轻声起身表示感谢，并将自己的椅子扶正，摆放在进门时候的位置，并再次表示感谢，轻轻推门侧身离开。

模拟"面试经典 16 问"

有效的准备可以帮助你在面试中胜出。结合多次企事业单位的面试经历和辅导学员面试礼仪的经验，我整理了面试官面试提问的常用模板。

求职者应用这些模板，还需要提前收集应聘单位的资料，结合自己的实际经验进行整理，最好能形成属于自己的应答逻辑和文字资料。在收集应聘单位的资料时，求职者可以浏览单位的网站，搜索其最近的新闻报道等，这样面试时就能把这些信息与自身的技能结合起来。

整理好资料后，求职者应在家反复演练面试流程。建议在镜子前，或者面对你的朋友、家人大声表达练习，这可以让你避免在实际面试中语无伦次。但是不要死记硬背，否则会给人一种不真实、不自然的印象。

问题一：请你自我介绍一下。

思路参考：

（1）这是面试的必考题目。

（2）介绍内容要与求职简历上一致，但不是简单读求职简历。

（3）要切中要害，介绍自己最强的技能、最深入研究的领域、个性中最积极的部分等，不谈无关的内容。

（4）条理要清晰，层次要分明，不宜过长。

（5）事先最好以文字的形式写好背熟。

问题二：谈谈你的家庭情况。

思路参考：

（1）家庭情况对于面试官了解求职者的性格、观念、心态等有一定的作用。

（2）简单罗列家庭人口。

（3）可以适当强调温馨和睦的家庭氛围，父母对自己教育的重视，对自己工作的支持。

（4）适当强调自己对家庭的责任感。

问题三：你有什么业余爱好？

思路参考：

（1）业余爱好能在一定程度上反映求职者的性格、观念、心态。

（2）最好不要说自己没有业余爱好。

（3）不要说自己有庸俗的、令人感觉不好的爱好。

（4）最好不要说自己仅限于读书、听音乐、上网，否则面试官可能怀疑求职者性格孤僻。

（5）回答兴趣爱好可以体现自己积极主动的性格、团队合作的精神、深入学习的意愿等。

问题四：你最崇拜谁？

思路参考：

（1）最崇拜的人能在一定程度上反映求职者的性格、观念、心态。

（2）不宜说没有崇拜的人。

（3）不宜说崇拜自己。

（4）不宜说崇拜一个虚幻的或不知名的人。

（5）不宜说崇拜一个明显具有负面形象的人。

（6）所崇拜的人最好与自己所应聘的工作有相关度。

（7）最好说出自己所崇拜的人的哪些品质、哪些思想感染自己、鼓舞自己。

问题五：你的座右铭是什么？

思路参考：

（1）座右铭能在一定程度上反映求职者的性格、观念、心态。

（2）不宜说易引起不好联想的座右铭。

（3）不宜说太抽象的座右铭。

（4）不宜说太长的座右铭。

（5）座右铭最好能反映自己某种优秀品质。

问题六：你最大的优点和缺点是什么？

思路参考：

（1）优点可以答沉着冷静、条理清楚、立场坚定、顽强向上、乐于助人、关心他人、适应能力强、具有幽默感、乐观和有爱等。

（2）从自己优点说起，中间加一些小缺点，最后把问题转回到优点上，突出优点部分。

问题七：谈一谈你的一次失败经历。

思路参考：

（1）不宜说自己没有失败的经历。

（2）不宜把那些明显的成功说成失败。

（3）不宜说严重影响所应聘工作的失败经历。

（4）所谈经历的结果应是失败的。

（5）宜说明失败之前曾尽心尽力，强调自己如何处理、克服和改变，失败后自己很快振作起来，以更加饱满的热情面对以后的工作。

问题八：你为什么选择我们公司？

思路参考：

（1）面试官试图从中了解你求职的动机、愿望，以及你对此工作的态度。

（2）建议从行业、企业和岗位这三个角度来回答。

（3）面试前，一定要做好功课，可以在网上查一下该公司的主营业务、发展方向和近期的重大战略调整等。

（4）可以回答一些详细的原因，如"贵公司的高技术开发环境很吸引我""贵公司近几年在市场上很有竞争力""贵公司能给我提供一个与众不同的发展平台"等，这些都显示出你已做了一些调查，也说明你有较为具体的职业规划。

问题九：对这项工作，你有哪些可预见的困难？

思路参考：

（1）不宜直接说出具体的困难，否则面试官可能会怀疑你的能力。

（2）可以尝试迂回战术，说出对困难所持有的态度——工作中出现一些困难是难免的，但是只要有坚忍不拔的毅力、良好的合作精神及事前周密而充分的准备，任何困难都可以克服。

问题十：如果录用你，你将怎么开展工作？

思路参考：

（1）如果求职者对于应聘的职位缺乏足够的了解，最好不要直接说出自己开展工作的具体办法。

（2）可以尝试使用迂回战术来回答，如"首先听取领导的指示和要求，其次了解和熟悉有关情况，再次制订一份近期的工作计划并报领导批准，最后根据计划开展工作"。

问题十一：与上级意见不一致时，你将怎么办？

思路参考：

（1）一般可以这样回答："我会给上级以必要的解释和提醒，在这种情况下，我会服从上级的意见。"

（2）原则上我会尊重和服从上级的工作安排，私底下以请教的口吻表达自己的想法。如果上级没有采纳我的建议，我同样会按要求认真完成工作；但如果上级要求的方式违背原则，我会提出反对意见。

问题十二：我们为什么要录用你？

思考参考：

（1）测试你的沉着与自信。

（2）求职者最好站在招聘单位的角度来回答。招聘单位一般会录用这样的求职者：基本符合条件，对这份工作感兴趣，有足够的信心。

（3）如"我符合贵公司的招聘条件，凭我目前掌握的技能、高度的责任感、良好的适应能力及学习能力完全能胜任这份工作"。

（4）可以根据自己的实际情况和优势加以说明，而一个简短、有礼貌但非常笃定的收尾也很重要，如"我能做好我要做的事情""我相信自己"。

问题十三：你能为我们做什么？

思路参考：

（1）你可以根据自己对招聘单位的了解，结合自己在专业领域的优势来回答，如"凭我的能力，我可以给贵公司带来高效率和更多收益"。

（2）回答这个问题前求职者最好能"先发制人"，了解招聘单位期待这个职位所能发挥的作用。

问题十四：你希望与什么样的上级共事？

思路参考：

（1）最好回避对上级具体的希望，多谈对自己的要求。

（2）如"作为刚步入社会的新人，我应该多要求自己尽快熟悉环境、适应环境，而不应该对环境提出什么要求，只要能发挥能力，做好工作即可"，或者"希望我的上级能够在工作中对我多指导，对我工作中的错误能够立即指出"。

问题十五：您在前一家公司的离职原因是什么？

思路参考：

（1）避免把"离职原因"说得太详细、太具体。

（2）避免掺杂主观的负面感受，如"太辛苦""人际关系复杂""管理太混乱""公司不重视人才""公司排斥我们某某员工"等。

（3）不能躲闪、回避，如"想换换环境""个人原因"等。

（4）不能表现出对上一份工作的怨言，最好从自身发展来表明离职原因，如遭遇职业的天花板，或者前一份工作与自己的长期职业规划不符合等，也可以表明应聘的新职位对自己是很好的机会。

1.3　设计一张让他人爱不释手的"名片"
——职业形象塑造

我们经常有这样的经历，收到很多名片，等递名片的人走后，手中的名片最后的结局有两种，一种是看一眼就扔进垃圾桶，另一种是觉得对自己或许有些用处会留着。是留着这张名片，还是直接扔进垃圾桶呢？其实，这个决定往往是你对这张名片印象的判断。

这是个快节奏的社会，有时候与他人初次相识，我们只有两分钟的时间来给对方留下第一印象，第一分钟用来告诉对方你是谁，第二分钟用来让对方喜欢上你。如果第一眼对方对你有好的印象，通常会愿意跟你交朋友；如果第一眼对方就觉得与你的气场不同频，那就没有继续交流的欲望。

通过一张名片可以读出很多内容，那么你会让别人从你身上读出什么信息呢？

这里说的"名片"不是指在人际交往中为了方便联系相互递送的名片，而是指个人本身的形象。对你最有说服力的名片，就是你自己的形象。让人看到你的印象，就觉得你有成功的可能，而不是靠名片上的一堆头衔来标榜自己。

形象的影响力

心理学家曾做过研究，当你第一次出现在他人的视野里，仅仅几秒钟的时间，他人就能判断出想要的信息：你是一个什么样的人，甚至能从你的天然美和外在美的修饰上猜测到你的经济条件、教育背景、社会背景、家庭出身、年龄、健康状态等。

一位职员 Lion，由于分公司刚成立不久，很多外事工作需要他去公关协调，但遗憾的是，他的名片在外面的人看来非常的不起眼：业务高级助理。但对于内部人员来说，这个职务算不小的了。由于 Lion 入职不入，限于公司晋升的规格，他的名片只能印制为"业务高级助理"。但事实上，作为以网络办公为主的公司，主要领导都不在分公司办公，而他基本上负责了整个分公司的日常工作管理。他常常感慨：名片头衔不高，给人的第一印象丢了分，后面还得靠外在形象和内在实力赢回来。刚开始的时候，他需要跟相关部门人员打交道，刚给这些人员递名片时，这些人员拿起名片看一眼职务后就将名片丢在一旁了。虽然印象并不能体现一个人的全部，但是初期的印象一旦形成，要推翻它在别人心中的印象需要付出数倍的努力。Lion 毕业于名牌大学，各方面都非常优秀，他的气质涵养不是一张普通的名片所能掩盖的。Lion 的前期公关工作虽然很吃力，但是到后来，随着相关部门人员和他的不断接触、业务交流，也渐渐认可了他的为人，很多人员和他成为不错的朋友。

某家大型国有企业的总经理，获悉一家著名的德国企业董事长正在本市进行访问，并有寻求合作伙伴的意向。于是想尽办法，请有关人士为双方牵线搭桥。让他欣喜的是，对方也有兴趣与他的企业进行合作。到了双方会面的那一天，总经理对自己的形象刻意进行了一番修饰，他上穿夹克衫，下穿牛仔裤，头戴棒球帽，足登旅游鞋，他希望给对方留下时尚新潮的商务人士印象。但事与愿违，总经理自我感觉良好的形象却与那位董事长得体、简约的西装风格形成了鲜明的对比。结果，双方的会面合作也因总经理的"形象不佳"而受到一定影响。

职业形象是事业成功的标配，它清楚地定义着你，无声而准确地讲述着你的故事：你是谁，你的社会地位，你如何生活，你是否有发展前途等。一个成功的职业形象，展示给人们的是自信、尊严、力量和能力。

在他人印象里，职业形象有哪些元素？职业形象包括人的内在素质、涵养、能力、生活观念、追求喜好等，还包括人的穿着、面貌、体形、表情、语气、语调、手势动作、站姿、坐姿等。

世界上最会赚钱的犹太人曾经说过：即使再穷，也应该把自己当成最成功的银行家。这句话越思索回味，越觉得它意义深远。这句犹太语，折射了自我的定位。穷，不要紧，要紧的是，你怎么肯定自己。这个肯定包括外在形象的塑造和内在心理素质的培养。尤其是外在形象的塑造，犹太人认为即使再富裕的人，如果外在形象丑陋不堪，行为举止低俗不雅，那他所拥有的财富也会在他人眼中大打折扣，他在他人心里的地位也会直线下降。

据调查，在职场中，70%的职场精英会关注自己的形象，并为之精心准备；84%的职场精英表示会介意身边让人反感的职业形象，并且认为职业形象好的人在企业中拥有更好的人际关系。人是感性动物，"以貌取人"无法完全规避，职业形象影响着职业生涯的多个方面，职业形象差，不仅交不到朋友，找不到客户，还会大大降低升职加薪的机会。

在专业技术上与业务能力之外，职业形象本身就是竞争力。性格写在脸上，人品刻在眼里，生活方式显现身材，审美看衣着。通过"以貌取人"就能判断和感受到职场人士的专业与影响力。

职业形象是多维度的印象管理，而且随着职业角色的变化而变化。职场人士做好形象管理，在不同维度上努力是一生必修的功课。

职业形象塑造，从"头"开始

三国历史上有一个很有意思的故事，水镜先生司马徽曾对刘备说过一句话，那就是"得卧龙凤雏一人即可安天下"。刘备凭借这句话，才找到诸葛亮并三顾茅庐，请其出山，最后成就大业。这句话里的"凤雏"指的就是三国历史上除了诸葛亮，另一个谋略大咖庞统。庞统当初准备效力东吴，于是去面见孙权。孙权见庞统长着浓浓的大眉毛，两只鼻孔朝天，鼻毛外伸，面孔黝黑，留着稀疏的一小撮胡子，样子瞧上去很古怪，实在是相貌不同常人，给人非常不舒服的感觉，因此从心里不喜欢他，又见他傲慢不羁，更觉不快。最后，这位广招人才的孙权竟把与诸葛亮齐名的奇才庞统拒之门外，尽管鲁肃苦言相劝，也无济于事。我国虽有句老话，"人不可貌相，海水不可斗量"，意思是不要以人的仪容、仪表来评价人，但有时候人的感觉就是那么奇怪，外表让人不喜欢的，对方就没有和你交往下去的愿望。

有一家早餐店，一对夫妻在经营。刚开业那段时间，因为店里的东西味道不错，价格也很实惠，店里的生意还挺红火。可时间久了，人们发现店里生意清淡了许多。慢慢观察猜测，其中的原因可能与老板娘有关。老板娘手艺不错，干活也利索，但每次见到她，头发总是散乱的，有时候甚至油腻得似乎能滴下油来，还有几次若有似无的头皮屑落到面汤里。此情此景，让人顿时没了胃口。因为生意渐渐冷清，老板娘的脾气也越来越差，好几次听到她在厨房里对她丈夫大声责骂。有一个词叫"蝴蝶效应"，这种情况也算了。从一个人的头发就能窥见她对生活、对身边人和物的态度。正所谓细节决定成败，哪怕一个微小的细节，也会对你的生活产生不小的影响。

正是因为头发的凌乱不仅影响个人形象和状态，还影响卫生，所以凡是服务上佳的企业，都特别重视员工发型的管理。比如空姐、银行窗口服务的女性员工等，都是盘发（碎发要整理）、淡妆上岗（见图1、图2），而男性员工的头发和面部也有一定的仪容标准，前不过眉，两侧不过耳，后不抵领（见图3、图4、图5）。正是因为管理好了发型和面容，才显得专业、可信赖。

图1

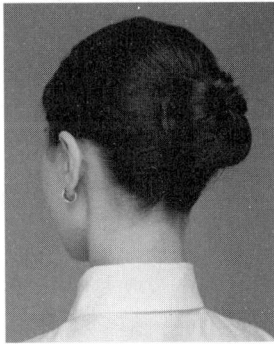

图2

 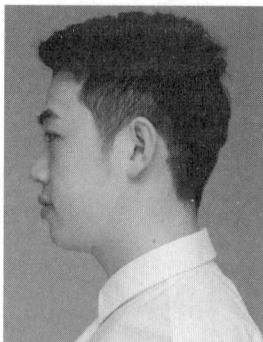 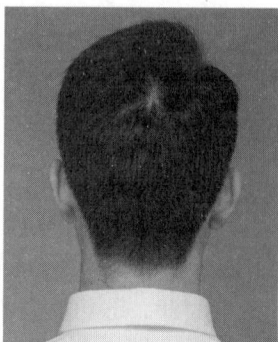

图3　　　　　　　　　　图4　　　　　　　　　　图5

我曾参加过一个小型分享会，邀请的嘉宾是本市公益界内的大咖，会上他滔滔不绝地讲述自己的见解，可我一句都听不进去，因为我坐在前排，离他很近，我总是不自觉地注意到他那外露的鼻毛。这样不注意细节的男人，我在心理上已经非常排斥他，如何继续接纳他的见解呢？这小小的鼻毛外露，不仅让人怀疑他日常生活中多么地不注意细节，还会让人联想到他的妻子也是不讲究卫生的女人。因为作为爱自己丈夫的女人，如果看见这么影响形象的鼻毛外露，应该会提醒自己的丈夫修剪一下露出来的鼻毛。

很多职场女士经常会纠结一个问题，那就是每天上班要不要化妆？化妆吧，早晨时间非常宝贵，而且待在办公室里不常出门，一头扎在工作上还是灰头土脸；不化妆吧，黑眼圈和眼袋显得整个人像生了病，让人看起来觉得情绪也不高，让人感觉工作没好好做。相关职场女性化妆状况调研显示，近5成人认为女士上班有必要化妆，认为职场女士化妆更显专业化，并且给人的感觉更显自信。

化妆不是追求把眉毛、嘴巴等部分修饰到最美，而是从整体上展现出个人的魅力，以扬长避短，使自己光彩照人、精神焕发，从而在人际交往中更为自尊、自爱、自信，给周围的人带来健康、积极、愉悦的情绪，这种状态有助于丰富自身的内在美。职业妆容如果能做到化而不觉、妆而不露，那是化妆的最高境界了。

仪容礼仪与自律人生

仪容礼仪无小事，你的仪容其实是你的生活状态的真实写照。仪容礼仪从侧面反映出你的人生是否自律，你是否值得被信赖。然而，很多人嘴上说着自律，实际上仪容出卖真相。口口声声说要遵循内心的声音活在当下，实际上只是把听从内心的声音当成冲动。夜晚几个哥们在大排档畅饮、打牌、抽烟，狂吃垃圾食品，或者抱着手机玩游戏打发时间，没有几个夜晚是早睡的。而在职场上的状态，上班时间谄媚领导，在酒局上强撑，年龄还没奔四，啤酒肚就长出来了，发际线不断往上移，长得一脸横肉。

好看的面容不是白来的。一个拥有好看的面容的人，不会因为食物好吃就忘记节制，也不会任由岁月对待自己的脸，而是从一点一滴的抵抗和诱惑中走出来的。有人每周健身几次，每天搭配营养的食物，坚持早睡早起。虽然年龄一直往上涨，但身材和面容一直保持得很好。人和人拉开差距的时候，从来没有预告。面容好的人，从来都不是随心所欲，而是能对自己的生活有所选择、有所抵抗。精神状态好的男士，通常会两三个星期就去理一次头发，每天认真刮胡子。也有男士说每天认真刮胡子的时候，就会好好地端详自己，看看这段时间在脸上留下的痕迹，而自己接下来需要做点什么。职场上的你该注意的头发、面部及其他仪容细节，请按照下面这份仪容礼仪清单对照一下吧！

① 职场发型应大方、保守。前卫、怪异的发型向来都是不被接受的。

② 头发的长度，男士的基本要求：前发不覆额，侧发不掩耳，后发不及颈，不宜剃光头。女士的基本要求：不宜披头散发，不宜头发过短，不宜染与原发色差异较大的颜色。女士盘发时，需把碎发整理起来，可使用黑色发卡、发带等与发色同色的发具。

③ 保持头发的日常整洁，勤于清洗、修剪、梳理。

④ 若无特殊民族习俗或宗教戒律，男士不宜蓄须。此外，天天刮胡子应是男士的一个好习惯。

⑤ 女士忌素面朝天或浓妆艳抹，宜职业淡妆上岗。不能当众化妆，也不能以残妆示人，有需要时应到洗手间适当整理自己的妆容。

⑥ 眼睛是一个人的心灵之窗，故眼睛的保洁要高度重视。眼角与睫毛上的分泌物，要及时去除；眼镜上的油渍与灰尘，应及时擦除。

⑦ 耳内保持定期清洁。

⑧ 口腔要保持清洁，上班前不能喝酒，也不能吃异味食物，饭后要漱口。

⑨ 手部不留长指甲，应修剪至手指边缘，指甲里不存污垢。手部不佩戴夸张饰物。女士如染指甲，颜色应与指甲同色。

⑩ 不要使用味道浓烈的香水或发胶，尤其是在办公室密闭的环境中非常容易让人反感，即使使用淡型香水，也不能过多喷洒。

1.4 穿对衣服才能做对事——职场着装规则

某心理学家曾经做过一个有趣的实验，他安排了两组人员进行这个实验。他在纽约机场和中央火车站的电话亭里，在任何人都可以看到的地方，放置了一枚硬币。一旦有人进入电话亭，约两分钟后他就派人去敲电话亭的门说："对不起，我在电话亭里遗失了一枚硬币，不知道你看到没有？"结果，着装整齐的第一组询问者询问时，退还硬币的概率为38%。除了着装影响到这个结果，还有什么其他因素吗？该心理学家分析得出，电话亭里的人在被着装整齐的人询问时，可能会察觉到他们对自己说了很关键的话，而面对着装寒酸的人，在不想接触对方的念头下，也不想去理会对方的问题，所以在没有听清楚询问者的话之前就已经开口回答"不"。可以说，着装不仅影响到对方的视觉愉悦度，还会影响到对方的心理。

着装还会以意想不到的方式影响人的深层性格。一个经常穿职业装的人会强化自身专业严谨的一面，一个经常穿性感服装的人会举手投足呈现出妩媚和娇柔。若长期固定为一种风格，它的影响力往往会通过言行举止渗透到内在。

职场中的夏天，有的男士喜欢穿 T 恤衫、大短裤，有的女士喜欢穿波希米亚风格的大长裙，还有的人穿拖鞋，或者类似于拖鞋的洞洞鞋，他们的理由就是：这样穿舒服啊！

表面上是穿衣服随意，其实是对单位形象的不尊重。这种不尊重的潜台词也许是：我就这样穿了，你又能把我怎么样呢？也有人说，你太上纲上线了。可我想问问，他们是不是在任何场合都这么随意？假如在婚礼上，亲友穿着 T 恤、拖鞋来参加婚宴，新人不会介意吗？因为尊重自己的亲友，尊重婚礼的仪式感，人们一定会认真对待出席婚宴着装这件事。在不同场合，穿合适的衣服，既是为了尊重别人，也是为了获得别人的尊重。所以，当我看见短裤、拖鞋等着装来上班的人，我就很想问问：你究竟有多看不起自己的职业，才会穿成这样来上班呢？

当然，也有很多退役军人初入职场时，很重视自己的职场发展，也很尊重求职的企业，但是由于不太懂职场着装规则而容易出错。这些着装搭配都是退役军人初入职场常见的错误着装搭配：圆领短 T 恤+西裤+皮鞋，圆领短 T 恤+迷彩裤+皮鞋，短袖衬衫+西裤+领带，短袖衬衫+西裤+领带（长短低于腰带扣）+白袜子+黑皮鞋，黑色西裙+衬衫+黑色丝袜+浅色皮鞋，无袖连衣裙等。这些着装，也许你觉得没有问题，但不符合职场着装的规则。

也许你会说，着装规则真的很重要吗？可那么多成功人士还不是整天穿着旧旧的衣服？你要知道，社会很多规则和模式都是相对稳定的，只有处在金字塔顶端的人，才有资格不遵守这些潜在的规则。身在职场，人们的各种行为包括着装都要受到职场规则的限制。人们下班回家后只要家里人没意见，基本上是想穿什么就穿什么，但在职场上着装就不是个人的事情了，更意味着在人际交往中对自己的尊重和对他人的尊重。它既代表职业形象与标签，也代表着单位的形象；它既是协调同事关系的润滑剂，也是升职加薪的秘密武器。

职业着装搭配技巧与礼仪规则

在职业装被细分的现代社会中，根据不同行业特性细分不同职业化着装，但总体有职场着装原则可遵循。大体来说，我们要把营造职业感的形象放在第一位，把美丽的标准放在第二位。

职场着装 TPO 原则［T 指 Time（时间），P 指 Place（地点），O 指 Occasion（场合）］，这是西方最早提出的服饰穿戴原则，在不同时间、地点、场合有不同要求。职场着装既不能过于严肃保守，也不能随意开放，所以掌握好职场着装的尺度尤其重要，既要有时尚品位，也不缺乏知性干练的职场气息。

职场着装大致可以分为三类：严肃职场（见图1），一般职场（见图2），时尚职场（见图3）。

图1　　　　　　　　　　图2　　　　　　　　　　图3

严肃职场，如律师、金融领域等，对着装要求严谨，可以参考欧美系职业着装，简洁干练，凸显专业程度。孙俪在电视剧《安家》中的造型就是干练，但过于严肃，与房地产气质不太相符。

一般职场，严肃程度降低，着装自由度增加，如女士喜欢的电视剧《欢乐颂》里刘涛的着装可谓一般职场的典范。

时尚职场，特点是在保持商务着装干练、专业的同时，融入更多的时尚特点，它是职场中最休闲的，但不是想怎么穿就怎么穿，也是有规则的。

"三色原则"，全身主要颜色或大面积颜色不超过三种色系。"三一定律"，一般指我们的鞋子、腰带、公文包的三种颜色应是一个色系。女士的包、上衣、下装、鞋子、眼镜等穿戴上较大色块搭配都应遵循这两个原则。

男士西装是否合身，有几个简单的标准。裤脚前面盖住皮鞋1/3处，且不堆积脚面；衬衫肩线与肩同宽；衬衫比外套袖子长2厘米左右；西装袖口不超过手腕处。男士穿西装时要穿挺括整洁、无皱折的带领的衬衫。衬衫下摆要塞进西裤，袖口须扣上不得翻起。领子不要翻在西装外。两粒扣的西装，一般只系上面第一粒扣；三粒扣的西装，一般系上面两粒扣或中间一粒扣。穿两粒扣西装系第一粒扣表示郑重，不系扣子则表示气氛随意；三粒扣西装系上中间一粒或上面两粒为郑重，不系表示融洽；一粒扣西装以系扣和不系扣区别郑重和非郑重。穿西装需要坐下来时，需解开西装扣子。

与西装搭配的衬衫应当是正装衬衫，衬衫通常为纯色。在正式商务活动中，白色衬衫是男士的最佳选择。除此之外，蓝色、粉色、灰色、棕色有时也可看场合适当考虑。细条纹的衬衫可在一般场合穿着。衬衫领围的宽度以能插入两根手指为宜。打领带时，衬衫的扣子都要系好；不打领带时，衬衫领口的扣子可以不系。

领带、手表、皮带通常视为成年男子的三大饰品。领带的颜色，蓝色、灰色、棕色、黑色等单色领带正式场合里都是理想的选择。领带图案颜色忌多于三种颜色。同时，应尽量少打浅色和颜色鲜艳的领带。一般杂色西装应配单色领带，而单色西装则应配花纹领带。领带的图案，以单色无图案领带为主，有时候也可选择以条纹、圆点、方格等几何形状为主的领带。领带的长度，以到达皮带扣处为宜。除了会挑选领带，会打领带也是职场男士的基本功。领带的系法学会三种就可以应付绝大多数的场合：单结、简式结、温莎结。除了出门前系好领带，平时也需留意领带是否保持较好的状态，随时加以整理。

穿西装搭配黑色、深咖啡色或深棕色的普通真皮皮鞋为好，不能将旅游鞋、轻便鞋、布鞋、露脚趾的凉鞋与西装搭配。穿皮鞋所搭配的袜子，以深色、单色为宜，与以西装同色系为宜。最佳做法是比西装稍深色，袜子在皮鞋与西装之间显示一种过渡。袜筒长度适中，避免坐时小腿露出。

女士穿西裙时，第一，鞋和袜子忌不搭配、不协调。如果穿的是深色的裤子，那么建议穿黑色或同色系的皮鞋；如果穿的是浅色的袜子、浅色的裤子或裙子，那么则应穿白色或米色的浅色系的鞋。第二，忌光脚、光腿。当穿职业装的时候，一定要穿袜子。第三，忌三节腿。不要穿出三节腿的感觉，更不要把袜口暴露于外。

职场上为什么推荐端庄合体、直挺贴身的职业装呢？为什么不穿沙滩装呢？除了一个场合的因素，还有其他因素吗？也许你坐过高铁、坐过飞机，经过候机大厅，当你看见穿着得体、优雅的空姐走过，会觉得她们特别养眼，很吸引周围人的目光。与其说是这些空姐长得漂亮才这么赏心悦目，不如说是职业装带给人的那种自信的气质美。穿上职业装，得体的裁剪、贴身的线条、简约整洁的风格，能很好地展现一个职场人士自信的职业形象和精干利落的精神风貌。职业装有哪些细节值得我们关注呢？

版型的细节规则。职业装能塑造干练的形象，干练是区分于拖沓的，而宽松的衣服容易显得休闲拖沓，因此一般不适合职场穿着。如果要有明显的腰线，没有过于拖沓的剪裁，可以看看人们上班穿的裙子，多半是直筒裙或包身裙，而极少是大摆裙或蓬蓬裙。如有必要，把较长、宽松版的上衣塞进下衣可以显著增加利落感。

图案的细节规则。干练利落区别于花哨。如果大家平常有留心人们上班穿着的话就会发现，绝大部分人的上班穿搭都是以"纯色"为主，这是因为纯色相比花纹更加不引人注目，符合衣服得体不抢眼的职场着装需求。职场着装要求中性色或基础色，如黑白灰、浅驼色等，当然，这并不代表花纹衣服就一定不能穿。首先，花纹也是分类别的，波点、格子、条纹等几何图案给人的感觉偏中性，因此不会显得过于不正式，正式程度略逊于纯色。然而，如花朵、碎花、豹纹等，因为花纹更加引人注意，因此正式程度会大大降低，建议只是小面积使用，如作为丝巾、半裙、包或内搭。

除了职场着装一般规则，还和所在单位的文化氛围有关系，穿着的选择还要考虑入乡随俗。如果你所在的企业是时尚行业，那么穿着上可能选择性更多，尤其是女士可选择时尚品位的服装，但穿着时尚并不是要你从头到脚都是本季最潮流的元素，而是简洁大气，区别于街头范儿的潮流穿搭。

如果你是政府机关或事业单位的公职人员，那么着装的分寸还是需要谨慎把握的，千万不能过"度"，大气沉稳是主流方向。例如，职业装是最通用、稳妥的着装，切忌穿得太紧、太透、太露，服装色彩应避开粉红、嫩绿等看上去略显轻浮的颜色，米色、灰色、黑色、深蓝色都是可以尝试的优雅而稳重的颜色。

如果你所在的企业是金融业，这些企业通常对着装有着严格的要求，可按企业内部标准选择服装。如果有自己选择的空间，可以选择精致考究的西装套装，颜色应选深色系，让你看上去更加稳重、可信任。

如果是创意型企业，因为企业文化氛围的关系，职场着装上大部分职员都不愿受到束缚，企业也希望你穿出自己的个性与时尚。但是要谨记，放宽要求并不等于没有要求，穿得有个性、有个人强烈风格也不表示要奇装异服。

如果你所在的企业是较为传统的行业，而且你是普通行政岗位的职员，需要塑造亲和的职业形象，那么穿着太随便会给企业带来不良的影响，但如果穿着太严谨，又会显得古板、缺乏亲和力，所以需要懂得穿着上的平衡。穿职业感强的裙装是办公室行政女职员的首选，它可以使人显得干净利落、干练坚决。服装颜色，可以白、黑、褐、海蓝、灰色等基本色为主，还可适当搭配小丝巾或胸针进行点缀搭配。在面料的选择上，应尽量选用不易皱的丝、棉、麻等面料，从而保持衣服形态的整洁。

职场穿搭的最佳推荐

如果我们真的不知道穿什么的时候，那就从最简单的准备开始吧！

推荐职场女士21件单品：3件西装外套，3条裤子，3条半身裙，3双鞋，8件衬衫，1条修身小黑裙。有纽扣的白衬衫，看起来非常干净、职业，可以和任何服装搭配，如直筒铅笔裙、常见的下装裙、小西裙等。建议每位女士必备几件小西装，因为它百搭实用、安全方便，永远不会出错。小西装的搭配简直无所不能，搭白衬衫、铅笔裤、西装裤、直筒裤、连衣裙、小脚裤，每套都是职场范，既优雅又干练，简直是经久不衰的职场必需品。尤其是真丝衬衫与硬朗的西装互补，既优雅又不失干练，非常适合职场女士。

女士商务休闲场合，款式正式、质地较好的衬衫、针织衫、裙装、裤装都可以选择。长西裤+衬衫+丝巾，西裙+中袖西装外套+背心，黑色西裙+衬衫+黑色丝袜+黑色皮鞋，黑色西裙+衬衫+肉色丝袜+浅色皮鞋，白色西裙+中袖西装外套+浅色皮鞋，都是简单常见的搭配。但是，吊带衣、吊带裙、T恤外穿、运动服、运动卫衣、运动鞋、拖鞋、妈妈鞋、短裤、超短裙、蛋糕裙、娃娃裙等都不太合适。

男士的商务休闲装必备款，包括短袖衬衫、有领针织衫，也可以长袖衬衫外搭配开衫、套头毛衣、马甲、棉麻质地休闲西装，棉质的长裤、款式颜色素雅大方的皮质休闲鞋和船鞋。休闲西裤+纯棉有领T恤+休闲皮鞋，休闲西裤+纯棉西装+休闲皮鞋，经典款牛仔裤+纯棉有领 T 恤+休闲皮鞋，都是简单不错的搭配。但是，无领 T 恤、牛仔裤、运动衫裤、卫衣、跑鞋、拖鞋或沙滩鞋、造型夸张的饰品和配饰、双肩包和运动包都不能包含在内。

另外，购买衣服时，不是看是否便宜，主要在于价格和使用次数。淘宝上的衣服，经过后期处理，怎么看都好看，可多穿几次就会发现它的结局是，你把它遗忘了或把它扔到衣柜的角落里长久不见天日。职场上的衣服往往都是比较典经简洁、不易过时的，因此，建议你到实体店里认真挑选几件常穿的、品质较好的职场服饰。其实，若衣服品质优良、质精量少，日常的打理、保养时间也可以节省下来。这样算下来，即使价格稍贵一点，还是值得投资的。

如何选择职场必备饰品

很多职场新人都听前辈讲过，职场新人的服饰越简单越好，饰品能不戴就不戴，越纯朴越好。事实上真是这样吗？这些话有道理，对于男士可能适用，但女士出于对美感的追求，不会轻易放弃自己心爱的小饰品。其实，学会搭配饰品，可以让你的整体职业形象加分不少，给你的客户、同事、上司留下良好的印象。那么，该如何选择职场必备的饰品呢？

1. 职场款的手表如何选

常常会有人问我：作为一个职场人士，我需要几块手表啊？在我看来，如果你不是手表狂热发烧友或有宽裕的预算，一般两三块已经足够。比如按功能来分：日常工具表，运动电子表，正式场合佩戴的较华丽的腕表。关于价格和档次，有三个档级是职场人士比较关注的。第一个档级：卡西欧、西铁城、精工等日系大众化品牌，价格相对比较便宜，性价比高，比较适合初入职场的新人。第二个档级：天梭、美度等瑞士亲民品牌。第三个档级：浪琴、帝舵、欧米茄、劳力士等瑞士奢华表品牌。

20 多岁的职场新人，手表佩戴大多数追求时尚，这时候可以选择比较平价的大众品牌，选择机芯为石英或电子的，既能准确计时又能节省开支。30 岁左右开始走向成熟、稳重，开始为事业打拼，也有一点积蓄，需要注重职业形象的投资，选择手表要有品位和气场，可以购买一块价格适中的手表。在正式场合，尽量选择简单实用、做工精细、颜色简单的款式，不要有过多的装饰。最好选择直径不超过 41 毫米的手表，同时考虑与服装的搭配，要与当天的服饰和其他配件相呼应。同时注意，下级尽量不要戴比上级高档太多的手表。

职场手表选购还有个比较简单实用的原则：形状首先方形，表盘厚度要薄，款式简洁大方，忌选电子手表、运动手表、闪闪发光的手表。

2. 眼镜作为饰品为形象加分

如今的眼镜，不再只是视力辅助工具，它早已进阶变身为造型的利器，更是你穿着搭配的加分关键项。眼镜只要选择正确、搭配得当，就可以成为一件出彩的配饰。

很多人认为别人戴眼镜好看，自己戴怎么都不好看，为什么呢？其实，不少戴眼镜的人都不化妆，衣服也不好好搭配，直接素面朝天，这能好看到哪里去？戴眼镜想要好看，衣服、妆容都应关心。

选择眼镜时，方形框显得成熟、硬朗，对比起来，圆形框则会显得减龄、活泼。正圆形不太适合亚洲人的脸形，亚洲人一般选择椭圆、半方圆形，棱角不要太分明就好。还需要把眼镜架的色彩往服装的色彩上靠，穿冷色服装时佩戴冷色的镜框，反之，穿暖色服装时佩戴暖色的镜框。建议职场中的你可以备冷色和暖色镜框的两副眼镜，再结合当天所穿衣服的色彩进行搭配。

3. 职场通勤包有什么特点

通勤包顾名思义就是指通勤的时候可以用的包，一般风格比较正统。一款简洁大方的通勤包不仅是全身造型的主打配饰，还是职场生活的点缀（见图 4）。

沉稳、简约的包会给人以"靠谱"的感觉，不会喧宾夺主，更能衬托个人能力，而颜色是包给人的第一印象，比如黑色就是不出错的选择，还有象牙白、裸色、大象灰、卡其色等饱和度低的颜色也是较佳选择。

为了体现职场的专业、干练，在选职场包时，首选深色、外形硬挺、皮质的。忌款式复杂、材质柔软、休闲的背包。购买一个有质感、基础款的大包，可以用很久。毕竟通勤包流行这么多年，款式一直都差不多，因此也不需担心款式老旧而频繁更换的问题。

不要觉得选对衣服就万事大吉了，只有当你配对了包，你的职业形象才算完整。

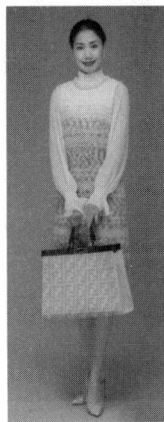

图 4

4. 简洁小巧的耳钉低调且显气质

简洁小巧的耳钉，给现代都市女性增添了温婉的女人味，是职场女士的最佳拍档。珍珠的精致和温润，特别适合东方女性。很多职场女士穿简洁的白衬衫，戴着简洁的耳钉，头发夹在耳后，也非常精致优雅。

职场女士除了可选择大众化简洁的珍珠耳环，身材矮小的人，还可以选择戴蝴蝶形、椭圆形、心形、圆珠形的耳钉或短款耳环，显得娇小柔美；方形脸适宜戴圆形或卷曲线条耳钉，可以缓和脸部的棱角。在重要的工作场合，推荐佩戴耳钉而不推荐佩戴吊坠型耳环。

5. 丝巾与职业装的巧妙搭配

职场是理性主宰的世界，职场服装的主色调往往选择素色，黑白灰是最常见的颜色，加上严谨的套装版型，相对平时的穿着，不可太随意，不可太性感，但也不能太古板。一身西装显得自信干练，踩上一双高跟鞋，瞬间拥有了强大的职业气场，但千篇一律的职业装形象，可能一不小心就穿成了"保险员"或职场"女魔头"。这种过于理性或沉闷的职业穿着，实在让人觉得有点无趣，如果能够融入一点优雅柔情也许会显得平易近人许多。

如何让职业装变得与众不同呢？对于职场女士来说，如果在刻板有限的选择中搭配出非一般的优雅魅力，可以说是对穿着功力的考验。其实，一条丝巾就可以拯救古板的职业装形象，简约的服装搭配一条丝巾，整体造型就变得生动了。

要想在简洁干练的职场穿搭中取得让人眼前一亮的效果，一些图案复杂、色彩丰富的丝巾能在职业着装中变成亮点，可以很好地提亮我们的肤色，如素衣搭配花丝巾，简直就是吸睛利器啊！另外，彩色丝巾会加深别人对你的印象，给客户更多正面的心理暗示，所以更适合需要频繁见客户的职场人士。

如果有人问我，职场中最值得购买的是哪种尺寸的丝巾？我会特别推荐 60 厘米×60 厘米的小方巾，它在职场上的使用率最高，稍加折叠成条状，然后在前面打结，可以说是一种干练精致的风格。

这几年"西装+衬衫+丝巾"的女士职场造型非常常见。丝巾的系法有很多种，适合职场使用的有专业的主播式、坠领、高领、小平结、小玫瑰、小外套结、罗马领结等。

关于丝巾的系法，可以通过网上视频的讲解对照学习。

6. 小小胸针是职业装的点睛装饰

由于工作的需要，职业装没办法变得花里胡哨，但是增加一点小饰品也会给人带来很多惊喜。很多职场新人都会忽视小小胸针的作用。其实，它既可以是时尚细节的升华，也可以是点睛装饰的首选。

图 5

在正式场合，别胸针的位置有讲究。穿西装时，应别在左侧领上（见图 5）；穿无领上衣时，则应别在左侧胸前；发型偏左时，胸针应当居右；发型偏右时，胸针应当居左。高度应位于从上往下数的第二粒纽扣附近。胸针还应注意与脸形协调。长脸形宜配近圆形的胸针，圆脸形应配长方形的胸针，方脸形适合用圆形胸针。

有人不太了解胸针，甚至认为胸针是上了年纪的女士才会用的。但深入了解就会发现，胸针的装饰与年龄无关，它作为饰品在形象上既可突出职业感也可突出自己的气质。人们学会挑选和使用胸针进行服饰搭配，无论是搭配职业装、衬衫，还是中式风格的衣服，各种各样造型的胸针都能发挥出它的魅力。

职场饰品搭配要少而精

在你觉得没衣服穿，而基本款的衣服穿起来又太普通，甚至担心穿了职业装跟别人撞衫的时候，或者想利用配饰来修饰脸形的不足、塑造职场优雅风格时，都可以通过一两件配饰，让你的整体职场造型看起来更亮眼、更出彩。

因为有些行业出于对安全和健康、整体形象等因素的考虑，可能会严格要求工作时间不允许佩戴饰品。如果你所在的是政府机构、学校、律师楼等办公场所，你的搭配就不要过于艳丽；如果你在创意时尚的办公环境，就可以更大胆一些使用配饰。

有句话为：少即是多。这是一种提倡简单、反对过度装饰的设计理念。从职场饰品佩戴的角度而言，以简胜繁是硬道理。职场配饰建议选择1～3件，最好不超过3件。

如何在这1～3件有限的选择里体现你的无限品位和职场搭配智慧呢？这就需要我们有所取舍。例如，你今天搭配了手表、耳钉、胸针，那丝巾就可以考虑舍去了；如果你今天搭配了丝巾、包、手表，那胸针就应该考虑舍去。

手镯和手链不应作为职场的佩饰。因为办公打字时，手镯、手链触碰桌沿或键盘容易发出声音，有失办公室礼仪。尤其是办公室新人，必要时需要隐藏自己的锋芒，但求低调雅致而不引人注目。

进入职场后，人们购买饰品时要有意识地进行品质上的选择，不要只图一时便宜，从而选择那些看起来就不高档的饰品。要知道廉价且品质差的饰品不会陪你太久，不如积攒一些钱去买一件真正有品质感、价值感的饰品，随着时间的推移，你会发现它真的有可能陪伴你走完整个职业生涯。

1.5　微笑，时时刻刻体现你的职业素养

慈爱与善良是发自内心微笑的根源

2008年北京奥运会临近的时候，国人礼仪素质问题引起了全社会的重视。很多单位借此机会纷纷举办礼仪培训班，这原本是好事，可是绝大部分的礼仪课都不厌其烦地讲许多细节、形式上的东西。例如，具体到微笑时要露出几颗牙齿。只要形式上做得完美，至于内心怎么样，则很少有人去深究。在早期的服务类企业的礼仪培训课中，我也曾强调职业微笑的多种形式，以及如何训练微笑。但是我在培训中发现，这种手段治标不治本，因为技巧性的微笑没有长久坚持的动力。我不断地思考，这究竟是为什么呢？促使

人愿意主动微笑的根源是什么呢？

有一段话让我深思。《礼记》中说："孝子之有深爱者必有和气，有和气者必有愉色，有愉色者必有婉容。"意思是说，一个孝顺父母的人内心才会充满和顺之气，内心充满和顺之气的人，脸上才会有愉快的神色，长期保持愉快神色的人，才会有漂亮的面容。由此孝到彼笑，面部的笑容其实是内心的孝道。推己及人，由孝养自己的父母开始，然后以这种情怀对待他人，用在家里对待兄弟姐妹的情怀去对待顾客，自然是发自内心最美丽的笑容。可是遗憾的是，现在很多人活得很现实，有时候为了利益，我们只把微笑给了对自己有利益的人，对自己没有利益的人，我们很难展现一个小小的微笑。

那么，怎么解决我们发自内心的微笑的问题呢？首先要解决仁爱的问题。简单来说，心中有爱且对他人有善意的人，对职业有热爱，才是让我们微笑的原动力。举个例子，当你心情不好的时候，为什么还能对他人微笑呢？这真的不是表面上露出 8 颗牙齿的技术性问题。一个人如果内心有仁爱、有善良、有正直、有宽容，有乐观的情怀，他会随时考虑他人比考虑自己多一些，考虑自己的利益少了，即使此时不高兴，但在工作面前、在服务对象面前，由于考虑到他人的心情、考虑到自己的工作职责，尽管不高兴也不会因此就给对方脸色看。

让别人读懂你的微笑

1948 年，世界精神卫生组织将 5 月 8 日定为"世界微笑日"，这也是唯一一个庆祝人类表情的节日。微笑日这天，很多人会反思自己的微笑表情。很多人说尴尬而不失礼貌的假笑，似乎是自己每天的常态。在生活中，乖巧的假笑堪称过年面对各种亲戚追问的必备神器。愤怒不好意思写在脸上，还要小心翼翼地考虑对方的情绪，当不能反驳时只能用假笑来代替。

人类的各种情感都可以非常灵敏地通过面部的表情反映出来，我们脸上的表情很多时候是将自己的情绪与教养一览无遗地展现在别人面前。透过"表情"，是真的笑，还是假的笑，人们可以感受到对方的态度是热情积极的还是冷漠消极的。给人感觉善意的微笑表情，总会在他人心中留下良好教养的印象，因为这样的情绪不经意地传达了积极、安稳、信任、内心善良的美好感觉。真诚的微笑，如同你在告诉对方：我喜欢你，你使我快乐，我愿意做你的朋友，我认为你也会喜欢我的。

人们常说"相由心生"，长得不美没关系，我们可以通过微笑让自己慢慢变美。你心地善良、面带微笑，日久天长你就会越来越美。相反，整天抱怨、怒气十足、多愁善感的人，慢慢也会长成一幅"苦瓜脸"。你是让人喜欢的美，还是让人讨厌的丑？你是真诚又温暖的人，还是虚情假意淡薄的人？也许由你的微笑来决定。

曾经在藏区旅行时，遇见一位老人，我向她打招呼，而她给了我一个亲切温暖的微笑（见图1）。以大众审美的眼光看，也许她谈不上样子漂亮，但是我见了她如沐阳光，她的一个微笑打动了我。

我们无法改变自己的容貌，但是我们可以选择用微笑来装点自己。让别人能轻松读懂你，知道你的微笑表情在人与人之间传递着什么样的信息。我想我们需要好好学习微笑隐藏的意义，这是一门深刻的学问，需要我们花些时间好好琢磨。

图1

冷漠的人人缘差、机会少

微笑常常比语言更富有力量，可以打破僵局，解除人的心理防备，可以收获别人的感情，大大地缩短人与人之间的心理距离，迅速增进亲密感。著名沟通演讲家卡耐基说："一个人脸上的表情比他身上穿了什么更重要。"如果你整日把傲慢和冷漠写在脸上，永远不会有人愿意和你交朋友。

也许，下面的场景很常见。客户某天来公司，恰好遇见你一脸愤怒地从卫生间出来，嘴里还在抱怨着，这样的你，让他们觉得很不好沟通。老板早上遇见你，总见你阴着脸，虽然你在扯动嘴角尽力露出笑脸，眼里却藏着戾气，他不明白，怎么上班就这么让你不开心呢？同事热心地和你打招呼，你总是点点头，眉头依然紧锁，嘴扁得老低，他觉得热脸贴在了冷屁股上，慢慢关系也就淡了。

也许客户不知道你很愤怒是因为已经定下来要买的房子又涨价了，也许老板不知道你不开心是因为手机又摔碎了屏幕，也许同事不知道你扁得老低的嘴是因为男友又忘记了你的生日没送礼物……当然，他们没必要知道。老板给你工资，同事和你合作，客户更是上帝，他们没必要看你的脸色，更不会为你的一地鸡毛的生活买单。

所有发泄在工作中的生活情绪，最后都会变成对生活的反噬。生活不顺，工作糟糕，收入下降，生活更差，陷入恶性循环，不过是因为你将生活的怨气化作表情写在脸上、带入工作中。这个世界上能够掌控人生的人，通常是那些能够控制自己情绪的人，如果一个人连平常的微笑都不能掌控，即使有很好的工作能力，也得不到大家的喜欢，工作配合度减弱，最后还是给自己的工作添麻烦。

微笑无须成本，却价值不菲

纽约一家大百货商店的人事经理说，他宁愿雇佣一个小学毕业有着可爱微笑的女性职员，也不愿意雇佣一个面孔冷冰冰的哲学博士。想象一下这样的场景。某个冬天的早晨，蹒跚老人来市场购物，你给她一个微笑，她会感受到温暖。炎热的夏天，一位懒洋洋的顾客进店，你微笑上前，他立马精神许多。火气十足的顾客喋喋不休，你上前给他一个微笑，他的火就降下来了。当你心情不好时，你看到几个月大的婴儿对你微笑，那种天真无邪的表情会让你的心情瞬间变好。当一个国家的经济运行越来越好，当一个国家的民众素养越来越高，一定离不开彼此间面带微笑服务与被服务、感染与被感染。

微笑是服务行业中必备的表情，高速收费站、银行窗口等服务行业的工作人员，都被要求微笑着服务，大家都认为这是职业的需要。后来发现，当人人都有意识地养成职业微笑时，也许会形成一股强大的力量，形成良性的循环，创造无与伦比的价值。我们知道日本人不算幽默，但就是这个缺少幽默的民族，把微笑练到了炉火纯青的程度，无论是待人接物时那和煦春风般的微笑，还是工作中让客人如沐春风般的职业微笑，都会让人感觉到优雅、温暖、真诚。

有这样一则新闻：杭州小伙子因为上班爱笑，被老板奖励了 5 万元，相当于 10 个月的工资。新闻中的小伙子长得并不帅，笑得也有点"呆傻萌"，甚至有些网友评论"笑得有点磕碜"，但这又有什么关系，他笑一笑就多挣了 5 万元。其实，只要对比旁边其他同事的笑脸，你就会明白这 5 万元奖得很有道理。他的笑确实如他们老板所言：特别有感染力。有同事会嫉妒这样的奖励，却不得不承认，上班的时候看到这样笑呵呵的同事，心情也会变好。

微笑不需要花费成本，却能得到丰厚的回报，拥有巨大的潜在价值：赢得信任，易建立合作关系。时时微笑的人常常被认为是更慷慨、更真诚的人，更容易获得他人的信任，更容易获得谅解。当一个犯错的人在事后报以微笑，我们对其更加宽容，更容易谅解。不经意做错事时，此时一个呆萌的笑容，能让你脱离被关注的焦点，能让当事人心软，使其产生同理心。

有研究发现，微笑可缓解生理紧张，减少大脑中应激激素的分泌，增加愉快激素内啡肽和多巴胺的分泌。压力过大时，即使假装微笑，也会对减压产生积极影响。微笑容易带来财富，任何人都希望通过微笑获得物质以外的心灵感受。研究表明，爱笑的人比表情冷漠的人，财富上多 30%。微笑让人更长寿。1952 年的一项研究中，研究者对当时的棒球运动员进行拍照，结果笑着的运动员比那些板着脸的运动员平均多活 7 年。

职业化的微笑需要训练

发自内心的微笑当然是最让人喜欢的，但在职场上，即使不是发自内心的微笑，也应体现该有的职业素养。职业的微笑可以通过训练让它的形态更加自然美好。

（1）学会放松嘴唇。首先用嘴唇不间断吐完一口气，重复 5 次。然后放松嘴唇周边的肌肉，尽量将嘴张到最大，做出 A\O\E 的嘴型，重复 10 次。上唇保持放松，选择适合自己微笑时的嘴角方向，嘴角往两侧拉开或向上提，重复 5 次。

（2）学会用眼睛微笑。婴儿的微笑是最纯净、最让人舒心的，婴儿是首先露出微笑，然后从眼睛扩展到整个脸部的。心里越纯净，微笑就越能打动人心。练习婴儿般的纯净微笑，可以站在镜子前，用一本书或一张纸遮住眼睛下面的部位，尽量回忆使自己开心的事情，将愉快的心情通过眼睛表现出来。这时候观察镜子中的自己，从眼睛中能够观察到自己的微笑。眼光微笑有时候比嘴型微笑更容易让人接受你（见图 2 与图 3 的对比）。这种自我训练微笑要常常进行，可以有效地调节自己的心情，养成习惯后会常常恰如其分地表达出友善的一面。

图 2　　　　　　　　　　　　　　　　图 3

（3）利用手指进行微笑练习。将左右手其中的两根手指放在你的嘴角或苹果肌处，让手指感觉到你的两个部位在提拉，并利用手指来寻找最适合的微笑并定型，记住最美的位置，形成条件反射的记忆，直到形成一种微笑的习惯。手指提拉苹果肌，这种笑法主要利用苹果肌向上提拉而露出笑容，笑起来的优点就是拥有较突出的苹果肌，让笑容更甜美、更具有感染力。不过，苹果肌特别饱满的人就不太适合用苹果肌发力微笑。

（4）利用筷子练习。选一根洁净光滑的筷子，用两颗门牙轻轻咬住筷子的中部，对着镜子观察，尽力让自己上翘的嘴角高于筷子，使嘴唇呈现最美丽的弧度（见图4）。此时能够看到上排 6～8 颗牙齿，咬往筷子，发出"一"的声音，反复练习，找到自己最美丽的微笑。刚开始练习时比较难，反复练习之后，不知不觉中两边嘴角一起上升，就会形成职业的迷人微笑。

（5）常对着镜子练习微笑，逐渐形成自己最喜欢的微笑状态（见图5）。在镜子前，调整情绪，告诉自己是轻松愉悦的，此刻的自己是最好的状态。静心 3 秒钟，开始微笑，双唇轻闭，使嘴角微微提起，面部肌肉舒展开来。

图 4　　　　　　　　　　　　　　　　图 5

或者对着镜子练习发出"一""歌""嗨"等音，观察自己发哪个音时，脸形是最好看的。同时注意眼神的配合，使之形成眉目舒展的微笑面容。如果每天都能对着镜子随时练习，并能配合衣着与整体形象，训练效果立竿见影。常常这样训练，对调节心情、养成乐观的心态有很好的帮助。

（6）在集体训练时，面带微笑，互相观察。两人相对，彼此互相观察或使用手机互相拍照。互相交流、分享最开心的时刻。这种训练能增进友谊，互相感染快乐的情绪。

（7）记忆提取训练，这是演员在训练中采用的一种方法，也被称为"情绪记忆法"。将自己过去那些最愉快、最令人喜悦的情景，从记忆中唤醒，使这种情绪重新袭上心头，重拾快乐的微笑。平常几个好友聚在一起，互相观摩、互相交流、互相鼓励，互相分享开心的事情，互相记录对方最开心时刻的微笑表情，把最美的表情封存在记忆中，时时重启这种微笑表情。

（8）意念控制训练。这是针对已经有了微笑训练基础或善于微笑的人，不用借助镜子或其他道具，只用意念控制驱动双唇，以求达到最佳微笑状态的训练法。这种方法好处多，一是不必用道具，二是可以随时随地进行，三是培养微笑意识和微笑习惯的最佳途径。

（9）音乐感染训练。有时候累了，什么都不想做也不想练习，那不妨打开手机，连接上蓝牙音箱，播放一些天真无邪的儿歌，或者轻松的音乐，不知不觉你就被快乐的音乐感染，眼角和嘴角便会出现放松的微笑。

最后，还要说一说很多人比较关注的"微笑要不要露齿"这个问题。简单来说，微笑露不露齿基本取决于你的牙齿和你的面部结构。如果你幸运地拥有一口整齐的大白牙，并且在脸部肌肤状况很好的情况下，那露不露齿真的完全看你的心情，因为肯定不会丑。但是，如果有嘴巴外凸或龅牙这类嘴部凸起明显高于脸部平面的情况，那么笑的时候尽量露齿，而不要为了遮丑去抿嘴笑，因为抿嘴反而会让这个缺点更加明显。

1.6　目光，尊重他人最重要的表现方式

恰当的目光交流，体现对他人的尊重

目光接触是人际交往中最能传递情感的非语言表达方式。如果你正在努力赢得对方的好感，并且想表示你所说的话很认真，目光交流就显得很重要了。例如，当你走进老板的办公室要求他给你增加薪酬时，如果你的眼睛多注视着他，而不是低着头，那么他会更加认真地考虑你的请求。当你在单位讲述你的一份商业计划时，如果你用自信的眼神看着周围的人，那么大家就会更加信任你，并容易认可你的计划。

人与人彼此之间的善意和尊重，很多时候会体现在目光交流中。

我们去博物馆参观，一般会遇到两种解说员，一种是自费的，另一种是免费的。然

而，不少参观的人会选择自费的解说员，原因是什么呢？原来，免费的解说有两种，一种是自助式的完全没有目光交流的机器人解说，还有一种虽是真人解说但几乎是没有目光交流的背书式解说。那么，自费的解说员为什么受欢迎呢？因为观众能从解说员的解说中得到直接的互动与交流，能从解说员的目光中获得更多信息和情感共鸣，还能从解说员给予的目光中感到被尊重。

当有人漫不经心、拒绝目光交流或经常打断交流时，对方会感到不被尊重，受了冷落。当目光交流不足成为社会普遍现象的时候，因误解而造成的各种问题就会层出不穷，给人们的生活增添了许多烦恼。

想必大家都有过这种感觉，去一些服务窗口办事，难得遇见工作人员对我们主动微笑。只要把事给办了，我们也不敢奢求他们的微笑了。但如果连眼睛都不抬一下，那确实让人十分恼火。有一次我去服务窗口办事，在咨询的过程中，工作人员始终没有抬起头来跟我说话，而是直接往桌面上扔出一张流程表："你自己看吧，上面都写得很清楚！"这种不尊重的态度让我忍不住发火："你这是为人民服务的态度吗？从头到尾你连头都不抬一下，这对群众有最起码的尊重吗？"这一大声说话，引来了周围办事的人，原来他们对工作人员也有同样的愤怒，只是为了办好事一直忍着不说出来。一旦有人说出来了，就会演变成一场对这些工作人员的声讨大会。

现在有一个很普遍的现象，也值得我们深思。很多人在微信或其他网络平台上有很多话可聊，可一见面就不知道该聊些什么了。许多人不清楚为什么会这样，也许是怕看到别人的目光，或者说已经不习惯真实世界里的目光交流了。

从目光里可读出人的性格

透过一个人的眼睛可以看出他的内心世界。一个人的眼睛不能掩盖心里的念头：心地纯正，眼睛就清澈明亮；心胸不正，眼睛就会昏暗无光。

晚清名臣曾国藩是个看人的高手。一次，李鸿章向曾国藩推荐了三个人，恰好曾国藩外出散步去了，李鸿章示意三人在厅外等候。曾国藩回来时，李鸿章说明来意，并请他考察推荐的那三个人。曾国藩说："不必了，面向门厅站在左边的那位是个忠厚的人，办事小心，让人放心，可派他做后勤供应之类的工作；中间那位阳奉阴违、两面三刀，不值得信任，只宜派一些无足轻重的工作，而不能担当大任；右边那位是个将才，可独当一面，将来作为不小，应赋予重任。"李鸿章很吃惊，问曾国藩是何时考察出来的。曾国藩说："刚才从外面回来，见到那三个人，走过他们身边时，左边那个低头不敢仰视，可见是位老实、小心谨慎之人；中间那位，表面上恭恭敬敬，可等我走过之后就左顾右盼、眼神不定，可见内心不纯，阳奉阴违；左边那位，始终挺拔而立，如一根栋梁，双目正视前方，不卑不亢，是一位大将之才。"曾国藩所指的那位"大将之才"便是淮军勇将，后来担任台湾首位巡抚的刘铭传。

观察一个人的眼神，是辨别他忠奸的一个途径。眼神正其人大致忠，眼神邪其人大致奸。性为内，情为外，最能体现情的地方，不是动作，不是语言，而是眼神。动作与言语可以掩饰，而眼神是无法假装的。

心理学研究表明，在一对一谈话过程中，双方保持目光接触的最佳时间是7～10秒；在群体谈话中，两个人保持目光接触的最佳时间是3～5秒，彼此注视对方，会传达出信任和尊重的情感。此外，在双方辩论的时候，长时间的目光接触可以明确地告诉对方，我认为自己的观点是正确的。更有趣的是，一项研究表明，地位高的人注视谈话对象的时间往往比其他人要长，因此，目光交流还体现出社会地位。

此外，在与他人进行交谈时，可以通过面对面目光转换动作大致了解一个人的类型。内心缺乏安全感的人，目光常常左右移动，说明他们的生活处于不安状态，这种状态多让他们感觉不舒服、缺乏自信，还习惯自欺欺人。如果有人在和你交谈时，他的目光总是在不规则地移动，这会让你觉得他是一个不正经、不怀好意的人。实际上，这不是你的错觉，有上述行为的人也许怀有不可告人的目的。在谈话过程中，如果对方时不时翻白眼且用怪异的目光看你，或者忽然间用锐利的目光盯着你，表示他对你有所怀疑或轻视，想通过这样的目光来检测你的情绪反应，证实他对你的猜测。

眼睛该看哪里

眼睛一般该往哪里看呢？与不同的人交往，在不同的场合，会有所区别。

公务凝视区域，即在洽谈公务、谈判或磋商问题时所使用的一种凝视，这个区域是以两眼为底线、以额中为顶角形成的一个三角区（见图1）。在公务洽谈时，如果你看着对方的这个部位就会显得严肃认真，对方也会觉得你有诚意。如果你的目光多落在这个区域，你就能把握谈话的主动权和控制权。公务洽谈、作品路演、谈判等场合，可适度使用公务凝视。

社交凝视区域，即以两眼为底线、以下巴为顶点所形成的倒三角形区域，通常在社交场所使用的凝视（见图2）。当你和他人谈话时注视着对方的这个部位，能给人一种平等而轻松的感觉，营造出一种良好的社交气氛。例如，在普通朋友间相聚、茶话会、舞会和各种友谊聚会的场合中，就适合采用社交凝视。

亲密凝视区域，即亲人、恋人之间使用的一种凝视，这个区域从双眼到胸部之间（见图3）。这种凝视往往带有亲昵和爱恋的感情色彩，一般在关系亲密的人之间采用。

散点柔视区域，即无论是使用公务凝视、社交凝视还是使用亲密凝视，都要注意不可以将目光长时间固定在所要注视的位置上，应适时在合适的区域范围内柔和地移动注视位置（见图4）。这是因为人本能地认为，过分地被凝视是在窥视自己内心深处的隐私。所以，在双方交谈时，应适当地将视线从固定的位置上移动片刻，这样能使对方心里放松、感觉平等、易于交往。

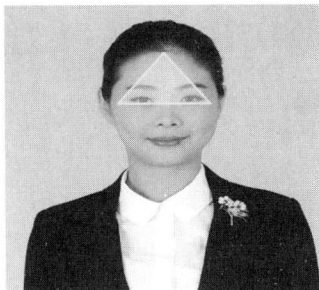

图1

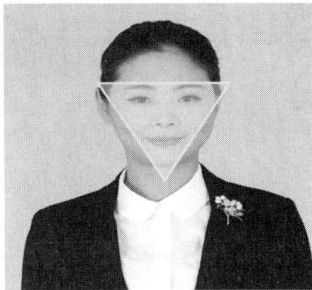

图2

图3

图4

找到恰当的区域进行目光交流后，要注意眼睛凝视的时间。在交流中，一般我们有30%～60%的时间要与对方进行目光交流，但是又不能总是看着对方，因此，我们的目光要柔和，适时将目光从对方面部短暂移开，移开时目光应散点而柔视，切记不能一下子转移到固定某个位置。但与对方目光交流的时间少于30%，会显得对对方不够重视，因此，在时间把握上要注意。

如果想要中断谈话，可有意识地将目光稍微转向别处；当对方说幼稚或错误的话显得拘谨害羞时，不要马上转移自己的视线，要继续用柔和理解的目光注视对方；当对方缄默不语时，不要再看着对方，以免加剧尴尬局面；当谈得很投入时，不要东张西望，要时不时给予对方目光交流，以示自己在认真倾听。

还有些场合，目光的使用也值得注意。被人介绍与介绍对方认识时，眼睛要看着对方脸部，但不能对对方上下打量；有求于对方或等待对方回答时，眼睛略朝下看；进入上级办公室时，不要把目光落在桌子上的文件上；走进陌生人的居室时，不要东张西望；和长辈说话时，最好走近他，用尊敬的目光看着对方；上台讲话时，先用目光环顾四周；在社交场合，最忌和别人眉来眼去或使用满不在乎的眼神，不能将目光长时间集中在对方脸上或身体某个部位，特别是初次见面或异性之间。

关于凝视区域错误（见图5），如斜视、眯眼、瞪目而视等不端的行为，应注意避免。关于目光的礼仪，还有一项非常重要的原则需要遵循，那就是不窥探他人隐私。在平时交谈时，尽量不要刻意躲避对方的目光；在双方对视时，势力弱小的一方往往会先将目光垂下来，为此，要建立彼此对等的关系，绝对不能回避对方的目光。

图 5

如何训练出灵动有神的目光

京剧大师梅兰芳，在他演出时，人们能看到梅先生的眼睛异常有神，即使坐在最后一排的观众，也可以感到梅先生眼睛的灵动。但是，梅兰芳在年幼时，两只眼睛近视，眼皮下垂，眼神不能外露。这对一个演员来说，是一个致命的缺陷。拜师时，老师说他长着一双死鱼眼睛，没有一双灵动的眼睛，自然脸上没戏，很难走唱戏这条路。

后来，梅兰芳听说养鸽子可以锻炼眼神，从此他就开始利用鸽子练眼功。他每天都用眼睛注视蓝天上的鸽子，眼球跟着运转，鸽子自下起飞、自上降落，他的眼睛也跟着上下活动，日久天长不知不觉地把眼皮下垂、运转无神、迎风流泪的无神眼给改善了。

我们虽然不能像京剧大师梅兰芳那样为了锻炼眼神去养鸽子，但有些简单有效的小方法，我们可以运用起来。

1. 定点聚焦训练

就像幼儿园的小朋友，首先得训练端正坐小板凳，提高注意力和专注力一样，眼神的定点聚焦训练是眼神练习的第一步，也是关键的一步。训练方法很简单，就是盯着一个固定的物体做聚焦练习，尽量不要眨眼，眼睛酸了，也尽量克服。

圆点训练。在白纸中间点上一个黑色的圆点，贴在墙上，黑点与眼睛同高（站或坐都可）；距离墙面 2 米左右，盯着圆点做聚焦练习，尽量不要眨眼，刚开始可以只盯 20 秒钟，然后逐渐增加时间，坚持 5 分钟；练习完毕，搓热双手，用掌心捂在双眼上，3 分钟后缓缓睁开双眼。

可能有人觉得疑惑，不就是长时间盯着一个物体看吗？这没什么难度吧？下面可以做个更简单的实验，伸出我们的左手，伸出食指，用眼睛死死盯 1 分钟，我相信很多人不到 10 秒钟，眼神就开始发散了，这是眼睛疲劳引起的，使得我们无法长时间聚焦在一个物体上。平时如果没有专门的时间练习，可以在等红绿灯的时候盯着灯光训练，或者在电梯中盯着一个发光的数字。但要注意一个原则，盯着一个点，保持眼睛不要眨，避免眼神放散，每天练习几次，很快就可以见效。

2. 运目训练

可以直接用眼球进行运动。顺序可以是左—下—右—上，用眼球转出一个长方形，或者直接用纸笔，在白纸上画出运动的轨迹。将一支笔置于你的身体前方，将目光聚焦于笔尖上，在自己的身前画一个圆，注意头不要动，眼球跟随笔尖一起转动，换一只手重复上述动作，眼球不要离开笔尖，头部保持不动。这样的练习能让你的眼球充分运动。只要每天坚持 3 分钟左右，一段时间后，你的眼神就会变得明亮和灵动。

3. 眉目传情训练

准备一面镜子，对着镜子做提眉动作，幅度不要太大，微提即可。我们在训练眼睛的时候，关于眉毛的动作就很容易被忽视，因此在家可以多做关于提眉的训练，即眉毛先稍稍提起再放松。每天训练 20 次，坚持一段时间就能见效。当你的眼神更加灵动时，你的照片就是你的舞台，你想要呈现什么情绪，你就可以用眼神去展现了。

眼神的训练与管理，是我们在扮演那个状态最好的自己。不断地进行训练，让所有好的状态都变成你浑然天成的一部分，不管有没有镜头，它都能深入地刻进你的身体里，形成肌肉记忆。

1.7 站坐行蹲的仪态形象，呈现你的气质与精神状态

站直了，你会更相信自己

聊到退役军人的仪态，在很多崇拜军人的人眼里，军人有挺直的站姿，给人非常正面积极的印象。在大家刚退役的前两年，还能看到军人的样子，在部队养成的良好的军姿习惯，能给个人形象加上很多分。但是有不少退役军人退役一两年后，仪态形象慢慢被打回入伍前的原形。仪态素质的养成，除了需要进行针对性的训练，更需要从意识上有所认识和改变，以及心理上的重视。

在交往中，人们特定的仪态可以向他人传递一定的信息，也被称为人的体态语言。有人为了强调它的重要性，还将其称为无声的语言或有形的语言。美国心理学家艾伯

特·梅拉比安曾经提出一个非常著名的公式：人的全部信息表达=7%的语言+38%的声音+55%的体态语言。这说明，通过一个人的仪态可以了解他的素质和思想感情，这种了解往往比通过其语言所进行的了解更加值得信赖。也许你没有随身带着档案和介绍信，但别人可以通过你的一举一动判断出你的身份、地位、学识、能力，并因此影响他人对你的信任的程度、与你交往的深度等。

研究还发现，站姿和坐姿等外在仪态的表现能够影响内在的感觉，特别是自信心。原来，这是你的大脑想帮你一把，而你却意识不到。明白过来之后，你可以通过有意识地做出某些姿势，如站直、挺胸、抬头等来调节自己的心态。身体姿势也许不会改善你的情绪，但是会调整大脑的反应。如果你对自己萌生了消极的评价，最好不要太往心里去；如果你希望变得积极，获得更多自信，比如你鼓舞自己"我要在面试中拿下这份工作"，或者听到别人的表扬，那么请站直、挺胸、抬头，让大脑相信："对呀，我的确很优秀！"

关于仪态与心理变化的关联研究，我们再深入了解一下。

西班牙的一个研究发现，大脑会注意到自己的身体姿势，并决定人的感受。将参加实验的人分为两组，一组做出站直、挺胸的"自信姿势"，另一组做出耷拉脑袋、低头看膝盖的"不自信姿势"，然后自我评价个人的优点和缺点。结果，"自信姿势"不一定会让人变得更加自信或快乐，但会让人更相信自己的优点和缺点，而"不自信姿势"会让人不确定自己的优点和缺点。

在美国的一项研究中，参加实验的人也做出"自信姿势"和"不自信姿势"，持续几分钟后，有研究人员告诉他们：你在刚才做的一个测验中获得了很好的成绩（无论真实成绩好坏都说"很好"）。接着，让他们用"一笔画"描画一些几何图案，但有的图案是无法用一笔完成的，目的是看看他们尝试多久才会放弃。结果，"不自信姿势"者相对"自信姿势"者更容易放弃。之前告诉他们"成绩很好"有什么用呢？原来，"自信姿势"者会把"成绩很好"的评价当真，遇到困难时更加坚持；"不自信姿势"者听到别人说自己"成绩很好"时，心里并不是很相信，于是遇到困难时没有付出额外的努力。

曾有心理学家对185个风险投资演讲的视频进行语言和非语言的分析后有惊人的发现：判定谁会拿到投资，最重要的因素不是演讲者的资质或演讲的内容，而是演讲者在演讲过程中展现出来的自信、放松的状态和激情。也就是说，这些成功人士都在尽全力表现自己，洪亮的声音、极具表现力的手势、自信的表情都增加了他们的存在感和临场感染力。也许这会让人感到困惑，那些大规模的投资决策真的仅仅取决于演讲者的表现吗？仅仅是因为个人的魅力吗？心理学家认为，演讲者展现的特质：自信、放松的状态和激情，代表了他的项目的投资价值，比语言更有说服力。

肢体语言影响我们的心理感受和精神状态，其实和我们体内的两种激素有关系：一种是"睾丸素"，这是一种类固醇激素，男性和女性都会分泌这种激素；另一种是"压力激素"的皮质醇，是人在压力状态下，尤其是遭受社会评判压力的情况下释放的一种激素。两种激素的组合与高度自信和焦虑情绪有关，而改变姿势会改变内分泌和脑神经的状态，让人变得更加自信、更有力量，而且能在短时间内产生效果。

举个例子。你双手叉腰，想象自己是神奇的女侠；或者在演讲时，像士兵一样收紧小腹，微微抬起下巴，可以的话，在讲台四周走动。神奇的是，这些动作持续两分钟就会增加你体内睾丸素的分泌，同时降低你体内压力激素皮质醇的浓度，这两种激素的改变加在一起的效果就是让你更加自信、抗压能力更强。肢体语言不仅影响着他人对我们的感知，还影响着我们对自身的感知，以及我们如何通过自身的行动，甚至生理机能进一步强化这些感知。

常见的仪态问题有哪些

真正美的不是胖或瘦，而是有效的仪态管理。通常仪态好的人，气质和形象都不会太差，反之，脸蛋再好看，如果弯腰驼背等仪态不雅，耐看度也会大打折扣。常见的耸肩、缩脖子、脖子前倾、内外八字走路等不良习惯，看似是很普通的问题，实际上已经毁掉了你的整体形象。

平时我们看女明星同框，在她们颜值不分伯仲的情况下，如果要说哪位明星更有气质，重点看她的脖子就知道了。许多网友说刘诗诗气质好、仪态好，这是什么原因呢？事实上，她的五官算不上多惊艳，但她的气质特别好，很大程度上得益于她的脖子，修长且不前倾。

为什么很多人有脖子前伸的习惯呢？脖子前伸的情况经常伴随着圆肩、驼背，往往是因为人们长期伏案工作，经常使用电脑，低着头玩手机，久而久之，肩膀向前扣，脖子向前伸。

在日常生活中，我们的仪态形象还有哪些常见问题呢？我们一起来剖析一下。

（1）含胸。一个含胸的人和一个展开双肩的人，给人的最大感觉就是，含胸的人气血不畅，像个病人，而展开双肩的人，气血往往较好，精气神特别足。也有很多人其实并没有发觉自己有含胸问题，可以做个简单的测试。找一面墙，身体靠在墙面上，双肩、脚后跟、小腿肚、臀部、后脑勺身体9个点在墙面上，此时观察一下双肩是否离开了墙面？如果双肩离开了墙面，那就是有含胸的问题了。如果想改善含胸的问题，最简单的方法就是每天练习15分钟的身体"9个点靠墙"，除了刚才说到的脚后跟等点，尤其是你的双肩要紧贴墙面。除此之外，展肩也有很多种练习方法，可以做针对性的练习。

（2）塌腰。拍合照的时候，谁是最有气质的人？一定是坐姿最挺拔的人。经常坐在电脑前，坐直的时候很累，放松塌腰常会觉得很舒服，以及站立的时候，也喜欢这样松松散散，站着不费力。真正漂亮的坐姿或站姿，腰腹部要发力，这样才显得整个人很挺拔。如何矫正塌腰？最简单的方法，在家就可以做的锻炼就是平板支撑。平板支撑的时候一定要保持姿势标准。宁可保持标准只撑30秒钟，也不要歪七扭八硬扛1分钟。

（3）盆骨不端正。盆骨的问题不仅影响到仪态，还影响到健康。有个简单的标准，可以判断盆骨前倾或后倾。按照标准姿势贴墙站立，如果腰部能塞入一个手掌即正常，如果腰部能塞入一个拳头即盆骨前倾，如果腰部贴墙难以塞入手掌即盆骨后倾。盆骨前倾会造成内脏下垂、小腹突出，大部分女性的盆骨都有一点前倾，尤其是经常穿高跟鞋的女性。而盆骨后倾也会造成小腹突出下垂，不过臀部会更扁塌，更容易驼背，站立的时候整个人显得软塌塌的。改善盆骨的问题还要做针对性的训练和养成良好的习惯。

（4）膝盖打弯。站立的时候，如果双腿无力、膝盖易打弯，脚型也会出现不正常的形态，甚至会走路时明显的内八字或外八字。因此，平时站立时要有意识地双腿并立，甚至双膝夹纸或夹书，使腿部的力量增强并矫正腿部形态。

（5）坐姿不正。在人们的意识里，坐就意味着放松，所以无论去哪儿都想坐着。因为下意识里想放松，自然就对自己的坐姿没有过多的要求，于是歪着、瘫着、双腿双膝大大分开（女性）、坐在松软的沙发中将整个人堆入沙发里、坐下时双腿乱动颤、跷二郎腿、身体前后歪动、后背弯曲等，基本上是身体怎么舒服怎么来，丝毫没有意识到坐姿对于身体健康的重要性。研究表明，80%以上腹部赘肉的堆积就是坐姿不正引起的。另外，最普通的疾病——颈椎病也是驼背坐姿导致的，此时头部前倾，肩胛前移，背部软组织被拉长，颈椎长时间被迫用力，导致驼背圆肩、颈椎增生等。同时，驼背坐着会压迫腹部，减少氧气及营养供应，导致身体的消化系统受到影响，让人感觉困倦。

（6）不良走姿。走路时身体前倾、后仰，或者两个脚尖同时向里侧或外侧呈八字形，或者步子太大、太小，或者不抬脚、脚步拖拉在地上，以及胯部摆动幅度过大、双手背于身后或插裤袋等。有个简单有效的方法可以观察自己的走姿问题，即观察你穿的鞋子后跟磨损位置，不正确的走路习惯会使得鞋子与地面接触时受力的点不均衡，从而导致某个位置的磨损加剧，不同的磨损部位会反映出不同人走路的问题。

仪态礼仪需要专门训练吗

爱默生曾说："优美的身姿胜过美丽的容貌，而优雅的举止又胜过优美的身姿。优雅的举止是最好的艺术，它比任何绘画和雕塑作品更让人心旷神怡。"仪态举止是一个人精神面貌的体现，是一个人自身素养在生活和行为方面的反映，也是体现一个人涵养的一面镜子。由奥黛丽·赫本主演的电影《窈窕淑女》，因为两位绅士打赌，为了一场比赛，决定将一个粗俗浅薄的卖花女快速训练成上层阶级小姐。在教授的帮助下，经过 6 个月的语言和仪态的刻苦训练，卖花女的谈吐变得高雅、仪态变得端庄大方。语言形象的提升需要长时间的积累，而仪态训练可以在短时间内取得一定效果。

在多年的礼仪教学研究中，我发现学员中大多数人认为自己的仪态没有问题，也没有必要进行专门的训练和学习。他们认为只有服务行业的空姐、接待人员等才需要进行专门的训练。实际上，人的仪态，包括站姿、走姿、坐姿、蹲姿等在不同场合有不同的礼仪要求，所以每个人都有必要有针对性地训练和学习一些仪态礼仪细节。

1. 站姿礼仪

站姿包括静态的站姿和动态的站姿。静态的站姿要求几个细节：头要正，颈要挺拔，展开双肩，立腰提臀，腿部打直，脚掌抓地（见图1）。

站姿礼仪不仅是个人形象的体现，在一些场合还体现了服务他人的内涵。根据场合和对象的不同，站姿要适时调整手位和脚位，也叫动态的站姿。

站姿使用的手位有肃立手位、礼宾手位、交谈手位、自然手位、温婉式手位、浅握式手位、握臂式手位、抱臂式手位等，站姿使用的脚位有 I 型脚位、T 型脚位、V 型脚位、休闲脚位等。

动态的站姿关于手位与脚位的使用搭配，要根据对象和场合调整。同时，良好的站姿礼仪的养成，需要科学的方法和一定的时间。在职场中，人们学习仪态礼仪最好、最快捷的方法是现场由专业的老师进行指导、讲解。

图1

图 2 至图 4 所示：适用于升国旗、致哀、队列等严肃、庄重的场合。

图2

（肃立手位／I 型脚位）

图3

（肃立手位／I 型脚位／侧面）

图4

（肃立手位／T 型脚位）

图 5、图 6 所示：适用于大型赛会、重大会议等礼宾场合。

图 7 所示：适用于小型比赛、会议等礼宾场合。

图 5

（礼宾手位——端肘/I 型脚位）

图 6

（礼宾手位——端肘/T 型脚位）

图 7

（礼宾手位——收肘/T 型脚位）

图 8 所示：适用于商务交谈、服务交谈的场合。

图 9 所示：适用于轻松交谈的场合。

图 10 所示：适用于比较熟悉的朋友间的交谈场合。

图 8

（交谈手位/T 型脚位）

图 9

（自然手位/T 型脚位）

图 10

（自然手位/休闲脚位）

图 11 至图 14 所示：适用于高端商务、优雅社交等场合。

<table>
<tr><td>图 11</td><td>图 12</td><td>图 13</td><td>图 14</td></tr>
<tr><td>（温婉式手位/T 型脚位）</td><td>（浅握式手位/T 型脚位）</td><td>（握臂式手位/T 型脚位）</td><td>（抱臂式手位/T 型脚位）</td></tr>
</table>

2. 走姿礼仪

走姿属于动态美，是全身协调性运动。如果想要训练走姿，其中腰部的控制力至关重要，练习时双手固定于腰部，不需要额外找地方，可随时练习。

背部是走姿中最美妙的音符，因为要练习背部和脖颈，可以在家经常头顶一本书走路，可保持背部的伸展和颈部的挺拔。

脚步的练习重点在于步幅和步位。步幅一般以所穿鞋子长度的 1.5 倍为大概值，比如脚长为 24 厘米，那么步幅值大概为 36 厘米。有时会根据身高、所穿鞋子的高度和衣服的宽窄做适当调整。

女性的步位，通常是在行走时两脚内侧在一条直线上（见图 15）；男性常见步位是双脚各踏出一条直线，使之平行（见图 16）。

步位的练习，可利用地板的缝隙，将地板的缝隙作为参照线，保持行走时的稳定轨迹，以此进行协调性训练。

图 15

图 16

3. 坐姿礼仪

无论是在职场中还是在日常生活中，我们坐下来和他人交流时，都应注意一些细节，避免因为坐姿不当引起他人的反感。

出于礼貌，我们和客人一起入座的时候，要分清主次，应请对方先入座。特别是在职场交谈场合，不能坐在桌子上、窗台上、地板上或沙发的扶手上。

入座时，一般讲究左入左出，即如果条件允许，在入座的时候最好从座椅的左侧入座。这样做，既是"以右为尊"的一种具体体现，也是为了方便就座。入座动作应轻柔缓慢，起座要端庄稳重，不猛起猛坐，以免碰到桌椅。不要把玩物件，以免产生噪音，引得周围的人向你行"注目礼"。

坐姿上身要自然挺立，不东倒西歪。如果一坐下来就像一摊泥一样地靠在椅背上或扭捏作态，就会令他人反感。

入座时两腿不要分得过开，两脚应平落在地上，而不应高高地跷起来摇晃或抖动。与他人交谈时不要双臂交叉放于胸前或身体后仰，因为这样可能会给人一种漫不经心的感觉。

坐着的时候如果遇到熟人或公司有关人员，可以欠身致意。上半身稍向前倾，不一定低头，面带微笑注视对方，欠身时只需稍微做起立状，不必完全站立起来。

入座后要特别注意双腿的摆放。

一般入座以后，大多数情况下腿部是暴露在他人面前的，所以不管是从尊敬他人的角度，还是坐得得体舒适的角度，双腿的摆放都要多加注意。

"正襟危坐"是最正式的场合的要求。女性的正式坐姿，上身与大腿、大腿与小腿都成直角，小腿垂直于地面。双膝、双脚包括两脚的跟部，都要完全并拢。

男性的正式坐姿，上身与大腿、大腿与小腿都成直角，小腿垂直于地面，双膝允许分开并小于肩宽。男性的正式坐姿，通常适用于集体照、仪式、比赛、会议等场合。

女性在公共场合，无论如何双膝都不能分开。有人说，女性所有的修养都体现在双膝之间。因此，女性的坐姿，要特别关注腿部。女性腿部还有如下几种摆放方式。

标准式坐姿。上身挺直，上身与大腿、大腿与小腿都成直角，双腿并拢，双手叠放于双腿上（见图17）。

前伸后屈式坐姿。这时需要大腿并紧后，向前伸出一条腿，并将另一条腿屈后，两脚脚掌着地，两脚前后要保持在一条直线上（见图18）。

斜放式坐姿。这种坐姿适合于穿裙子在较低的位置就座时使用。双腿首先并拢，然后双脚向左侧或向右侧斜放，力求使斜放后的腿部与地面呈45度夹角（见图19）。

交叉式坐姿。这种摆放方式男女都适用。双膝首先并拢，然后双脚在踝部交叉。需要注意的是，交叉后的双脚可以内收，也可以斜放，但不要向前方远远地直伸出去（见图20、图21）。

双腿叠放式坐姿。将双腿上下交叠在一起，交叠后的两腿间没有任何缝隙，犹如一条直线。双脚斜放在左侧或右侧。斜放后的腿跟地面呈45度夹角，叠放在上的脚的脚尖垂向地面（见图22）。

双脚内收式坐姿。它适合一般场合，男女都适用。两条大腿并拢，双膝可以略为打开，两条小腿可以稍许分开后向内侧屈回，双脚脚掌着地。

坐姿可以适时调整，不能死板地一直摆出固定的姿势。例如，有些服务窗口的工作人员，如果一味强调优雅规范的坐姿，只坐椅子的前1/3处，一天坚持8个小时的工作，时刻保持这种状态是不现实的，而通过坐姿变化可以缓解固定姿势带来的身体不适。

得体的坐姿可以预防很多疾病。虽然"好看"的坐姿相比舒服的"葛优躺"很"累"，但是一旦养成良好的坐姿习惯，身体适应了就不再是一件难以坚持的苦差事。

离座的时候，如果身边有人在座，应该用语言或动作向对方先示意，再站起身来；当跟他人同时离座时，要注意起身的先后次序。比如作为下属，应稍后于领导离座。离座的动作要轻缓，不要"拖泥带水"，弄响座椅，或者使座椅倒在地上。

图17　　　　　　　　图18　　　　　　　　图19

图20　　　　　　　　图21　　　　　　　　图22

4. 蹲姿礼仪

蹲姿虽然不像站姿、走姿、坐姿那样使用频繁，但同样讲究礼仪细节。

在职场及日常生活中，对掉在地上的东西，习惯随意弯腰或撅着屁股去捡起的姿势都是不雅的。集体照相时，不雅的蹲姿形象就有可能伴随一生。

常见的几种蹲姿如下所述。

高低式蹲姿，男性选择这种方式往往更为方便，女性也可以选用这种蹲姿。下蹲时，一脚在前，一脚在后，高脚位应完全着地，小腿基本垂直于地面。比如集体拍照时，高脚位应在前面向镜头。女性呈高低脚位时应双腿并拢（见图23），男性呈高低脚位时应双腿分开并小于肩宽（见图24）。

交叉式蹲姿，常适用于女性，尤其是穿短装裙时。下蹲前，一脚在前，一脚在后，前脚小腿垂直于地面且全脚着地，前后两脚交叉重叠，后脚跟抬起并且脚掌着地，两脚前后靠近，合力支撑身体，上身略向前倾，臀部朝下（见图25）。

半蹲式蹲姿，一般是在行走时临时采用，它的正式程度不及前两种蹲姿，通常是应急时使用，身体呈半立半蹲姿态。

单跪式蹲姿，也是一种非正式蹲姿，多用于下蹲时间较长，或者为了用力方便时使用。

若用右手捡东西，可以先到东西的左边，右脚向后退半步再蹲下来，脊背保持挺直，臀部一定要蹲下来，避免弯腰的姿势。男性两腿间可留有适当的缝隙，女性则两腿并紧，穿裙子时要更加留意。当要捡起落在地上的东西或拿取低处物品的时候，不能有只弯上身、撅屁股的动作，而是先走到捡或拿的东西旁边，再使用正确的蹲姿，将东西捡起来（见图26）。

   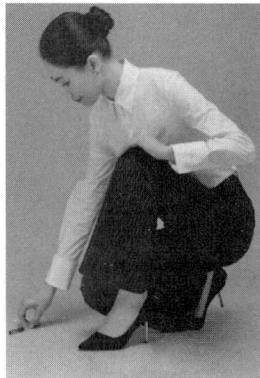

图23　　　　　　图24　　　　　　图25　　　　　　图26

在下蹲时，应和身边的人保持一定的距离；和他人同时下蹲时，保持一定的距离。在他人身边下蹲时，最好和他人侧身相向，正面面向他人或背对他人下蹲，通常都是不礼貌的。有些人有蹲在凳子上或椅子上的习惯，但是在公共场合这么做的话，是不被接受的。在行进中需要下蹲时，不要速度过快，突然下蹲既影响仪态也容易给身边行人造成不便。

1.8　手势礼仪无处不在

在我主讲的儿童礼仪课堂上，当讲到《手势礼仪》时，我会教孩子们认识两种手势：礼貌手和发怒手。上过这节课的孩子，在待人接物中的表现和没有上过的孩子会有明显的区别。因为通过学习而懂得使用"礼貌手"的孩子，他们通过适当的手势表达对同学、老师、亲人的尊重和善意，能获得对方的好感。

在讲解前，我会问孩子们："咱们这只手能做哪些事情或者说可以做哪些动作？""这些手势给人的感觉是好的还是不好的呢？"……孩子们的回答五花八门，有趣极了。

这时候，我分别邀请两个孩子回答问题。邀请第一个孩子时，我使用了"发怒手"；邀请第二个孩子时，我使用了"礼貌手"。然后，再次提醒孩子们注意刚才我使用的邀请手势，并问孩子们看见两种不同的邀请手势时，有什么不同的感受。

孩子们的回答无一例外，所有人都喜欢我使用"礼貌手"来邀请他们回答问题，而对于我使用的"发怒手"的感觉，孩子们也说出了各种各样的感受：这个老师有点凶，老师不太喜欢自己，老师不温柔，等等。

何为"礼貌手"？何为"发怒手"？简单来说，前者是当你指向某人或某物时，手呈手掌心向上，手指并拢的状态；后者是当你指向某人或某物时，伸出食指或一根手指的状态。

回想一下，很多动手打架或剧烈争吵的导火线，也许就是那一根"发怒"的手指指向对方。

再回想一下，很多城管执法人员与摆地摊小贩的对立，也许就是从那一根"发怒"的手指开始的。

在人与人之间的沟通中，如果人人都使用"礼貌手"，彼此之间的矛盾是不是会少很多呢？

手势能传递丰富的信息

手势语言是运用手指、手掌和手臂的动作变化来传递信息的一种无声的语言，甚至有时可以替代有声语言。手势使人类肢体语言具有丰富的内涵，不仅是人们内心情感的外化，还是个人形象的体现，为人与人之间的和睦共处发挥了语言不具有的作用。无论是在日常生活中还是在职场中，手势礼仪无处不在。我们应该注意手势动作在人际交往中的作用，避免在职场中因手势动作不当而引起一些不必要的麻烦。

值得注意的是，有些手势动作表示积极的、向上的、健康的、肯定的意义，有些手势动作则表示消极的、落后的、不健康的、否定的意义。"剪刀手"是大家拍照时最爱的手势，掌心向内还是向外有不同含义。前者是一种侮辱性的手势，后者表示胜利。由于文化传统和生活习俗的差异，在不同国家、不同民族中，手指动作的语义也有着非常大的区别。我们在和外国朋友或少数民族朋友交往时，要注意选择恰当的手势，了解手势的含义，以免引起误会。

人在紧张、兴奋、焦急时，手都会有意无意地表现着，即俗话说的"心有所思，手有所指"。有人喜欢反复摆弄自己的手指，要么活动关节，要么握着拳头，或者手指动来动去，更糟的是当众挠头、掏耳朵、抠鼻子、剪指甲、手指在桌上乱写乱画，往往会给人一种无聊的感觉，让人难以接受。有人喜欢无事就双手抱头，这样会给人一种目中无人的感觉。还有人喜欢将手插进口袋里，也会让人觉得工作上不尽力、爱偷懒。

在面试交谈时，面试者手部的动作经常被很多企业的面试官所关注。如果面试者面试时手势是紧握拳头，通常表明其内心的焦虑和消极情绪开始蔓延。面试时，面试者常常会无意识将手指交叉，或者放在桌面上，或者抬到胸前，看起来很轻松，但是一旦手指交叉过紧，则表明内心十分不安。

一般而言，在身体语言中，对一个姿势的理解需要结合其他部位的姿势和具体的环境。在企业面试或在职场交流中，了解某些常见手势，有助于避免手势不当带来的影响。

尖塔式手势是指双手手指的指端一对一地结合，但手掌没有接触，从形状上来看，就像教堂的塔尖一样，它代表着自信。心理学研究表明，精英佼佼者经常使用这种手势。

托盘式手势是指双肘支撑在桌面上，两只手搭在一起，把下巴放在手上，做出托盘的姿势意味着对对方感兴趣，多存在于女性中。

双手叉腰手势表示内心的抗议，有些观察家把这种手势称为"一切就绪"，但是"挑战"才是其最基本的含义。很多时候，我们看到吵架的人也会用这种手势，而很多男性则用这种手势来显示自己的勇敢和力量，但如果女性用这种手势，往往让人觉得很凶悍。

双手摊开手势。当我们在说心里话时，有时会无意识把双手摊开给对方看，这个动作既可以是无意识的，也可以是故意为之的。但无论如何，这个动作都使人觉得对方要讲真话。有时候，我们看到小孩子在说话时，总是无意识把双手藏在身后，所以当我们想表达诚实可靠时，可以不时伸出双手摊开。

双臂双抱手势构成了一道阻挡威胁的有利屏障，因此，当一个人神经紧张或充满敌意时，会很自然地把双手抱在胸前。这种手势常常出现在陌生人之间，同时这种手势代表着自我的保护与强势。当我们想刻意保护自己，与对方制造距离时，通常会使用这种手势。

与人交流时，手势不要太多，动作不要太多。在职场中，更要注意自己的手势小动作，尽量避免因不必要的手势小动作给自己惹来麻烦。如果我们想提升职场沟通形象，也可以学习更多的手势与微动作解读及相关的微动作心理学知识。

手势礼仪的应用

手势礼仪在职场中和日常生活中如何应用呢？例如，面试时、指引时、接递物品时、展示物品时、演说时等。

面试时的手势礼仪。身体靠近桌子，尽量挺直上身，将双手放在桌子上，可以分开、叠放或相握，不要将胳膊支起来，或者将一只手放在桌子上，另一只手放在桌子下（见图1、图2）。

图1

图2

指引时的手势礼仪，包括五种手位。

第一种横摆式，表示"请进""请"时常用。一只手五指伸直并拢（男性大拇指可略微分开），手掌自然伸直，从腹前抬起，向右摆动至身体右前方，然后以肘关节为轴向右摆动，到身体右侧稍前的地方停住，头部和上身微向伸出手的一侧倾斜，另一只手下垂或背在背后，目视对方，面带微笑，手与地面呈45度角，手心向上，腕关节微屈，腕关节要低于肘关节（见图3至图5）。

图3   图4   图5

第二种直臂式。手臂向外侧横向摆动，指尖指向前方，手臂抬至肩高，适用于指示物品或指引方向。

第三种曲臂式。五指伸直并拢，从身体的侧前方向上抬起，至上臂离开身体的高度，然后以肘关节为轴，手臂由体侧向体前摆动。曲臂式根据方位高低，可分为高、中、低手位。在展示、指引时可使用曲臂式手位（见图6至图8）。

第四种斜下式。请来宾入座时，首先用双手将椅子向后拉开，然后一只手曲臂由前抬起，以肘关节为轴，前臂由上向下摆动，使手臂向下成一斜线，并微笑点头向来宾示意。

第五种双臂横摆式。面对较多来宾时，可采用"双臂横摆式"。两手从腹前抬起，双手一高一低，手心向上，同时向身体两侧摆动，摆至身体的侧前方，上身稍前倾，微笑施礼向大家致意（见图9至图10）。

图6   图7   图8

图 9　　　　　　　　　　　　　　　图 10

　　递接物品时的手势礼仪。递接物品，双手递物最好（见图 11），如果不方便，尽可能采用右手递物。递送物品时，留出给对方接取物品的地方，带有文字的物品，正面朝向对方，以方便对方接过后阅读。不要把尖利物品的一面直接对着对方，应使尖利方向朝向自己。递送水杯，一手托杯底，一手握杯把，杯把朝向客人右手，杯握下方 1/3 处，手离杯口稍远些。

　　展示物品时的手势礼仪。一是将物品举至高于双眼之处，这适用于被人围观时；二是将物品举至上不过眼部、下不过胸部的区域，这适用于让他人看清展示之物。

　　演说时的手势礼仪。人类在沟通、谈论、争吵、阐述等交际过程中，会有意识或无意识地采用手势来达到强调、进一步说明、夸张、肯定等目的。比如在演说时，演说者通常会借助手势，让演说的效果更好。演说时，手势的位置一般位于身体的中区部位（见图 12），即在肩部至腰部之间活动的动作，也称为中区手势。手势在这个区域活动，多表示叙述事物、说明事实和较为平静的情绪，一般不带有浓厚的感情色彩，其动作要领是单手或双手自然地向前或两侧平伸，手心可以向上、向下，也可以和地面垂直，动作幅度适中。中区手势是在日常生活与工作中运用最多的一种。下区手势，手势在腰部及以下活动的动作，手势在这个区域活动，表示失望、反对等，其基本动作是手心向下，手势向前或从两侧往下压，动作幅度较小，一般传递出消极否定的信息，这个位置的手势应谨慎使用。

图 11　　　　　　　　　　　　　　　图 12

1.9 行进礼仪，敬人的细节体现

行进间的秩序，既给人尊严也给人安全

初入职场时，我做事总是风风火火，虽然工作效率很高，但留给领导的印象就是，我是一个办事不够稳重的年轻人。有段时间我特别纳闷，为什么我这么努力做事，还会留给领导不够稳重的印象呢？其实，我是一个急性子的人，走路、说话都很快，而且走路脚步声比较重。那时我为自己这种性格和工作方式感到自豪，因为这才是一个退役军人应有的个性和形象啊！后来学习礼仪，我才慢慢发现给领导留下做事不够稳重的印象的原因，一定是行为仪态有问题，尤其是我忽略了行进礼仪细节。尽管很用心做事，尽管工作效率很高，但仍然给领导留下较负面的信息，那真得好好反思一下职场中那风风火火的脚步声了。

注意行进中的一些细节礼仪，这不仅是对自己的要求，还是对他人的关注与尊重。

仔细去听一个人行进中的脚步声，好像能听出这个人的心情。不用看，只是听，就能感受到很多信息。有的人，行进时脚步声很重，且很急；有的人，不轻不重的脚步声；有的人，是一点一点砸在地上；有的人，是擦过。对于不同的人，我们能感受到很多独特的信息，稍微观察一下就会发现"行进礼仪"真的很有意思。

很多职场女士都必备一双高跟鞋，但是进入办公区域后，就很考验穿高跟鞋的"功力"了。有的女士去洗手间经过安静的办公室，走路时高跟鞋发生异响，"蹬蹬蹬"的声音显得特别刺耳。建议女士仔细检查一下，究竟是鞋跟的问题还是自己走路的姿势问题导致发出异响。如果是鞋跟的问题，可以到鞋店或网购在鞋跟处加一层消音垫。走路时重心靠前，尽量先脚掌着地再鞋跟着地，声音就会小很多，还显得走路比较轻盈。其实，穿高跟鞋如果鞋子发出的声音很大，也在暗示你的走路姿势有问题，这个需要重视并矫正。

为什么说注意行进间的礼仪细节很重要呢？其实，一些约定俗成的行走规则或秩序，我们自觉去遵守它、维护它，也是为了让我们活得更有尊严、更安全。特别是当意外情况来临时，有序的局面有利于快速地解决问题。

2011 年，日本发生 8.8 级大地震，日本的灾难让世界震惊，但更让人震惊的是，面对灾难时，日本人表现出来的素养。灾后的日本人没有慌作一团，而是互帮互助，井然有序地进行自救。安静地排队领取救助物品，自觉地坐在楼梯的两侧确保中间通道畅通，人散之后地上没有一片垃圾。而相比有些国家出现灾害后，灾民哄抢救助物品、车辆不按规则行走导致道路阻塞等情况，其实遵守规则是为了让我们更好地活着。

行进间的礼仪细节

在公共场合，行走过程中的礼仪也是人际关系的体现。古代的行走礼仪就要遵循"行不中道，立不中门"的原则，即走路不可走在路中间，应该靠边行走，不可站在门中间。这样既表示对尊者的礼敬，又可避让行人。还有古代常用的"趋礼"，即地位低的人在地位高的人面前走过时，一定要低头弯腰，以小步快走的方式对尊者表示礼敬。那么，在现代社会中，我们又该注意哪些行进间的礼仪呢？有哪些细节？有哪些原则？

如果我们作为引领人员，在行进间还要特别注意引领中的服务原则、行进中的位序礼仪、行进中的行为礼仪。

1. 时刻关注的原则

引领的目的是引领对方抵达正确的位置，还要让对方在我们引领的过程中感到热情和被尊重。在行进引领中，我们要始终以对方为中心，尽可能为对方提供方便，如与对方保持步伐一致，及时提醒对方小心脚下的台阶等。

2. 明确清晰的指引原则

一般情况下，我们遵循以右为尊的原则，引领时处于对方左前方约1米的位置，身体倾斜，不要将后背留给对方。在指引手势上运用斜摆式或斜臂式（见图1），指示的手掌与地面呈45度角。引领时手掌和语言要具体清晰，让对方清楚路线和方向。

图1

3. 行进中的位序礼仪

学习位序礼仪的一个重要目的是，让我们在各种场合都能找到自己的角色，懂得做事有度。

当一个人行走时，应靠右侧行走，将左侧留给急行的人；乘坐手扶电梯时，可站两侧，中间留在急行的人通过，这个和步梯有点不一样。手扶电梯两边站人，留出中间通道，使电梯两侧受力均匀，保证电梯的安全和延长电梯的使用寿命。

在平地上行走时，以右为尊、以前为尊、以中间为尊、以内为尊。例如，和客户或上司一同行走的时候，应该站在他们的左侧，以示尊重。如果是男士和女士同行，那么就应该遵循男左女右的原则，男士应该在最左边的位置；很多人一起行走时，以前为尊，按照此原则向后排序。

在大堂场合，三人以上同行时，应遵循以中间的位置为尊的原则；在马路上行走时，里侧的位置为尊；在一些走廊或通道旁边会有一些悬空或扶手，而内侧是靠墙的地方，此时遵循安全的原则；在回廊行走时，把内侧让给尊者，遵循安全的原则。在日常生活中，三人行走时不能三人并排行走，既不安全也会妨碍行人和车辆通行。如果道路比较拥挤狭窄，应该注意观察周围情况，照顾好同行的路人，同时要保持良好的仪态，不能因为在户外就左顾右盼、四处张望，或者推推搡搡、拉拉扯扯。

上下楼梯时，引领和陪同工作应当以安全第一、尊卑有序为原则。在国内，无论是上楼还是下楼，我们应当靠右行走，左侧留出来给急行的人快速通过（见图2）。如果是尊者同行，一般遵循"尊者先上后下"的原则。另外，还有一种特殊情况，男女同行时，当引领人是身着裙装的女士，应让女士随后。而下楼梯时，则正好相反，引领人先行，遵循的也是安全原则。

到达电梯口、车门口或房门口时，引领人应快走两步为客人服务（见图3）。在面对不太平坦的道路或上下比较高的台阶时，男士应该适当帮助女士。

图2

图3

行走到电梯时，如果是无人值守的电梯，引领人先入后出，这是出于安全考虑。例如，引领人把电梯门打开把客人让进去了，里面有没有人，万一电梯底板没有上来呢。有时候，对方光顾着交谈忘了看脚下，所以引领人先进。引领人先进入电梯，按住开关键，此时再请客人进入，因为有时候人多电梯门就自动关上了，所以引领人先进入电梯按住开关键，防止夹人的情况出现，也体现了安全的原则。电梯有人值守时，无论是上还是下，都尊者优先，引领人后进后出。此时和我们走路差不多，这也体现了尊者优先的原则。

4. 行进中的行为礼仪

与其他人一同行走时，要注意自身形象。穿着职业装时，要特别注意自己的行为，不能边走边吃东西，不要携手、挽臂、搭肩、搂抱。多人行走时，尽量纵队前行，不要阻塞道路妨碍他人。行走时表情应自然，不要目中无人或盯着别人看，也不要尾随其他人，甚至对其窥视、围观或指指点点，行走时不要吃、喝、吸烟。路遇熟人时应与对方打招呼，若需要交谈应靠边站立，不要挡住他人的去路。行走时若遇到他人站立谈话，应绕路而行，不要从谈话人中间穿过。通过门厅或狭窄的路段时要礼让他人，请尊者先行。行进间受阻时，应说"对不起，请让一让"等礼貌用语。不小心碰到别人或踩到别人的脚时，应立刻道歉。如果别人无意识地碰到自己或妨碍到自己，应小心提醒并予以体谅。

有些人总认为讲礼仪规则太麻烦，简单的走路也要讲究这么多，活得太累。其实，我们现在讲的都是最基本的礼仪，人是社会性的，谁都无法独善其身，谁都不能完全按自己的想法行事，有些规则必须遵守。

第2节 沟通细节为你打开职场人际交往之门

2.1 问候和称呼礼仪，拉近你与别人的距离

主动开口，折射内心善良的光芒

身边的同事和战友，有很多不重视打招呼。无数次遇到这样的场景：电梯里，相熟的单位同事、初次碰面的陌生人、天天谋面却不知姓名的邻居，在小小的空间里，电梯门关上后的瞬间，有着特别尴尬的感觉，谁也不主动开口问候，安静而冰冷的气息让人要屏住呼吸，为了避开这个不舒服的瞬间，所有人都不约而同玩自己的手机。

有人觉得同事天天见面，用不着每次看见都打招呼；而对于不太熟悉的人，又觉得打招呼尴尬。

其实，这时候如果有人主动开口问候或微笑点头致意，相信就能打破彼此间的沉默，让温暖犹如空气般流动起来。"我眼里有谁，才跟谁打招呼"，这句话表明，打招呼就是让别人知道，你在心里对他有敬意，眼里有他。谁不喜欢被别人尊重和注意呢？因此，我们绝不能轻视和小看打招呼。

作为职场新人，你多一次主动打招呼就多了一次有效的社交，甚至有可能因为一次主动热情地打招呼产生意想不到的收获。主动开口比任何社交技巧都弥足珍贵。主动开口的人，给人的感觉就是一个热情、有温度的人。这样的人拥有让人无法抗拒的感染力，这种感染力能瞬间将自己真诚、积极、乐观的情绪传递给身边的同事和朋友，让人产生同样愉悦的心理感受，同时会让被问候的人有一种被尊重、被重视的感觉。主动开口的人往往有着很好的人缘，也许当你的人生处于困境时，关键时刻会有人对你伸出援手。主动开口的人拥有强大的力量，这种力量可以融化人心中的坚冰，让人性善良的光芒折射出来。

第二次世界大战期间，德国纳粹党对犹太人展开了惨无人道的杀戮，大批犹太人在这场浩劫中遇难，但是有一位传教士逃过一劫。故事的核心是，这位传教士用自己的热情问候唤醒了德国纳粹党军官米勒心底仅存的善良，从而逃过一劫。

米勒在进入部队前是一个农民，经常在乡间小路与这位传教士碰面，每次在路上碰面，传教士都对他热情问候。米勒刚开始对传教士不理不睬，但这并没有打击传教士的热情，传教士依然一如既往地与米勒打招呼。传教士的热情问候针对的是每个与他碰面的路人，他每天都用自己的热情去感染遇见的每个人。终于有一天，米勒被传教士折服了，脱下帽子，向传教士道了一声"早安"。

后来，纳粹党上台执政，米勒成为纳粹党的一名军官。米勒在一次执行任务时，他又遇见了这位传教士。当时，米勒正将一个村庄的村民运往集中营，在下火车列队前行的时候，他挥舞着指挥棒，对着村民叫道："左、右！"被指向左边的村民是死路一条，而被指向右边的村民还有一线生机。

当米勒指到一个传教士时，这个人抬起头对他说："早安，米勒先生。"米勒震惊了一下，他认出面前的这个人就是当年那个热情的传教士。他小声回敬了一句："早安！"然后大声地喊道："右！"传教士因此逃过一劫。

身处职场，人们想要拉近与别人的距离，从积极问候开始吧！

问候需要注意礼仪细节，包括问候的次序、问候的内容、问候的时机。

个人先问候集体。例如，老师上课时，第一时间会问候同学们好；求职面试时，个人先问候面试官；早上上班到了办公室，个人先问候在场的同事，等等（见图1）。

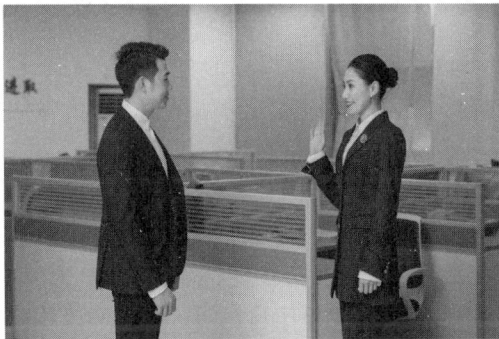

图1

位低者主动问候位高者。年龄小的、地位低的人要先问候位高者，晚辈主动问候长辈等。

问候时该说些什么呢？可以直接问候，比如日常碰面我们经常会说"你好！""早啊，亲！""早上好，中午好，晚上好！""主任早！"等。还可以间接问候，比如"李科长，好久不见了！""你好，特别高兴能认识你！"等。在一些特定节日或某个特定时刻，还可以运用节日问候语，比如"国庆节快乐！""中秋节快乐！""端午安康！"等。

问候的内容，不一定是非常具体的、实质性的。问候的内容可长可短，只要带有美好的心情，适时地表达出来就会受人欢迎。

问候的时机，最重要的是要看场合与对象。例如，在洗手间碰见同事时，就不能问候说："你吃午饭了吗？"对天天见面的同事，就不能问候说："见到你很高兴！"当你的问候合乎场合、对象时，你的好意被问候者才会理解和接受。

称呼礼仪，妙不可言的声音

很多人说，名字只是一个符号，但是名字是伴随一个人一生的东西，是自己最熟悉、最甜美、最妙不可言的声音。最明显、最简单、最重要、最能得到好感的方法，就是记住人家的名字。其实，每个人都渴望受到别人的关注和尊重，而姓名或称呼代表一个人的自我，只有在自我受到尊重的时候，人们才会感到快乐，我们一定不能忽视这一点。

一位年轻的旅行者骑着摩托车进入戈壁，好不容易遇到一个赶着牛车的老人，又渴又饿的他随口问道："嗨，这里离饭店还有多远？"老人笑呵呵地对他说："五里。"旅行者连谢谢都没说就疾驰而去。等到旅行者开出了五里，却发现不但看不到饭店，连村落都没有。他仔细回想老人的话，突然灵光一闪：五里的谐音不就是"无礼"嘛！

姓名和称呼能强调对对方的重视和尊重。每个人的身份、地位、能力、性格和修养都不相同，但每个人都会对自己有一个心理预期，这个心理预期会体现在称呼上。

我们可以从以下几个方面来注意称呼礼仪的细节。

1. 职业和特定人群的角度

对于工人、司机和厨师等劳动者，可以称为"师傅"；对于教师、作家、艺术家等知识分子，可以称为"老师"；对于政府机关人员，可以称为"同志"；而对于外国友人或港澳台同胞，可以称为"先生""女士"。

2. 年龄的角度

对于年纪、辈分比自己大的人，可以称呼"叔叔阿姨、大爷大娘"；对于同龄人可以称呼"小哥小姐、小弟小妹"；对于明显比自己小的人，可以称呼"小朋友、小同学、小伙子、小姑娘"等。

3. 身份的角度

身份是一种地位的象征，更确切地说是一种尊严的象征，因而在需要展现地位和尊严的场合，我们一定要在称呼中加入对方的身份特征。如果对方是某单位领导，我们应称呼"张厂长、王主任、刘局长"等；如果对方是某企业老板，我们应称呼"张总、王老板、刘董事长"等。

4. 场合的角度

场合因素是最微妙的，需要我们灵活把握。例如，黄晓明是一名副厅级巡视员，对他的称呼就有很多种，如晓明厅长、黄厅长、晓明同志、小黄同志、小黄、黄晓明、晓明大哥、晓明老弟、领导、首长等。晓明厅长，正常称呼，表示亲切；黄厅长，正常称呼，适合严肃场合；晓明同志，高阶场合，表示团结；小黄同志，表示轻视或不满；小黄，职称至少高两阶的大领导称呼，表示亲切；晓明大哥或老弟，私交甚好或有亲属关系；领导，对所有领导的无错称呼。

在官方场合，即使我们和对方的私下关系再密切，都应该使用官方称呼。某权威报刊曾发表文章指出，党内称呼出现了不太好的三种现象：一是党内称呼市场化，将市场经济中对企业领导或高层管理人员的称呼用到党内，如"老板""老总"等；二是党内称呼江湖化，把社会上一些称呼用到党内，如"老大""老爷子"等；三是党内称呼亲戚化，有些人为了显示亲密，在党内称兄道弟、呼姐唤妹，如某哥、某姐等。

有些地方、群体，有一些约定俗成的称呼，我们应灵活应用。例如，地产巨头万科曾专门下发了一个文件，宣布在公司内部执行"无总"称谓，即无论是日常工作场合、会议场合，还是邮件、微信等沟通过程，均不能称总；在腾讯，所有员工均互称英文名；京东，人人都是兄弟，即便裁员还是要兄弟相见，在深夜发出的内部信里，刘强东曾称"各位配送的兄弟们"，落款是"你们的东哥"。

5. 适当遵循高配原则

职场人际关系错综复杂，权责分明，部分人在意称呼，在意其地位、权威、荣誉等。在一些私人场合，如果实打实称呼副职，反而会被认为是不懂礼貌、不守规矩，如称王副科长您好或李副区长您好，对方听了就会难受，按正职来叫，部分副职领导听了心里就舒坦。

部队里的称呼却是例外，部队的惯例，副就是副，王副团长不可以叫成王团长。

称呼中避低就高很常见，但正职者在场时，"副"字不可省掉。例如，陈区长和李副区长等领导同时列席，副职也需清晰地称呼其为副职，文字报道中的称呼也是一样。另外，在对外交往中，省略"副"字也不妥，别人会觉得我们虚伪奉承、不实事求是。

6. 直称职务

不加任何修饰词，尊重、简便，如部长、主任、处长、校长、教授、董事长、总经理等。直称多用于面对面口头称呼，如下级对上级、客人对比较熟悉的人等。

7. 姓加职务

在职务前加姓，形式上是第三人称，而用于第二人称，强调特定个体，赋予更多亲切、尊敬，如李院长、陈秘书等，多见于口头，较之直称，略显郑重。至于对某些职务的简称，如陈局、李处、王总等，现在比较常见。有些人对此不以为然，认为过于随意，我倒认为在非正式场合，这种简称亦无不可，既有尊敬之意，又显得轻松亲密。可是，当有些姓氏与职务连在一起时，简称容易引起误会，如胡编辑为"胡编"这类称呼，应尽量避免。

8. 职业称呼

职场中没有强调职务、职衔时，通常可以其从事的职业相称，如杨律师、李会计、陈医生、司机师傅、服务员等。

9. "同志"称呼

在职场中,我们曾长期使用"同志"称呼。现在,随着社会发展,称呼语言越来越丰富,同志一词有些被冷落,甚至有歧义。尽管如此,有些场合还是少不了这个称呼,单独使用或职务后加上同志二字,仍让人感到亲切,如主席同志、秘书同志、司机同志等。《礼记》中说:"同窗为朋,同志为友。"无论是古代还是现代,同志都包含着诚信、团结、友爱、互助等道德规范和精神要素,我们应珍惜这个称呼。

10. 直称姓名

职场中直称姓名或只称姓,并在姓前加小、大、老,如小杨、老李等,非常普遍,亲切而自然。但是,有的姓发音特别,如苟,口头称姓时要小心,因为不论加上什么字,听起来都不顺耳。有时候,上级对下级,或者同级之间的关系亲密者,只称名而舍去姓,显得更亲密。而对有名望的老者,在姓后加"老""公",如陈老、钟老等,是很尊重的称呼。

11. 忌讳

省略称呼或以"喂""哎"等与不太熟悉的人打招呼,是缺乏教养的行为。忌用绰号、诨号称呼同事。另外,当不知道别人情况时,不要乱称呼。有的招聘信息上写着联系人陈先生,有人求职时为了表达尊重,直称"尊敬的陈经理",如果人家不是经理而是招聘专员,可能会比较尴尬。

中国人向来谦恭,对自己一般不使用尊称,如自"某先生、某小姐、某主任、某教授"等,对自己使用尊称,是缺乏教养的表现。

称呼,绝对是判断一个人社会化大脑好不好用的最直接的标准之一,尤其是身处职场,不懂称呼礼仪,极有可能得罪了人还不知道,等自己错过某些职场机遇的时候,回过神来后悔莫及。上佳的称呼就是不踩雷,使人使己都有愉悦感。在实际生活中,还有很多千变万化的场合,因为信息缺乏,我们实在拿捏不准称呼,又需要向他人请教时,那就尊称对方为"老师"吧!如果实在不知道该如何称呼,这里存在一个基本原则可以参考,即我们要考虑对方希望我们怎样称呼?这样就能很好把握了。

在公共场合,需要得到对方回应,如果我们实在不知道怎么称呼,或者不愿意把称呼问题弄得太复杂,也可以不加称呼,说一声"您好",问问题时说一声"请问",在得到对方回应后,不论有无价值,都说一声"谢谢您"。

还有一种场合也是让很多人觉得困惑的,甚至因为没把握好而招人非议。例如,领导直呼年龄大的下属名字,在国外是很正常的,而且很多外国公司,不允许称呼职务,一律互称名字,但这是外国文化决定的。在中国,如果年轻领导直接称呼比自己年长下属的名字,就显得不太礼貌,惹人反感,还显得自己缺乏教养。因为在中国的传统文化中,尊老是很重要的传统礼仪。如果下属与领导年龄相仿,而且相处融洽,领导直接称呼下属名字是可以的，但还是尽量尊重一点，比如可以称呼"姓+工"；如果下属比领导大十几岁，领导可以称呼"姓+工""姓+师傅"；如果下属年龄跟领导相差很多，那一定要特别尊重，称呼"王工、王师傅、王老师"等。

人与人之间的交往，如果说有情商和智商，那么交往的称呼就在考验情商和智商。职场礼仪非常重要的一条原则是遵守惯例。留意下公司里同龄人怎么称呼对方，你照着来就行了，这也是最保险的方法。因为这已经是约定俗成的了，而且对方习惯了这样的称呼。如果别人都管她叫姐，你却叫阿姨，这就不合适了。

2.2 致意礼仪，对他人温暖的问候和回应

致意与回应，看出真正的教养

每年退役季，总会出现感人的一幕。当退役老兵登上回家的列车时，送别的战友们齐刷刷地向返家的退役老兵敬礼！在场的群众，无不被感染，无不动容。

2019 年 10 月 1 日 70 周年国庆大阅兵，中国女排亮相国庆游行。女排姑娘在花车上与一列军人队伍相遇时，军人集体喊话："中国女排，世界第一！"而女排姑娘们则挥手致意，高声回应："你们最帅！你们最帅！"这一幕吸粉无数。他们致敬"世界第一"，她们回应"你们最帅"，钢铁与玫瑰，如此和谐。

有位妈妈去孩子的幼儿园门口当值日员维持秩序。她当天和见到的 100 多个小朋友一一打招呼，主动笑着问候对方："早上好！"但令她感到失望的是，正面回应并和她有善意眼神交流的只有几个人，还有几个人瞟了一下算是回应，其余的家长和孩子几乎当她是透明人。

乘坐高铁时，乘务员会在门口向旅客微笑点头致意；乘坐飞机时，空姐会在登机口向每位旅客热情问候；公司的前台员工，向前来上班的同事问候，但不少职位高的同事极少抬头回应一下前台员工；门口的保安大叔，向进出门口的业主点头致意，匆忙赶路的业主很少有人看见保安大叔的好意。无论是旅途、上班还是回家，问候本是心情愉悦之事，非常遗憾的是很少有人会给予他们回应。

某天，我去某服务窗口办理业务，该窗口前排了很长需要办理业务的队伍，但是窗口工作人员却非常轻闲，谈笑风生地和旁边的同事聊天。终于轮到我办理业务的时候，我向工作人员打招呼问相关事宜，但遗憾的是，该工作人员头都不抬，直接扔表格对我说："你按这里说的做就行。"虽然最终业务办好了，但是心里堵得厉害，也许工作人员抬起头来，给我一点目光回应，我想心里一定舒畅多了。

致意，无论是对熟悉的人还是陌生人，或者初次见面的人，都是一种表达友好的方式。对他人的致意礼，无论对方是什么身份，如果对方有问候致意，一定要有所回应。

不是比你更尊贵的人致意问候，你才去回应，而是能够对所有人都彬彬有礼，才是真正的教养。回应的方式，可以是微笑、点头等无声语言，也可以是"您好"等直接语言，不能视而不见、不理不睬。

还有人有这样的习惯，不打招呼直接说话，这看似不是一件大事，其实是骨子里对人的不尊重。还有的人只对他认为很重要的人才打招呼，而对他认为不重要的人就直接命令式说话，这也是骨子里没有真正的尊重和平等，这样很势利的"礼貌"，说不准哪天就掉进自己设下的陷阱里了。

主动致意问候，不仅是礼貌方式的呈现，更是一种开放、接纳的心态。我们见到陌生人总是下意识地防备，觉得坏人多，觉得他人对自己不怀好意，久而久之，我们的心门就关上了，面部肌肉也不知不觉地僵硬了。如果我们每个人见到他人都会主动致意问候、打声招呼，相信这个世界一定会很温暖。

有很多职场新人，既不喜欢和陌生人也不喜欢和同事打招呼，心里想着多一事不如少一事，有时候远远见到领导迎面走来，赶紧绕道避开，不想迎面打招呼。这种心理状态是不太成熟的，既不自信也不接纳，对别人的封闭，其实就是关闭了另一扇机遇的窗。

空间距离与致意礼仪

一位心理学家做过这样一个实验。在一个刚刚开门的大阅览室里，当里面只有一位读者时，心理学家就进去坐在读者的旁边。实验选择了 80 个人，结果证明，在只有两位读者的空旷的阅览室里，没有一个被试者能够忍受一个陌生人紧挨着自己坐下。当心理学家坐在他们身边后，被试者不知道这是在做实验，更多的人很快就默默地远离到别处坐下，有人则干脆明确表示："你想干什么？有毛病呀？"

这个实验说明人与人之间需要保持一定的空间距离。任何人都需要在自己的周围有一个自己把握的"自我空间"，而当这个自我空间被人触犯时就会感到不舒服、不安全，甚至恼怒起来。一般而言，交往双方的人际关系及所处情境决定着相互间自我空间的范围。一旦交往对象闯入个人的安全空间，自己的身体就会产生压迫感、紧张感，交往就不会有理想效果。

人与人之间因为距离会有不同的交流欲望，也会有不同的致意方式，究竟哪种更让人觉得舒服、自然呢？

心理学家认为有四种区域或距离代表了不同关系之间的安全距离。

第一种是亲密距离（见图 1），两人相距 0～45 厘米，这个距离适用于夫妻、情侣、亲人、密友之间。致意礼可适用于拥抱礼、亲吻礼等。

第二种是个人距离（见图 2），两人相距 45～120 厘米，这个距离适用于认识的人之间。致意礼可适用于握手礼、点头礼等。

第三种是社交距离（见图 3），两人相距 120～370 厘米，这个距离一般适用于工作环境、社交聚会。致意礼可适用于挥手礼、点头礼、抱拳礼、拱手礼等。

第四种是公众距离，与人相距 370 厘米以上，一般适用于演讲者与听众、彼此极为生硬的交谈及非正式的场合。致意礼可适用于注目礼、鞠躬礼等。

空间距离与致意礼仪的原则是，根据关系决定距离空间，选择合适的致意方式。

图1

图2

图3

安全距离与空间礼仪，在现实中操作起来有点难度。有的人对国际间的礼仪标准并不清楚，在涉外场合往往遭遇尴尬局面；有的人知道国际间的礼仪标准，但具体操作时又本能地按照自身文化习俗的标准与对方交往。例如，澳大利亚人视亲密距离为 45 厘米以内，而丹麦人觉得亲密距离在 25 厘米以内，在一次社交聚会上，丹麦的男性商务会员见澳大利亚的女性商务会员时，使用了他认为的积极肢体语言作为致意问候，两人就产生了误会。

个人空间是无形的，但它又是实际存在的。性别、年龄、相互间关系的远近、文化背景等都会影响个人空间距离。例如，我们和同性之间的距离比异性之间的距离更近一些，我们和小朋友之间的距离与大人之间的距离更近一些，我们和熟人之间的距离更近一些。在职场中，把握空间距离的礼仪非常重要，彼此会面除了致意礼节，还要注意自己的声音在空间中对他人的影响。自己的声音侵犯了他人的安全距离，在中国非常常见。中国人特别喜欢"热闹"，在见到熟人时、开会时、聚餐时、打电话时，通常都会大声说话。在机场、教室、会议室、餐厅、电梯里，要控制自己的声音不去侵犯他人的安全空间距离。曾经，我们的办公室有一个中年大姐的同事，她喜欢上班语音微信聊天，如果是私底下静悄悄地聊没人知道，但她喜欢打开免提，还是微信群里的聊天，那动辄就是几百条语音，她自己说得很嗨，群语音听得也很起劲，可是完全没有意识到在一旁认真工作的同事，他们多么反感这样的声音侵犯啊！

致意的方式与礼仪细节

致意，即借由你的言行举止向他人表达问候、尊重和敬意，它通常作为见面或社交场合的常见礼节。针对不同的场合、不同的人，需要灵活选择适合的致意方式。

打招呼致意有多种方式，如微笑致意、点头致意、注目致意、挥手致意、起身致意、欠身致意、鞠躬致意、握手致意、拱手致意等。还有一些国外常见的致意礼节，如泰国的合十礼、新西兰的碰鼻礼、阿拉伯国家的贴面礼、欧洲国家的拥抱礼等。

（1）微笑致意。碰面微笑示意问候，是最基本的致意礼节。

（2）点头致意。点头致意是最常见的一种简单的致意方式，短暂相遇时在恰当的时机距他人3～5米时，可主动采用。在公共场合与相识者相距较远时，在一个场合多次见面时或不相识的人见面时，均可微笑点头向对方致意，以示问候。点头时，头不要扬的过高，以免被人认为是以"鼻孔"看人。头部晃动不要过大，也不能点头不止。

（3）注目致意。注目致意主要用于升国旗、剪彩揭幕、庆典等活动，行注目礼时，不可戴帽、东张西望、嬉皮笑脸、大声喧哗。身体立正站好，抬头挺胸，双手自然下垂放于身体的两侧，表情庄重严肃，目视行礼对象，并随之缓缓移动。

（4）挥手致意。与点头致意的场合大致相似，它适合向距离较远的熟人打招呼。挥手致意时臂部向前方伸直，掌心向着对方，轻轻左右摆动一两下。

（5）起身致意。当正在工作状态下，有领导或重要朋友来或离开时，表达重视的做法是起身致意。待领导落座后，自己再落座。当领导离开时，要等对方起身后自己再起身。当介绍者将自己介绍给他人时，也要起身致意。

（6）欠身致意。全身或上身微微向前倾，这种致意方式表示对他人的恭敬，其适用范围较广，在会议、洽谈、参加活动时都可以使用。常常用在别人将你介绍给对方，或者主人向你奉茶等时候。欠身致意时，应以腰为轴，上体前倾15度左右，行礼时应面带微笑注视着对方。

（7）鞠躬致意。鞠躬致意相对欠身致意较为郑重，在欠身致意的基础上，将目视对方转为目视地面，鞠躬致意的幅度也会根据情况有所不同。在日常工作中，选择30～45度鞠躬礼即可（见图4、图5）。鞠躬致意，在服务行业应用较为频繁，因此，鞠躬的动作、时间要稍微注意。鞠躬时头和背部成一条直线，以髋为轴弯身，眼神同时落在脚前1米左右的地方，如果需要配合简短的服务用语，应"先言后礼"，即把服务用语说完再行礼，应避免一边说话一边鞠躬行礼。

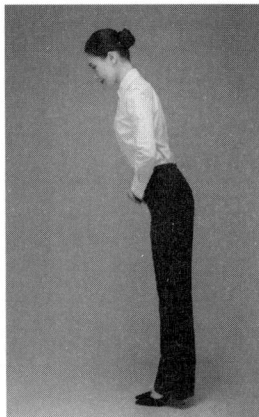 

图4　　　　　　　　　　　　　　　　　图5

（8）握手致意。握手致意是国际通用见面礼仪，初次见面通常是握手致意。

（9）拱手致意。在特殊时期，中国传统的拱手作揖问候方式大受欢迎，国人说这种方式相当复古，别有一番情趣。拱手作揖的礼节，在"非典""新冠肺炎"时期尤其受欢迎。

致意时要讲究先后顺序，通常应遵循：年轻者先向年长者致意，学生先向老师致意，男士先向女士致意，下级先向上级致意。向多人致意时，按照先长后幼、先女士后男士、先疏后亲的顺序。

2.3　握手，握出待人的热情

握手，无言胜有言

握手礼仪，在人际交往中实在太常见了。握手似乎人人都会，但事实上很多人都做不好，尤其是不懂握手礼仪的职场新人相当多，甚至因为握手礼仪错失很多机会。

某天天气很冷，但是某机关楼广场上送别的一幕很温暖。某领导要调往上级单位任职，各科室领导、同事排队送别。在送别仪式上，领导说的送别词感人至深，并向依依不舍的近百位领导、同事一一握手致谢。几乎每位同事都热情回应领导的主动握手，甚至双手回应领导的握手。但是，当领导走到一个年轻的同事面前时，气氛瞬间冰冷、尴尬了一下，这位年轻同事正在看手机，领导伸过手来时，他慢吞吞地把手机放进裤袋里，然后用无力的手轻轻触碰领导的手，领导看着他这个样子，脸色由热情主动变为不悦。

美国著名女作家海伦·凯勒说："握手，无言胜有言。有的人拒人千里，握着冷冰冰的手指，就像和凛冽的北风握手。有些人的手却充满阳光，握住它使你感到温暖。"握手能表达尊敬、祝贺、鼓励，也能传达出一些人的淡漠、敷衍、逢迎、虚假、傲慢。

我们来回想一下，哪些场合需要握手呢？比如见面握手、分别握手、祝贺握手、慰问握手、致谢握手等。也许握手礼仪你都懂，握手的动作也很标准，但是你伸出的手总是无法抵达对方的内心，简单来说，这是一次没有灵魂的握手。热情是握手的关键词，也是一次有质量、有灵魂、有内涵的交往的开始。

如果对方是你很熟悉的人，你应该主动伸手相握表示热情。不管你是主动的还是被动的，握手时伸手要果断，犹豫和迟疑都会让人误解。热情的握手能感染对方，握手时要注视对方的眼睛，微笑致意，不要漫不经心、东张西望，也不要边握手边看其他地方。

不热情的握手，大都因为经常犯的错误有以下几点。

一是目中无人。你和对方握手时，眼睛却不看对方，使对方感到不被尊重。所以当别人有意来和我们握手时，或者你和别人握手时，眼睛一定要看着对方，这是"目中有人"。所谓眼能传神，因此在握手的一瞬间要避免冷漠的眼神。

二是耳不听言。握着谁的手，就要听谁说话。如果你握着这个人的手，却在同别人说话，这样就会使对方感到你对他的轻视，甚至认为你瞧不起他。

三是心不沉稳。如果你握手时想着快一点把人打发走，特别是人多时有这种心态，就会给人敷衍的感觉。

四是坐着或躺着握手。因特殊原因无法站立握手时，应当说明原因。此外，不能一只脚站在门里，一只脚站在门外握手。

另外，握手时如能注意以下两点会给人热情的感觉。

一是去饰物以示真诚。在握手前应先脱下手套、摘掉墨镜等，以表示真诚相待。

二是净手以示尊重。用湿手或脏手与人握手是不礼貌的，如果手有污物，要主动向对方说明，并在清洁之后再去握手。

握手的礼仪

1. 握手的时机和规则

谁先伸手这个细节，从大的方面说，它能体现国家的尊严；从小的方面来看，它体现了谁是尊者。

我们见过不少这样的例子，自己向对方伸出手却被对方无视，因此成了很多人恐惧握手的噩梦。若要避免这种情况，就要选择合适的握手时机。

也会有对方确实没有看到或无法和你握手的情况，或者对方手里拿着东西确实不方便等原因。如果对方是出于傲慢或其他原因故意不接你的手，你能做的就是在伸手之前做好心理准备，你应当预料到总会有人不回应你的握手，因此不要感到沮丧。如果出现这样的情况，最得体的办法是微微一笑，然后将手收回来。

那么，在国际通行握手礼仪规则中，由谁先伸手呢？我们可以把握一个简单易记的原则：尊者先伸手。

按性别，女士先向男士伸手。这里需要注意的是，有些人或有些国家因为宗教因素不喜欢身体接触，如穆斯林，男士不能与女士握手，因此要入乡随俗不能与之握手。

按年龄，年长者先向年幼者伸手。

按辈分，长辈先向晚辈伸手。

按职位，职位高者先向职位低者伸手。

按婚姻，已婚者先向未婚者伸手。

按级别，上级先向下级伸手。

按主客，客人到达时，主人先向客人伸手表示欢迎；客人告辞时，客人应先伸手与主人相握，表示请主人留步。如果此时主人先伸手，则有逐客之意。

如果需要和多人握手，应该按照"由尊至卑""由近至远""顺时针方向"的顺序依次握手。多人同时握手时应按顺序进行，切忌交叉握手。

当性别不同、身份不同时，握手原则会有所变化。例如，女性是下级，男性是上级，女性的职位显然低于男性时，此时按职位优先原则，职位高者先伸手。在较私人化的社交场合，不管职位高低，应遵循"女士优先"的原则。

哪些情况不握手？对方正在打电话，或者正在用餐、喝饮料；对方手上提着重物；对方手上有伤等。如果自己的手是湿的或不干净，不与对方握手但要及时向对方说明原因。

握完手应及时松手，如果一方已经将手松开了，另一方仍抓住不放，会使场面很尴尬。

2. 握手的力度和姿势

握手的姿势、力度等细节，做好了给人留下好印象，做不好要费很大劲才能争回点印象分。所以，你伸出手的那一刻，用心感受一下力度和姿势。

握手时通常与握手对象相距 1 米左右的距离，双腿立正，上身略向前倾，伸出右手，四指并拢，拇指张开，与对方相握。

握手的时候要把握手的力度，力度要适中。两手相触后，应紧紧握住，力气过大或有气无力都是失礼的表现。握得太紧，对方会感到你热情过火，不善掩饰内心的情绪，或者觉得你粗鲁。

握手力度合适，则表示见到对方很高兴。如果别人伸手过来，你的手软绵绵、有气无力与对方相握，这会让对方觉得你是冷漠的人。但过分的紧握也会使对方不舒服，也是一种失礼的行为。

男士互相握手时，可以单手或双手相握至手掌，大拇指紧紧扣住对方虎口，显得坚定有力、大方阳刚。而男士与女士握手时，要适当调整力度和相握手掌的面积，通常轻握女士至手指根部位置（见图1）。

图1

握手时稍加摇动两三下，简短有力的摇动表示信任对方，同时是自信的表现。

握手虽是一个简单的动作，但对于一些敏感的人而言，握手的动作容易被过分解读。有社会心理学家研究发现：使劲握手，握得比较紧，这样的人主动性强，比较自信，而且善于交际，常带有一种自我表现的意味，所以他会主动伸手，把对方握得很紧，这其实是掌控欲的体现。

软弱无力，随便一握，这种人比较内向被动，或者是不愿意和男士握手的女士。这种人没有什么侵略性，也没有主见，依赖性强，喜欢听取他人的意见，优柔寡断。只要你说的看起来很有道理，他就会听你的。

3. 握手时的用语

握手应有前奏，即握手前应先打招呼、寒暄、问候。

见面时握手说"您好！""好久不见！"等，表示欢迎、问候、友好的意思。

分别时握手说"再见！""以后常联系！"等，表示对分别的不舍。

祝贺时握手说"祝贺您！""恭喜您！""向你学习！"等，表示真诚的祝贺。

慰问时握手说"辛苦了！""受累了！""愿早日康复！"等，表示感激、祝福的意思。

致谢时握手说"非常感谢！""劳您费心！"等，表示真诚的谢意。

俗话说：人在江湖走，哪能不握手？也许你不擅长与人握手，但是谁都不能避免与人握手这种礼节，唯一的办法就是多多练习，直到运用自由。根据行为主义心理学的观点，行为可以改为人的心理，因此，积极多次练习可以影响或改变人的行为和负面情绪。所以，当你有一定的礼仪知识储备后，就大胆社交、大胆握手吧！

2.4　"介绍"是一门学问

"介"在古代是指传递宾主之言的人，"绍"具有绍继、接续之意，介绍在古代指相继传话。交际越广泛，介绍就越重要。介绍这门学问，在职场中我们需要认真学习，包括自我介绍、为他人做介绍。懂得介绍礼仪，不仅可以保证在介绍中不出错，还能更好地让别人认识自己，为自己争取更多的发展机会。

让别人更了解自己的自我介绍

自我介绍是人与人之间相互认识最直接的途径。工作中想接近陌生人的时候，初次见面、求职、聚会、演讲等场合都需要自我介绍，它的重要性不言而喻。

随着退役季、毕业季的到来，一大批退役军人、毕业生走出军营和象牙塔，步入社会，成为职场新人。此时，他们都会遇到一个难题：用一两分钟的时间介绍自己。一份精心设计的自我介绍是进入职场的第一步。短短一两分钟的时间，职场新人如何通过自我介绍脱颖而出呢？

这里需要用到四个必要元素。一是个性标签，即我是谁。一两分钟的时间很短，如何让领导、同事快速记住你，可以根据自身的特点，为自己打造几个专属标签。二是自身价值，即我有什么。在职场中，大家会非常关注你的能力和价值，把你最优秀的一面展示出来，可以给自己的形象加分。三是主要经历，即我从哪里来。将自己的岗位相关经验展示出来，让大家相信你有一定的经验。四是目标愿景，即我期待什么。将自己的目标愿景表达出来，塑造一个积极上进、充满希望的形象。

除了求职中的自我介绍，自我介绍的常见方式还有以下几种。

（1）应酬式，适用于某些公共场合、一般的社交场合，介绍的时候不需要太全面，往往只需说出姓名即可。

（2）工作式，自我介绍一般包括三项内容：本人姓名+就职单位（以及具体职务、从事的具体工作）+个人特点。在做自我介绍的时候，最好说得具体到位，这样既能给人留下完整的印象，又能节省时间。自我介绍时一定要实事求是，不能自吹自擂、夸大其词。

（3）交流式，在正式或非正式场合，介绍内容包括姓名、工作、籍贯、学历、兴趣及人际交往关系。

（4）礼仪式，正规隆重的场合，如讲座、报告、演出、庆典、仪式等，介绍内容包括姓名、单位、职务等，同时应适当加入一些谦辞、敬辞。

（5）社交式，交往目的性相对较强些，可以套用一个公式：姓名+职业+哪里人+喜好

+与交往对象的共同点。公式是可以根据实际情况调整的，一般社交式的自我介绍要尽量多找私人话题，尽量多找共同点，共同点可以是共同认识的人或共同的爱好等。

有时为了某事需要结识某人，在没有人介绍的情况下，可以直截了当地自我介绍。如果能找出和对方的某种联系作为介绍内容，当然更好。即使素昧平生，只要彬彬有礼，对方一般也会以礼相待。

自我介绍时要注意一些时机，比如在对方有空闲时，或者情绪较好、有兴趣时，这样既能完成对自己的介绍，又不会打扰对方。例如，先向对方点头致意，得到回应后再向对方介绍自己。自我介绍时要善用眼神表达自己的友善及沟通的渴望，如果想认识某人，最好先掌握一些关于他的资料和情况，比如性格、特长及兴趣爱好等。自我介绍时要镇定自若、得体大方、语气自然、语速适中、语音清晰，不要唯唯诺诺或虚张声势、轻浮夸张、有气无力、轻声细语。自我介绍的时间把握也很重要，通常自我介绍的时间以一两分钟为宜，介绍要尽可能简洁、言简意赅。为了节省时间，还可以将名片、介绍信等作为辅助。

"您好，我叫某某，来自某地，曾经是一名军人，退役于某部，我的兴趣爱好是……"这种自我介绍是不是非常熟悉？我们很多人往往没有做好充足的准备就开始进行毫无特点的自我介绍。用心准备一下自我介绍，避免踩坑，并让对方记住你，需要避免几个误区。

第一个误区是自我介绍非常平庸、毫无亮点。别人没有从你的自我介绍中发现任何有价值的信息，那么对方对你的兴趣就会大大降低。自我介绍其实是一件灵活的事情，要想办法抓住一个属于自己甚至引领对话的亮点，让对方对你的个人经历感兴趣。

第二个误区是自我介绍过于求全，说得太多。很多人喜欢把自己的经历全部罗列出来，大大小小，甚至包括参加某次义卖活动都列出来。

第三个误区是过于感性，缺乏有效信息。例如，在面试求职中介绍自己的抗压能力和执行能力强等，但没有具体的信息或数据作为支撑。若使用通用性的介绍语言却没有实质性的事例，会让人觉得你的介绍流于表面或形式。

一个出色的自我介绍必须是认真学习相关知识点后，多多练习、多多准备形成的。千万不要完全背诵自我介绍，硬邦邦的背诵往往会让别人觉得你不够坦诚，显得有套路、很生硬。自我介绍需要多练习，一方面可以消除紧张感，让你在介绍中更加从容，另一方面可以不断对自我介绍进行查漏补缺。

曾经的我，入伍时连普通话都说不标准，和战友交谈时或读报时会被嘲笑，后面下了苦功夫按照普通话考级标准认真学习普通话，每天对着镜子练习正确发音。退役后有机会进入外资企业，从事培训助理岗位，需要担任会议或培训主持人。为了做好这份工作，每次都要提前写好稿子，每天早晨刷牙时、白天上洗手间时、晚上洗澡时等一切可以利用的时间都在对着镜子练习，后来发现在家练得越多，上台时就越自信。这样的练习模式也为以后需要介绍自己时语言表达更出色奠定了很好的基础。

如何为他人做介绍

除了自我介绍，我们很多时候还需要作为中间人，通过为他人做介绍，让双方互相熟悉，并通过合乎礼仪规则的先后介绍顺序，让他人感受到被尊重。

那么，为他人做介绍的场合有哪些呢？我们设想一下以下场景要如何应对？

场景一：甲是上级陈科长，乙是下级杨干事，李白是某公司办公室秘书，她经常将来客引领到办事科室，并作为中间介绍人。李白应该怎么介绍陈科长和杨干事互相认识呢？

场景二：甲是长辈李伯伯，乙是晚辈、是李白的男朋友小杨，李白带着男朋友见家长，该怎么做介绍呢？

场景三：甲是李先生，乙是杨女士，在一次聚会餐前交流时，李白该怎么介绍他们认识呢？

场景四：甲是本公司职员陈科，乙是客户杨总，李白应怎么做介绍呢？

面对不同的场景、不同的人、不同的时机，有通用的介绍规则吗？我们来总结一下共性的规则。

先介绍谁？我们可以把握一个原则：尊者具有优先知情权及终止权，介绍时应遵循"尊者居后"的原则。

那么，谁是尊者？

在长辈与晚辈之间，长辈是尊者；在上级与下级之间，上级是尊者。尊者具有优先知道的权利及终止的权利。我们牢记三点：一是让重要人物优先获取信息；二是让重要人物获得更多信息；三是让重要人物有优先终止对话权。这三点蕴含了一些逻辑，地位高的人比地位低的人要占据优势，拥有更多的知情权和终止权。例如，你先说你的情况，我再决定我说什么或根本不说，为什么领导讲话总是放在最后，就是这个道理。在日常生活中，地位越高的人，越不喜欢让人知道他的信息。比如很多年轻人抢着向领导介绍自己，领导只是点点头，不会先向对方介绍自己的信息。领导心里暗示他要掌握知情权，知道你的信息，再决定自己要传递多少信息。

在职场中，无论男女，以职级定尊卑，应先把下级介绍给上级认识；在本公司员工与客户之间，应先把员工介绍给客户认识；在社交场合，男女之间（不分年龄），应把男士介绍给女士认识；在非正式场合要灵活把握，在路上偶遇、机场候机、会议间隙、聚餐、商务酒会等场合，很难区分谁地位高谁地位低，谁是主人谁是客人，这时遵循以长者、女士为尊的基本原则即可。

中间介绍人不能完全"教条"、机械地根据规则执行，要随机应变，尊重传统文化。例如，陪领导去看望生病的老人，要先介绍领导给老人："这是公司陈总，来看望您了！"陪领导去慰问一线员工，要先介绍领导："大家好，这是公司陈总，今天特意来看望大家！"

这种介绍方式，一来显示对被看望者的关心，二来避免显得领导高高在上、居高临下。

在介绍时，除了介绍姓名，还可附加简短的说明，这种介绍方式等于给双方提示了开始交谈的话题。如果介绍人能找出被介绍的双方某些共同点会使初次的交谈更加顺利。在一般非正式场合，不必拘泥于礼节，应以自然、轻松、愉快为宗旨。在非正式的聚会上，友好愉快的气氛比什么都重要。

在现在社交环境中，不可能一一如理论上所说，需要我们根据实际情况进行判断。遇到位尊者，要保持恭敬的态度，让对方感到被尊重；遇到位卑者，要适度对其表达自己的喜爱，并保持谦卑的态度，让彼此的交谈有一个自然和谐的氛围。

当介绍人做了介绍以后，被介绍的双方就应互相问候。对于长者或有名望的人，重复对其带有敬意的称谓无疑会使对方感到愉快。

介绍时需搭配肢体语言

心理学研究表明，在对话时，如果说话者能有相对应的或及时的肢体语言，能够让说话者表达的内容更加形象生动、通俗易懂。

自我介绍通常会配合手势，手势随着谈话的节奏自然呈现出来。在做介绍时，加入手势则会显得更明确。使用手势时，掌心要向上，表示坦诚、尊重对方。四指合并，虎口微微打开，介绍到哪一方时自然地指向被介绍的那一方（见图1）。

进行自我介绍时，还要搭配其他的肢体语言，如先向对方点头致意，得到回应后再向对方介绍自己。在自我介绍时，要善于用眼神表达自己的友善，表达关心及沟通的渴望。除了该表达哀伤情绪的场合，自我介绍时一定要保持面部微笑。面无表情的样子会给对方留下不愿结交的负面印象。做介绍时眼睛应看对方，眼睛看其他地方是非常失礼的。

图1

2.5　名片使用的细节需留意

名片是一个人身份和地位的象征，也是一个人尊严、形象的一种彰显方式。我们使用名片是希望通过名片在交往中获得对方的理解和尊重。虽然名片上的信息大同小异，但真正的差别是，这张小小的名片递到别人的手中，能否让别人对你传递过来的信息多一点留意和重视，取决于这张小小名片的设计风格，以及名片本人当时递名片时的个人魅力。

我的第一张名片是在入职一家外资企业时因工作需要制作的，当时名片的格式和模板由企业统一规定。后来离开企业，因为社交需要，要有突出个性及体现个人风格的名片，因而我对职场上使用的名片有了更多的认识。我见到过很多人的名片递送后转身就被人扔进垃圾桶，而我希望我的名片最好不要出现这样的下场，我希望别人接到我递过去的名片时可以多看几眼，或者能被别人郑重地放好并记下我的信息。于是，我很用心设计名片的内容，并学习名片礼仪。

制作一张个性化的名片

若想自己的名片让人多看一眼，需要在制作名片时好好设想一下名片的风格。名片的风格要符合自己从事的行业、个人的性格特征。例如，你从事的是文化广告行业，名片的设计要具有创意风格，毕竟一张小小的但别具一格的名片也代表了你的个人形象。

创意风格名片，一般突破人们一贯的思维，由一种比较独特的形式进行展现，使对方看到名片特别的一面，让它传递的信息、作用与普通的名片不太一样，它追求的是一种新的、巧的、独特的视觉效果，体现在名片规格、名片颜色、名片字体等方面的创意。

稳重风格的名片，给人非常庄重的感觉。一般在体制内工作或从事稳重型工作的职场新人，使用的名片大都偏向这种风格，这种风格的名片让人觉得有信赖感。

无论你决定选择何种风格，名片都应包含基本信息。名片的内容一般包括单位名称、姓名、职务、联系方式、地址等，这些信息可以使对方对你有所了解和认识。为了方便他人阅读和对你有良好的第一印象，我们在制作名片时，应当注意一些细节。

关于职务（头衔），在注明职务时，尽量选择一两个，过多罗列职务会给他人一种自大、喜欢炫耀自己的感觉。有的人在名片上印五六个甚至十几个头衔，其实这样对交往很不利，名片上头衔太多让人难以确定你的身份，且不利于别人记忆，还会给人一种虚张声势的感觉。因此，名片上的头衔，一定要仔细斟酌。

建议不要在名片上写太多的东西，应适当留白，在能传递明确信息的同时，又能便于对方记忆和识别。还有一点要注意，在名片上印自己的生活照、大头照、艺术照等任何个人照片，都是多余的。

名片制作规格通常可以选通用规格，而没有必要把名片制作得过大，甚至弄成折叠式，免得给人有意摆谱的感觉。印制方面，不要印制杂色名片，令人看得眼花缭乱，尤其是名片的底色尽量选用白色、灰色，而不要选用黑色、红色、粉色、紫色、绿色。名片上的字体不要使用太多种，字号也应大小合适。

此外，要注意名片的美观，不要随意涂改。比如有些名片主人的电话号码或地址改变了，不舍得重新制作，直接在名片上涂改，这不是节约的问题，而是形象问题。名片就像一个人的脸，在名片上随便涂改，既意味着你的脸面脏乱了随意示人，也意味着对他人的不尊重。

如何大方得体地接递名片

在职场交往中，两个陌生人见面的礼仪通常是从名片开始的。对彼此的印象，很多时候来自名片的接递礼仪。

当你准备恭恭敬敬地向新认识的朋友递送自己的名片时，首先从自己的名片夹中取出名片，除了要确认是不是自己的名片，还要看看正反两面是否干净。特别是在多人交换名片的时候，必须小心确认名片是否印着自己的名字。如果交换错误，你留给别人的第一印象有可能是你是一个粗枝大叶的人。

向对方递送名片时，要面带微笑，注视对方（见图1）。一般先握手，再拿出名片，两手食指和拇指捏住名片的两角，名片面向对方，正面朝上，欠身双手递送（见图2）。如果正在座位上应当起立，如果不便起立，也应做起立状，以示恭敬。在递送名片的同时，应说一些客气话，如"很高兴认识您，这是我的名片，请您多多指教！""我叫×××，这是我的名片"。

图1

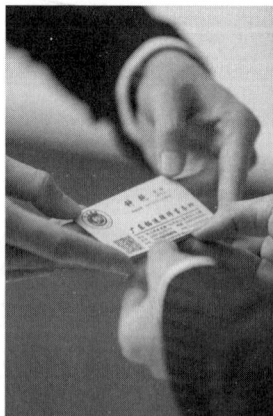

图2

递送名片时，如果自己的名字难读或有特别读法时，我们可以加以说明，或者幽默地介绍，这样可使相识的气氛更加融洽，同时会给他人一种亲切感。如果我们接到别人名片遇到不会读的字时，应当主动谦虚地请教，千万不要不懂装懂，读错他人的名字。

相识欢谈的场面，如同时遇到几个新朋友，还要特别注意递送名片的顺序，这是递送名片礼仪非常讲究的事项。交换名片时，一般应遵循"先客后主，先高后低"的原则。即有职务高低分别时，先向职务高者递送；有年纪分别时，先向年长者递送；如果分不清楚职务高低或年纪大小时，则可先从自己对面右侧方的朋友开始交换名片，再按顺序进行；如果有男士和女士同时在场时，先向女士递送名片。当与多人交换名片时，应按照职位高低、由近及远的顺序进行，切忌跳跃式进行，以免对方有厚此薄彼之感。

关于递送名片的时机，除非是自己主动与人认识、搭讪，否则名片最好还是在双方均有结识基础或建议联系意愿的前提下递送，因为如果对方只是简单接受你的名片，就忙其他事情去了，这是非常尴尬的事情。递送名片要掌握时机，一般选择在交谈刚开始或分别的时候递送，最好不要在用餐、观看节目、跳舞或与别人正在热烈交谈时递送。递送名片时，最好向对方打声招呼，让对方有所准备，然后通过"幸会！""认识您很高兴！""可否交换一下名片？"等句子体现出来。

出席社交活动、参加会议时，通常在活动、会议之前或之后交换名片，不要在会议、活动期间与别人交换名片，也不要在一群陌生人中到处传发自己的名片，这样反而不受重视。除非对方要求，否则不要在年长领导的面前主动出示名片。

以私人身份向他人馈赠礼物时，可以将名片置于礼物包装内或装入一个封口的信封中。

若拜访某人不遇时，或者需要向某人传达某事而对方不在时，可以留下自己的名片，并简要写上具体事由，这样会使对方"如闻其人，如见其人"。

在初次前往对方工作单位或私人居所进行正式拜访时，可以先把本人名片交予对方的门卫或家人，由其转交给拜访之人，表示"我是×××，我可以拜访您吗？"，便于对方确认拜访者的身份，这样可以避免冒昧拜访。

如果是某人要通过你的介绍去见另外一个人的时候，可以用回形针将自己的名片和被介绍人的名片叠放在一起，这样会很清楚地表明用意。

当我们接到对方递过来的名片时，合乎礼仪的做法是，我们应认真看看名片。如果可能最好用半分钟时间从头至尾默读一遍对方名片上的内容，不懂之处当场向对方请教，而不可有意识地读出声来，可以重复一下对方名片上所列的职务或单位名称，以示仰慕，而后将名片放进名片夹或口袋中。如果收到名片后，在表情和语言上没有任何表示，往往会让送出名片的人摸不着头脑，从而产生怀疑、失望、生气等负面情绪。收到名片后不理不睬，就像得到别人的帮助后表现得若无其事一样令人生厌。

对方递过来的名片，出于礼貌，无论自己多忙或对方身份高低，都应该暂停手上的事情或交谈，起身双手或右手接过名片。如果后序没有交谈，可以妥善地将名片放置在名片夹、公文包、办公桌或上衣口袋中，切忌放在裤袋、裙袋、钱包中。如果后序有交谈，可以将名片放置在桌子上，这样方便随时明确对方的称谓，避免叫错，名片上的一些信息也可以作为交谈的内容。

接到对方名片后，通常可能会交换名片。一般出门前要把自己的名片准备好，放在名片夹或口袋中，提前放在容易拿取的地方，以免需要时手忙脚乱。给对方一张自己的名片，哪怕是以前给过，如果暂时没有名片或忘记带了，也要给对方做出解释并表示歉意。如果刚好你想给对方递送名片时，对方也递过来了，切忌右手接、左手递，一般是低位者或晚辈先收回，双手接过对方的名片后，再递送自己的名片。如果对方已经明确表示没有带名片或没有名片，可能是对方不想给你名片的托词，此时就不要强行索要了；如果确实想要联系对方，可尝试询问能否在纸上留下联系方式。

2.6　电话礼仪，未谋面的愉快交往

手机或座机电话，早已成为我们的亲密小伙伴，我们很难与它分开。接打电话是现在生活中最常见的事，据相关研究统计，人的一生平均有 8000 多个小时在通电话。在视频电话普及之前，人们通过语音电话传达的声音和使用电话时的行为习惯获取对对方的印象。我们接打的每个电话、所说的每句话、发出的每个声音都在塑造我们的形象。

日本著名企业家松下幸之助说："不管是在公司还是在家里，凭这个人在电话里的讲话方式，就可以基本判断出其教养水平。"有些人，你可能没见过他们的面，只听过他们的声音。通过声音，你能感受到他们极强的专业素养。电话铃响三声之内接听，自报家门；面带微笑，全程使用服务用语；随时备有纸笔，及时记录对方的需求；感谢对方的来电，并让对方先挂电话……他们接听电话时特别注意语速、语气和语调，回答来电问题时保持自然微笑，良好的坐姿和整洁的桌面都有助于他们进入良好的对话状态。虽然打电话的人看不到，但是良好的情绪会随着电话传递到另一头。都是接打电话，给人的感受却大不一样。

一些办公室会几个人共用一台座机，有时候工作忙起来，办公室的人都不想起身接听电话，而资格老的同事一般会默认职场新人应该主动去接电话，但是有些职场新人就会想为什么总是要我接听呢？他们心里带着不满，接电话时自然而然地就表现出来了，要么慢吞吞让电话响半天才去接，要么语气不那么温和。这样不知不觉就会给人留下不良的印象：你是喜欢埋怨且计较的人！其实，主动接电话是多难的事呢？如果声音甜美、亲切友善，说不定对方是个大客户或大领导，也许还因此多了一次升职或加薪的潜在机会呢！

电话里藏着你的修养

一个小小的电话里面藏着大大的修养，你的语音里藏着你的处事方式和人格魅力。

想一想自己和身边的人，接听电话后是否喜欢第一声就用"喂！"？"喂"的潜意思是说"你是谁呀？"，虽然没有想得罪人的心，但是如果有更好的文明用语来代替，为什么不用呢？

接听电话第一声用"您好"代替"喂"。办公室电话一般响三声之前就要接听，礼貌地问候和主动地自报家门：您好，某某公司（单位）。在询问对方需要找的人时，应避免说："你找谁？"而应该礼貌地问："请问您要找哪一位？"如果电话长时间才被接听，应该向打电话的人致歉并说明原因，这既礼貌地表示了歉意，也可消除对方久等的不快。一般来说，响三声并不是非常严格的响三声，而是相对地不要太长时间不接，但是接太快又显得过犹不及，往往有可能对方还没准备好，甚至会吓一跳。很多有职场经验的人通常是这样做的，桌上的电话铃声响了之后，等它响到两三声的时候再接，这样显得从容淡定、不慌不忙。如果我们不清楚打电话的人是谁，不要唐突地问："你是谁？"应该礼貌地问："请问您是哪位？"或"对不起，如何称呼您呢？"

未曾谋面的客户或职场上的同事，在电话沟通之后，总会在我们的脑海中勾勒出对方的形象，这个形象一旦建立就很难被推翻。怎么样让自己给对方留下好印象？秘诀是微笑地跟对方说话。

现在各大公司的电话客服人员岗前训练时都会让客服人员在桌子上放一面镜子，要求客服人员在接打电话时，时刻检查自己在镜子里的微笑形象。长时间的训练，微笑接听有着非常好的效果，不仅树立了公司的良好形象，还让不少客户特别喜欢客服人员电话里的声音。所以，拿起电话的时候，我们尽量调节心情、扬起嘴角，自然微笑地对话。

接到错误来电时，我们很容易忽略礼貌问题，甚至非常粗鲁地回应。当接听到一些推销人员的电话时，有的人选择委婉拒绝，而有的人却无礼挂断，这其中的差异体现了每个人的修养不同。曾有一次与一个朋友去见一个客户，在交谈中，他接了一个电话，电话那头是推销保险的，朋友耐心和推销员解释不需要的原因，结束前还对推销员说了声"谢谢"。我想电话那头的推销员遇到这么有修养的人，尽管没有买他的产品，但心里也一定很舒服，打了一天的电话那种劳累也能因此有一丝安慰吧！能让别人舒服，与其说是情商，不如说是修养。接电话时一个小小的细节就能让人看出你的修养，有修养就是凡事考虑对方并尊重对方。

很多人喜欢一心二用，喜欢边开车边打电话，或者边整理手头的东西边接听电话，以为这样做可以同一时间完成两件事，办事很有效率，但事实上带来的负面效应是你想不到的。当你一心二用时，电话中的声音会让对方感觉到你做事心不在焉、顾此失彼。

办公室里有个同事，她在银行柜员机取钱的时候，一边接听电话一边在柜员机里取钱，取完钱之后就继续讲电话，柜员机里的卡忘记取出来。结果，身边的一个男子顺手就把卡里的 7000 元取走了，她打完电话几分钟后看到银行自动短信提示，刚有 7000 元被取走，这才反应过来。这件事情以后，她再也不敢一边打电话一边做其他事情了。开车也一样，一边开车一边接听电话是相当危险的。科学实验显示，开车通话时相当于存在至少 50 米的视野盲区，很多交通事故都是这样发生的。如果有要紧的电话需要接听，请将车靠边停下再接听。

另外，在对方专心跟你讲话时，不要心不在焉地玩手机，尤其在与父母亲友相聚时，一边玩手机一边听人说话，即使没有恶意，也会给对方留下不好的印象。还要注意的是，摘下耳机跟人打招呼。要知道，世界上最远的距离是我就在你的面前，你却在玩手机。虽然手机方便了人与人之间的沟通联系，但不分场合地过分沉迷，反而会将人与人之间的距离越拉越远。因此，最好不要一边说话一边玩手机，不仅不礼貌，还是对他人的不尊重。

公务接听电话要更加严谨，要做好随时记录的准备，左手拿话筒，右手拿笔记录（见图1）。大范围的电话通知，要准备好电话通知提纲要点和通话要点。切忌把话筒夹在耳朵上，身体瘫在椅子上，或者跷着二郎腿接听电话。其实，你身体的任何状态都会通过语音呈现出来，你在电话那头的状态和情绪，对方是可以感受到的。

图 1

很多人使用手机时会破坏公共秩序，自己却全然不知，这种行为其实很让人生厌。会议中、和别人洽谈的时候，最好的方式是把手机关掉或调到震动状态。这样既是对别人的尊重，也不会打断发言者的思路。如果在会议上手机铃声不断，好像自己是个大忙人，大家的目光瞬间集中转向你，给人的印象是缺少修养。非特殊情况，开车中、飞机上、剧场里、图书馆、医院里不要接打电话。尤其是电梯、路口、人行道等地方，不要旁若无人地使用手机，应把自己的音量尽可能压低一些，不能妨碍他人通行。在看电影时或在剧院打电话也是很失礼的，如果非要回话，可采用静音方式发送手机短信回复。

参加宴会就餐时，不能对着餐桌打电话，如果不方便离开餐桌，则要侧转身子，用手遮挡一下。公共场合，尤其乘坐交通工具时，使用手机听音乐、看影视剧、玩游戏时，不要大声外放。

我们在交际过程中要尊重对方，学会从对方的立场和角度出发，真切体会对方的情感，适时调整自己的交际策略，从而实现有效沟通。如果对方未及时接电话，不要无休止地拨打，可以等待合适时间再联系。语音、视频聊天前，最好先询问一下对方是否方便。如果是重要的事情，不确定对方接听语音的环境是否适宜，请不要发语音；如果有必要发语音，请直奔主题，不要说过多无用信息，避免发大段语音浪费别人的时间。

手机放在哪里比较合适？在比较庄重的场合中，最好将手机放在包中或口袋里，尽量不要拿在手里或放在桌面上。

通话时间看似平常，实际上很重要。有的人只以自己的情况为判断标准，而不是选择对方方便的时候拨打电话，这实际上是对通话对象不够重视和尊重的表现。设身处地为对方考虑，是选择通话时机的基本原则。通常晚上 10 点以后，早上 7 点之前，没有什么特别紧急的事不要打电话，万一有急事需要通话，最好先说一句："非常抱歉，事情很紧急，打扰到您了！"

忙碌的时候总有一些不合时宜的电话来干扰，觉得对方很没有礼貌，而且对方啰里啰唆，一个重点都没听到。那么，电话打多长时间为好呢？在日常生活中打电话，一定要有时间观念，有多少事就说多长时间，说清楚为止。在工作中，从互相尊重的角度来讲，通话时间宜短不宜长。有一个电话礼仪规则叫作"通话三分钟法则"，这不是要求你一定要控制在三分钟以内，而是要求你"长话短说，废话不说，没话别说"。

善始善终的美好印象——挂断电话的那一刻很重要。露出职业化的微笑并不难，通电话的时候，"您好""谢谢"挂在嘴边也不难，但是如果迫不及待地重重挂断电话，你所有的礼貌礼仪都将一笔勾销。

电话到底谁先挂？不少人以为通话完毕应该由对方先挂断电话，这虽然出于礼貌，但从礼仪角度来说，通话完毕挂断电话的通用原则是：上级先挂断，长辈先挂断，客人先挂断，服务对象先挂断，主叫方先挂断，如遇到特殊情况，年龄相仿，此时一般是谁先拨打谁先挂断。遵照该原则，面对实际情况灵活处理"谁先挂电话"的问题。

求职中的电话礼仪

职场新人求职时，通常会接到用人单位的电话面试，那应该怎么做呢？

好的环境是电话面试成功的基础。记得很多年前的一天，我接到求职公司的电话面试，那时刚好在外面走着，本想找个安静的地方接听，于是一个人在附近的空地转来转去寻找适合通话的地方，但后来发现环境依然很嘈杂。在对方的电话里充斥着跳广场舞的音乐，还有公交车、私家车的伴奏，当时真是非常担心面试效果，而电话那头的面试官反复提问相同的问题，似乎没有听清楚我的回答。电话面试需要一个安静的环境，不能让面试官和自己分心。

还有一种电话面试的场景需要我们吸取教训。例如，某天我们还在睡懒觉，突然面试电话来了，对方面试官问道："您好，我是××公司的人力资源主管，您现在方便接听电话吗？我们需要进行简单的沟通。"于是，我们一下子惊醒，急忙回答："好的。"结果因为还没睡醒，也没有任何准备，甚至连对方公司的名称都没听清楚就开始稀里糊涂地电话面试了，最后的结果可想而知。

作为求职者，当我们接到这样的电话时，需要学会礼貌地拒绝，对方通常也会理解，因为面试时间应当是双方协商确定的。比较得体的处理方法："实在抱歉，我现在可能不太方便，您看可以晚××分钟吗？我给您回拨过去。"在你有一定准备，状态调整到较佳时，按约定的时间如约回复，相信这样的电话面试会比刚从梦中惊醒时迷迷糊糊的电话面试要好很多。

我们都知道电话面试备受限制，电话面试的局限性让我们很难充分展示自己的能力和个性。如果想要毁掉下一轮面试的机会，实在很容易，一个电话就够了。因此，电话面试和现场面试一样，都应该重视并认认真真准备。

通电话时的语调和表达能力非常重要，无论是打电话还是接电话，语调都应该平稳柔和、亲切有礼。礼貌的语言、亲切的声音，往往会给对方留下好印象。

在打电话前，对自己想要说的话做到心中有数，尽量梳理出清晰的顺序，做好充分的准备，在通话时就不会颠三倒四、现说现想、丢三落四了。

所有的自信和成功都建立在精心准备、反复练习、不断尝试的基础上，如果想要电话里的自己更自信，那么就这样做吧！

2.7　塑造迷人的声音

好声音，好形象，好人缘

在职场中，除了说话内容重要，说话时的声音也很重要。如果"说"外表是门面，而开口说话则是登堂入室，一个人心灵的宫殿就在说话后面若隐若现了。有一档很火的节目《声临其境》，不凭颜值不看脸，却收获了很多观众的欢笑和泪水。这里的好声音可以打动人心，不仅是好听的声音，更多的是通过声音调动整个人的情感去打动别人。

有些人说话的声音像感冒了；有些人说话的声音很粗鲁，像准备要和他人打架；有些人说话的声音是把普通话和家乡话混杂在一起，让人听着很费劲；有些人说话的声音尖锐刺耳、音调很高；有些人说话的语速过快或过慢。想一想，你不喜欢哪些声音？假如你不喜欢这些声音，你还会对声音主人的整体形象有好感吗？

你相信吗？有魅力的声音会让你的职场发展如鱼得水。如果你慢慢观察周围的好声音就会发现，好声音对人的职场发展有多么重要。例如，我们在职场中经常参加一些会议，可以感受到一个好的发言人，他的声音一定是充满自信、充满底气的，也会让正常会议变得更有活力，不会让人觉得会议枯燥乏味；相反，有些发言人，他的声音平平淡淡、没有起伏，总让人昏昏欲睡。那么，哪个发言人更有升职空间呢？

个人形象是立体的，它不仅是视觉信息的传达，还有声音信息的传递。那么，我们反思一下自己。你真的了解自己的声音吗？你知道大家喜欢什么样的声音吗？你知道大家讨厌什么样的声音吗？虽然声音很重要，但很少有人会反思或检测自己的声音是否存在问题，或者很自信地认为自己的声音没有问题。即使有问题，他们也认为声音是天生的，已经定型了，是无法改变的。如果是职场"老油条"，我们可以理解这种想法，但如果是职场新人，那就真的很有必要认真对待自己的声音形象了！

有几种简单的自测方法可以使你了解自己的声音状况。

一是照镜子找毛病。说话的时候留心照镜子，看看自己的嘴形好不好看。据说，许多人说话都有歪嘴的毛病，还有人说话时眼睛乱眨。总之，多照照镜子，你会发现许多原来想不到或看不到的声音附带毛病，尤其是嘴形会影响发音。

二是手机录音找毛病。录下你平时工作或生活中的对话，对比一下你与同事、朋友等人的声音效果。如果自己找不出具体的问题，可以和几个人一起分析自己的声音，看看自己的声音在别人的耳朵里有哪些不一样的地方。通过查找对比，如果声音尖细，那么可以练习调整语速，适当放慢语速；如果声音低沉，那么要适当加快语速。尤其是女士，尖细而快地说话，给人很刻薄的感觉，这样的声音也很难获得好人缘。

三是自测有没有唠叨的习惯。"长舌妇"的嗓音99%有杀伤力，再好听的声音，一旦成了唠叨的工具，也会让人生厌。

四是自测有没有经常说粗话。试想一下，如果一个人"出口成脏"，即便有再好听的声音，也好听不起来。平时积累一些礼貌词汇和句式是很有必要的，会给你的声音加不少分。

五是自测一下普通话是否标准。我国各大方言之间的语音系统差别比较大，如果普通话不标准，常带方言发音，也会影响声音形象。因此要学习普通话，并找出普通话和自己方言中的对应规律，加强记忆，常听多练，反复练习。

发出好声音，塑造好声音，不仅指发声的技巧，还指说话时一个人内在与外在的综合谈吐气质。让人听起来舒服的声音，能透露出一个人自信、诚恳、亲和或风趣的种种品质。尤其是未曾谋面通过电话交流的时候，动听的声音能给对方好感。

军人因为常在训练场上发声，练造了与普通大众不一样的声音，给人的感觉是有力量感的、正义感的、沉稳的、可靠的、亲和的，这种效果应该是发音从容镇定、语调不疾不徐、音质醇厚、吐字清晰、沉稳中含有一种力量，让人对军人所说的内容有信服感。当然，也有很多退役军人的声音的确是有问题的，需要进一步测评和改进。好的声音除了自测，还需要专业人士测评，或者通过身边的亲人、朋友测评，不盲目自大地相信和拒绝测评，才会有更大的进步空间。

如何练造好的声音

怎么才是舒服、好听的声音呢？有些人很自信自己的声音还不错，可是在别人听来却不怎么样，这样不利于发现自己的声音好坏。如果找到改变发音的窍门，即便是唐老鸭那样的声音也是讨人喜欢的。

发声方式、语音语调、内在情感，其实怎么形容都显得抽象，那不如来一次具体的实操吧！请拿出你的手机或有录音功能的电子媒介，打开录音功能！

录下自己和朋友一起聊天时候的说话状态。录下之后要常常回放、反复倾听，找出自己不满意并需要改进的地方，还可以留意电视主持人不同风格的声音。在倾听和揣摩的过程中，需要特别留意下面的细节。

请注意语气、语速、语调和节奏的控制。有时候，声音不是问题，在不同场合如何调节自己的声音才是真正的问题。在不同场合，你要辨认自己的角色，重要的场合需要一种有备而来的自我设定，设定自己需要扮演的角色，这时候谈吐的效果就是声音，再加上你内心声音的力量和技巧运用，表现出来的声音就是整体的效果。语速，因为语言理解需要时间，所以语速要比平时随便说话的时候慢一些，同时注意停顿。此外，在讲话时注意将自己的语调有意识地上扬，这样往往会给他人带来热情的感觉，也会暗示对方热情与你交谈。

请揣摩语速并做语速测试。请用 60 秒钟的时间朗读下面的短文，再对比一下，分别用 40 秒钟、80 秒钟的时间朗读，感受几种不同语速对他人情绪的影响。经过不少学员用不同的语速朗读，他们都说出了自己的感受：用 80 秒钟朗读时感觉透不过气来，用 40 秒钟朗读时觉得特别紧张，而用 60 秒钟左右的时间则感觉比较舒服，不但说得清楚，感觉也很轻松。其实，我们用声音和他人交流时，适中的语速不但给人有耐心的感觉，还能让他人乐于接受自己的想法和观点。而较快或较慢的语速是下意识地让别人改变自己的习惯和节奏，容易给他人带来不适。因此，我们在与他人交流时，要有意识选择对方能接受的语速。

短文测试

100 多年以前，维也纳的某个剧院里发生了一件很有意思的事情。当时的维也纳女士喜欢戴高顶帽子，喜欢到即使在观看演出时也不愿意摘掉，致使坐在后面的观众意见很大，因为高顶帽子挡住了他们的视线。很多观众找到剧院负责人反映情况，剧院负责人来到舞台上说道："请女士们将帽子脱下来，你们听到了吗？""女士们，请你们将帽子脱下来！"他一遍又一遍地大声说着、喊着，急得满头大汗，可女士们就是

不理睬他，他感到很尴尬、很无奈。这时，他拍着自己的脑门想："是不是自己的语言表达有问题？"略做思考后，他又说道："好，就这样吧，年纪大的、身体不好的女士就不必脱帽了，现在请年轻女士脱帽！"话音刚落，剧场中所有的女士都将帽子脱下来了。

观察、体会表达是否清晰明确。不仅要优化声音，还要提升你的语言风格，特别是当你处在一个说服者的位置时，更需要一些技巧，比如发音一定要清楚，千万不要含糊其词，即使错了也要清晰表达，否则对方会认为是缺乏自信的表现。

请拿出你的手机，打开视频功能！

观察不同姿势说出的话有什么不同的效果。正确的说话姿势、发声是整个身体送气，让声音乘着气息而去，而不当的发声则只有喉咙震动，含胸缩背，会在不经意中减损声音的动听程度。正确发声的要点是让上半身自然放松，把自己的意识集中在腰部周围。经常练习上半身的放松，以脊柱为中心，经常左右甩动手臂，缓解身体紧张，使上半身放松，才能发出好听的声音。

观察面部表情。微笑时发声，可以悄悄地带动你的声音变得动听悦耳，面无表情的发声，不知不觉地让你的嗓音变得低沉消极，这种低沉和消极一般都不受人喜欢。礼貌的声音是从微笑发音开始的。有微笑自然而然气息会流畅，带出和谐的语速和语调，以及打动他人心灵的词语。

学会模仿。模仿你喜欢的影视明星或主持人，上网找到他们的视频，认真揣摩他们的语速、停顿、手势等。同样的话，你也讲一遍，然后录下来做对比。长时间这样练习，塑造他人喜欢的声音，进步是非常神速的。

微笑的发音，合乎时宜的音量，灵活的表达技巧，相信你在职场会非常受欢迎。

发声有礼

有些人完全不考虑周围人的感受，习惯旁若无人地大声说话，误以为声音越大就越显得自己自信和见多识广。事实上，在一些公共场合，很多人喜欢安静的环境，或许他们正在思考或需要休息，这时候会对语调高且令人不悦的话语感到厌烦。因此，我们要避免在办公室、图书馆、电梯内、车厢内等公共场合大声说话。

退役军人给人的感觉是很有力量的一个群体，浑厚的声音，大大的嗓门，一发音就容易是高分贝的声音。这种声音会给人积极、健康、向上的感觉，但也容易给人一种"只会武不会文"，即退役军人文化水平低的负面印象。因此，退役军人尤其要注意"发声有内容，发声要有礼"。

当我们说话发声时，既要准确表达自己的需求，还要考虑到让我们的声音给予对方尊重和美好的感受。那么，发声有礼，需要关注哪些礼仪细节呢？

你知道吗？声音也是有色彩的！很多人从未想过自己的声音竟然是有颜色的。那么，声音色彩与礼仪有什么关系呢？

在我日常的礼仪培训课堂上，我将声音色彩简单归纳为四种，方便学员理解与应用。例如，你可能觉得某个朋友的声音色彩是红色的，或者热情洋溢，或者明亮高昂，或者语调积极等，他的声音能给你温暖和力量；空姐的声音色彩是粉色的，她们用不厌其烦、细声慢语、温柔体贴的语调为乘客提供空乘服务；很多理工科的男生的声音色彩是蓝色的，交谈时沉着稳重、专业理性；有一种人的声音色彩是黑色的，他们高冷不多言语，或者说话尖酸刻薄，或者语调低沉，或者声音沙哑，给人的感觉像是头顶上有着黑压压的乌云。

当然，对于每个人而言，声音色彩不限于四种，或许会更丰富，我只是通过四种声音色彩的举例，让人们知道不同的声音效果会塑造不同的色彩印象，给人不同的联想，使对方对我们的形象产生不同的判断。

当他人遇到开心喜庆之事时，不妨塑造热情洋溢的红色声音给予对方祝贺，而非用语调低沉、冷冷冰冰的黑色声音向对方道喜；当你需要做一场专业演讲时，不妨塑造稳重理性的蓝色声音，而非用温柔娇气的粉色声音……

通过声音色彩，似乎还能感知一个人的品性，是宽容还是自私，是乐观还是沮丧，是紧张还是放松。也许，在不同的场合和面对不同的人时，如果我们能恰当地塑造自己的声音色彩，给对方好的声音印象，相信这个交往过程会更有质量。

声音除了有色彩，也有音量的大小，体现出不同的教养。什么时候该大声说话？什么时候该小声说话？什么时候该不说话？这些问题值得我们认真思考。

在我的儿童礼仪培训课堂上，我经常和孩子们玩一个游戏，叫作"大声与小声"。玩法很简单，朗读大家都熟悉的一首唐诗，规则是当我大声朗读时，孩子们必须特别地小声，当我特别小声时，孩子们要特别大声。为什么要玩这个游戏呢？因为想让孩子们更加深刻地体验到学会控制音量大小是特别重要的。

我给孩子们举了一个这样的例子。有一天，6 岁的小朋友李志轩在机场候机时，见到一个扮相比较怪异的哥哥，李志轩大声跟身边的妈妈说："妈妈，你快看，这个哥哥怎么打扮得像女人，可他明明是男生呀！"这个哥哥听到李志轩在公共场合嘲笑自己，相当愤怒，差点动手打他。

其实，从儿童心理学角度来看，这么小的孩子如果有想法，是一定会脱口而出的。那么，是否有一种恰当的表达方式，既不会伤害到对方，又能合理表达自己的想法呢？恰当的做法就是，李志轩可以悄悄地和妈妈分享他对路人哥哥怪异打扮的看法。

言谈有礼——谦辞敬语别乱用

在我国传统的交往礼仪文化中，有许多规矩。在互相称呼或谈话中涉及他人时，对对方或他人的称呼上有讲究，即有"敬辞"和"谦辞"之分。许多古代复杂烦琐的谦辞敬语在今天变成了简单实用的"白话"，但是还有许多精髓保存下来，古为今用。职场也是社会交往中的一环，职场言谈有礼，也要懂谦辞敬语。

敬辞常是用来称呼别人的，谦辞则常用来称呼自己，前者表达对他人的敬重，后者表现自己的谦卑。两者若用反了，就会闹笑语。

央视《艺术人生》播出采访《恰同学少年》剧组的节目，主持人请毛新宇来讲述爷爷的故事，主持人在节目中向嘉宾毛新宇说："不久前，毛岸青去世了，首先，向家父的过世表示哀悼。"主持人在节目中搞混了谦辞敬语，被人诟病。何谓"家父"呢？家父是指对别人称自己的父亲，家父是自谦之词，而主持人当时正确的称呼应当为令尊。

在现代职场与社会交往中，仍经常借助谦辞敬语表示尊敬、问候、祝颂等。待人接物，多用谦辞敬语，体现了言谈有礼、谦逊温和的良好素养。但不懂的词不要乱用，不能不懂装懂，要用就用自己知道确切含义的词。下面据历史资料整理了一些常用的谦辞敬语，大家最好能理解并且熟记。

常用谦辞解析

"家"字：用于对别人称自己辈分高或年纪大的亲戚。例如，家父、家尊、家母、家兄、家叔等。

"拙"字：称自己的文章、见解等。例如，拙笔、拙见等。

"小"字：称自己或与自己有关的人或事物。例如，小弟、小儿、小女、小可、小生、小店等。

"薄"字：称自己的事物。例如，薄技、薄酒、薄礼、薄面等。

"敝"字：称自己或自己的事物。例如，敝姓、敝人、敝处等。

"鄙"字：称自己或自己的事物。例如，鄙人、鄙意、鄙见等。

"愚"字：用于自己的谦称。例如，愚兄（对比自己年龄小的人谦称自己）、愚见、愚以为等。

"敢"字：表示冒昧地请求别人。例如，敢问、敢请、敢烦等。

"劳"字：表示请别人做事所说的客气话。例如，劳驾、劳烦、劳步、劳神等。

"舍"字：用于对别人称自己的辈分低或年纪小的亲戚。例如，舍弟、舍妹、舍侄、舍亲等。

"寒"：寒舍，对别人称自己的家。

还有一些常见谦辞：犬子、过奖、后进、斗胆、见笑、托福、错爱、蓬荜生辉、抛砖引玉、无功受禄、敬谢不敢、一孔之见、才疏学浅、不情之请、恭敬不如从命、望尘莫及、一得之意、不足挂齿、雕虫小技、区区此心、班门弄斧、聊表心意等。

常用敬辞解析

"令"字：尊称他人的亲属，相当于"你的"。例如，令尊、令堂、令郎、令爱、令亲等。

"尊"字：用来称与对方有关的人或物。例如，尊上、尊亲、尊意等。

"赐"字：指所受的礼物。例如，赐教、赐复等。

"高"字：敬称别人的亲属或事物。例如，高堂、高见、高论、高就等。

"拜"字：用于动词之前表示尊敬。例如，拜访、拜望、拜托、拜读等。

"谨"字：多用于署名下。例如，谨禀、谨启、谨白、谨复等。

"惠"字：用于对方对待自己的行动。例如，惠存、惠顾、惠临、惠赠等。

"垂"字：多用于尊称长辈、上级对自己的行为。例如，垂问、垂爱、垂青、垂念等。

"贤"字：表示对尊辈、平辈或晚辈的敬称。例如，贤家、贤弟、贤郎等。

"恭"字：表示恭敬地对待对方。例如，恭贺、恭候、恭请、恭迎、恭喜等。

"光"字：表示光荣，用于对方来临。例如，光顾、光临等。

"雅"字：用于称对方的情意、举动。例如，雅教、雅量、雅兴、雅意、雅正等。

"芳"字：用于对方或与对方有关的事物。例如，芳邻、芳龄、芳名等。

"贵"字：称与对方有关的事物。例如，贵干、贵庚、贵国、贵校、贵恙等。

"叨"字：叨教、叨扰等。

"玉"字：指对方身体或行动。例如，玉成、玉音、玉体等。

"大"字：称与对方有关的事物。例如，大人、大驾、大师、大名、大作、大礼等。

"奉"字：用于自己的行为涉及对方。例如，奉送、奉还、奉劝、奉陪等。

2.8 职场中的有效沟通与技巧表达

沟通的目的是有效传递信息，而不是制造矛盾

2020 年，网上一个"90 后"员工与领导的工作对话截图火了。

> 张总：下周三的 PPT 做好了吗？提前发我一份。
>
> 员工：不好意思张总，不是下周三才要吗？
>
> 张总：能不能提前给我？
>
> 员工：为什么要提前？你活不到下周三了？
>
> ⋯⋯⋯⋯⋯

职场新人以戏谑的形式来声讨领导，引发了大家的讨论。不管是真事还是玩笑，都值得我们反思。其实，很多职场人士都遇到过原来与领导沟通好的工作，因中途计划有变，手头上的工作也跟着计划变化，不管是推翻重来还是临时调整方向，原来的计划被打乱，难免会很影响心情。职场沟通的目的是"传递信息"，而不是"制造矛盾"。如果将原本的问题转化成更大的矛盾，这种沟通方式效率非常低，也很不专业。在上述对话中，无论是领导还是"90 后"员工，都存在沟通问题。

说到沟通二字，它是现今培训界非常火热的课程和词语。被称为日本"经营之神"的松下幸之助有句管理名言：过去是沟通，现在是沟通，未来还是沟通。卡耐基说："一个人的成功 85%靠人际关系。"人际关系的维系离不开沟通，它是我们关心彼此内心世界的一种方式，心中有想法，但是如何表达得妥妥当当却是一门技巧。沟通这门课程，越学习越觉得它不简单。我常常感叹，世界上最难的事情就是人与人之间的沟通了，尤其是有效的沟通能力，更是职场的硬实力。

很多职场新人最痛苦的事情就是汇报和跨部门沟通。明明忙了一天，但汇报起来就像自己什么事情都没做一样，跨部门协商工作总是小心翼翼，还被领导批评事情进展慢。每次想争辩，话到嘴边就卡壳了，想说的话到了嘴里就是说不出来，经常憋着气，气得总想辞职。职场新人年轻气盛，领导批评得不对，不服气就直接顶撞，怼得很爽，转身就辞职不干了，之后就后悔了，因为重新找工作要花的时间和精力，以及承受的经济压力，和当时顶撞领导的爽相比，真是太不划算了！其实，如果在沟通时能克制自己，不把沟通当作释放情绪的方式，而是就事论事地把问题讲清楚，那么沟通的效果就会不一样。

职场新人在职场上吃了很多不会有效沟通的亏，导致工作效果没有预期理想，遇到难沟通的主管或领导，不是选择离职，就是委曲求全，很少人愿意认真反思和刻意训练能够让彼此关系更融洽的沟通技巧。

虽然职场沟通这门课程的确不容易掌握，但是我们要牢记一点，沟通的目的是有效传递信息，我们要学习有效传递信息的各种方式和渠道，而不是任性地让自己不好的情绪左右了沟通渠道的畅通，制造不必要的矛盾。

听比说更重要

沟通是人与人之间的双向沟通，这就离不开说话和倾听的艺术。说是自我想法的表达，听是接受对方想法的过程。在倾听这门课程上，许多人是不及格的。

孔子曾说，陪君子说话容易有三种失误：还没轮到自己说话却抢先说了，这叫急躁；轮到自己说了却不说，这叫阴隐；不会察言观色而说话，这叫盲人。如果说话的人没有我们的学识高，我们就会虚与委蛇地听，对方说的冗长烦琐，我们就会不客气地打断他的话；如果说话的人说的内容言不及义，我们就会讽刺挖苦……

很多时候，我们往往太急于表达自己的意见，太关心自己要讲的下一句话，而从不打开自己的耳朵，以致忽略了别人在说什么。其实，听是需要学习的，它比说更重要。如今是一个追求效率的时代，时间的概念在人们的头脑中比任何时候都清晰得多，人人都懂得"时间就是金钱"的道理。你的时间很重要，但是用重要的时间来倾听，这份尊重弥足珍贵。

倾听的四个层次值得我们反思。

第一个层次——用脚倾听。只留下一具身体在站立着，至于别人说什么听不进去，也失去表达的兴趣，对别人说的话没有回应。他人讲话时，没有任何表情，东张西望，忙自己的事情，把玩手中的物品或做百般无聊的举动，如转笔、整理头发等；他人讲话时极不耐烦，经常打断对方等。这种倾听极有可能惹恼对方。

第二个层次——用脸倾听。别人在表达时，仅用目光稍微呼应一下，以表示自己在听着。但是否真的听进去了，真的去了解说话者的真实想法了呢？

第三个层次——用嘴倾听。确实在听着别人的表达，也能够做出适度的回应，但没能关注到说话者的真实想法，回应也是较被动的。再想想这些常见的画面：你和别人交流的时候看到对方挂着礼貌的微笑却目光迷离，你无法判断对方是否听进去了你说的话，或者听你说完对方回了一句"让我再考虑一下或下次再联系"等，接着就没有下文了。

第四个层次——用心倾听。脸上有专注的表情，有交流的目光，能够暂停手头上的工作，有记录的习惯，有适时的回应。倾听时不仅关注了说话者的语言，还设身处地换位思考，去理解说话者的真实想法，并且能够积极配合说话者的表达，让说话者更有表达的兴趣。这种倾听带着尊重和理解的情感，带着处理问题的真诚的心态。用心倾听不但让说话者感到被尊重，同时倾听者更容易获得好的人缘。

用心倾听是对他人的尊重，同时体现了个人的修养。有句俗话：三年学说话，一生学闭嘴。言多必失，少说话，多做事。是的，说其实很容易，因为大多数人的表达欲望都很强烈，但听挺难，我们一生都要学习慎言倾听。

换个方式来提问

在沟通中，向对方提出疑问的方式很重要，一旦方式不对就容易引发矛盾，影响最终的沟通效果。在职场多年，尤其是在外资企业工作的经历让我学到了非常重要的知识，即提问的方式。

尽量问 How/What，不要问 Why。很多时候，你越问"为什么"，往往反而难以得到你想要的答案。"为什么"总有点居高临下、质疑的意思。例如，你为什么业绩没有完成？你为什么不提前做好会议准备？这件事情你为什么不向我汇报？你为什么不提前讲清楚？要知道，沟通的目的是传递信息，而不是制造矛盾、责难别人。换个方式提问，也许既能传递更多的信息，又能让对方心情愉悦。例如，业绩没有完成，是有什么挑战和困难吗？那件事情没有汇报是你有什么难言之隐吗？那个报表你怎么忘记做了呢？同样是传递信息，同样是希望获得对方的答案，但是 How/What 比 Why 要友善很多。

尽量避免使用反问句。反问句是职场沟通中的大忌，反问其实不需要对方的答案，而是在发泄自己的情绪。例如，你主动做过哪些项目？你做那件事的意义是什么？你的想法和创意在哪里？有些人用反问句很爽，但是给人的感觉很不友善，因为无论是在工作场合对同事、下属和上司，还是在社会上对朋友和陌生人，这种提问方式都说明提问者缺乏沟通的诚意。

尽量用开放式问句，而非封闭式问句。什么是开放式问句和封闭式问句？我们看电影的时候，经常听到律师与被告对话，对方明明想说很多，但是律师只要对方回答是或否。封闭式问句没有给对方发挥空间，对方只能回答是或否，而开放式问句是指对回答内容限制不严格，可以充分自由发挥。回到最初的那个"90 后"员工与领导的对话，也许改变一下封闭式的提问方式，沟通效果就会大大不同。因为对于领导来说，提出的需求发生了变化，需要解释变化，然后对员工提出开放式问题，允许员工抒发自己的情绪、输出自己的观点。例如，改变一下提问方式："不好意思，客户的需求变更了，并提前告知我们了，我想提前看看你的材料，确保重要信息不遗漏。如果提前做 PPT，你有什么困难吗？需要什么支持吗？"相信这样的提问，"90 后"员工也不会急着怼领导。对于员工来说，首先情绪上有所接受和准备了，这个时候回答领导："张总，我具体的 PPT 还没做好，但可以先把大纲发给您过目，如果有什么补充或需要修改的，我再调整。"相信如果是这样的对话沟通，就不会有故事开头出现的矛盾冲突了。

提问的知识和技巧很重要，但比技巧更重要的还有两点。

第一点是有不懂的地方、不明白的问题要问，不要猜。很多职场新人往往怕问，感觉问了，领导会质疑自己的能力。因此，他们常常去猜领导的用意、去猜客户的意思，猜得脑袋疼、压力也大，还时不时掉到自己的坑里。沟通最可怕的敌人就是"我以为"，"我以为"就是沟通好了的幻觉。职场上遇到领导交代的重要的事情，如果不想出错，最好的办法是先提问，再口头确认，最后书面如邮件确认。例如，领导把你叫进办公室安排了待办的几件事情。那么，你处理的流程最好是：好的，领导，您安排的 ABC 三件事情，A 要做到……，B 要做到……，C 要做到……，是这样吗？待领导确认后，再次记录，最后通过书面或邮件等方式确认，这样几次重复就不容易出现误解的情况了。

第二点是真诚的提问态度。沟通不是辩论，提问的初衷是了解对方的想法，如果没有掌握很多的提问技巧，那就用真诚的态度来提问吧！

换个方式来表达

有些人的话语表达习惯是这样的："我说得这么明白，你怎么就听不懂呢？""我对你的一片好心，你居然一点都不领情？"……这些话语背后其实暗藏着一句话：我没错。

这种以自我为中心的沟通方式应该引起反思。别人不理解你说的话，不是他没有明白，而是你没有让他明白。在沟通的时候，应该在表达上改变一下，如"我讲清楚了吗？"或"您听明白了吗？"，这句话的潜意思是：如果没有讲清楚，是我的错，是我的责任。这样的表达会让人觉得舒服。

还有人喜欢说"不、但是、然而"等词。"你这个想法很好，但是如果你这样做或那样做，结果会更好。"其实，你说的"但是"后面的话，就是想说明之前说的话都是没有意义的，后面的观点才真正有价值。当你脱口而出这个词时，会有什么后果呢？后果可能是，我后面的建议能将这个想法的质量提升 5%，却使听者的积极性下降了 10%。

你可能又要问，如果我们不说"不、但是、然而"等词，那如何表达自己的意见，对方更容易接受呢？我们可以尝试着把"很好……但是……"换成另一种神奇的说法"对的……同时……"，即把否定变成肯定，"你是对的，同时，你这样做会更好"。

回想一下，你有没有遇到过这样的情景。

当别人兴高采烈跑去跟你分享某件事情时，而你提前已经知道，便会忍不住脱口而出：我知道了。其实你是想告诉对方，"我知道的比你多，我根本不需要你来告诉我这件事，你根本不知道，你面前的这个人多么聪明"。那么，当别人告诉你一件你已经知道的事情时，你该怎么说呢？其实，你只需要说一句话：谢谢。感谢他告知了你一件他认为对你有价值的事情，就像收到礼物，不管喜欢不喜欢、贵不贵、有没有用，都应该真诚地表示感谢。

"我不明白你在说什么"，其实想表达的并不是我不明白，而是想说你自己都不明白你在说什么，连你自己都没有想清楚就来找别人说，体现的是一种极度不耐烦的态度。这句话的另一种表达方式可以是"您慢慢说，我们再仔细分析一下"，或者至少是面带微笑听对方把话讲完，而不是粗暴地打断和质疑。

"我这个人说话比较直"，其实潜台词是"我下面说的话，可能会伤害到你，但是对不起，我对此毫不在意"。接下来会是破坏性的负面沟通，同时你放弃了用一种别人更能接受的方式去沟通交流，也放弃了改变的意愿。

再试想一下这个情景：对方正在会议室满心期待讲着自己的计划和方案，配合着精美的幻灯片，但是你才听了几句就不耐烦了，一直在催促着说"下一页、下一页，直接讲重点，你不用说了，我自己先看看"，这句话的背后你在告诉别人，你说的全是废话，你说的我全都不关心，别浪费我的时间了，我的脑子转得快，我已经知道你想说什么了，你没有用最有效的方式表达观点的能力。我们最佳的处理和表达方式应该是，面带微笑听对方把话说完。

沟通是话语的表达，而表达的背后反映的是一个人在生活的细枝末节中的行为模式。换个方式表达，改变话语背后不好的行为模式，让信息顺畅传递，让彼此沟通更顺利，这对我们每个人来说都非常有意义。

提升词汇储备，让沟通表达更有内涵

朋友圈里曾有一个热门话题：没文化到底有多可怕？有一个网友的回答让人醍醐灌顶："我读书的意义就是不想有一天看到山河壮美的时候，只能说出'哇''好美啊''太震撼'这种感叹的简单词汇，而是脱口而出'落霞与孤鹜齐飞，秋水共长天一色'。"

网友的回答引起了太多人的共鸣，感觉说的那个没文化的人就是自己。有人还感叹说，年轻一代都是碎片阅读、快餐阅读了，都不愿意多记一些好词好句了，脑袋空洞，言之无物。其实，现代人的词汇量普遍匮乏，能够说出有点底蕴或有出处的词的人不多。因此，日常交谈的质量、沟通的内容是否有内涵，可想而知。

比如，当几个人看到新鲜事物时，大家脱口而出的词：好爱啊啊啊！简直了！666！真是太牛了！卡哇伊……好了，就再没词了，一群人重复如上几句话，陷入循环中。这样的聊天或沟通毫无意义，也没有任何信息量，无论是个人的言谈形象还是个人的专业能力、素质都受到了极大影响。

大家再仔细想想，有没有这种经历。当你和对方讨论一个问题时，总是发觉自己词不达意，找不到合适的语言来说服对方，甚至还会因此胸闷气短，直到好几个小时后才想到当时应该用某个词来回应对方。又或者你聊天、写文章时，经常觉得自己词汇匮乏，很难写出一个漂亮的句子，到后来词汇量负荷不了内心的想法，话也不愿多说了，默默就成了偶尔点赞的那类人。

总之，太多的时候，和别人交谈时就能感觉到自己的语言跟不上思维，明明想的是一个意思，说出来的却是另一个意思，此时的交谈氛围怎么会好呢？

说出来的话，只是冰山一角，海面以下是长年累月的学识积累。知识的储备，不是为了炫耀自己懂得多，而是为了让说出来的话言之有物、不偏不倚。

怎么才能增加自己的沟通词汇量呢？

一是从自己的专业角度，多钻研多学习，让自己的专业技能更精进，交谈的时候自然而然言之有物。二是看电视、看书时养成分门别类记忆的习惯，以便有针对性地应用词汇和资讯。例如，一个优秀的主持人，他会有意识地对词汇进行分门别类的积累，说话时就不会空洞无物。关于词语的分类：ABB 型的词如静悄悄，AABB 型的词如高高兴兴，ABAB 型的词如掂量掂量，AABC 型的词如彬彬有礼，ABCC 型的词如白雪皑皑，ABAC 型的词如人山人海，带近义词的词如轻描淡写，带反义词的词如左右为难，带数字的词如一本正经，八字成语如千里之行，始于足下，关于夏天的词如骄阳似火，关于冬天的词如天寒地冻，关于团结的词如战无不胜，关于学习的词如一丝不苟，关于颜色的词如五颜六色，等等。

很多职场人士喜欢八卦别人的感情或隐私，给人的感觉就是多事之人。如果想聊，可以聊聊房价、交通、雾霾、天气、政治、新闻、财富、公益、教育、置业、安全、梦想、深造等话题，这些内容更合适，而非讨论别人的隐私，或者谈论无聊的话题。

用 21 天刻意练习"有效沟通"

心理学家研究，一个良好习惯的养成至少需要 21 天时间。为了实现"有效沟通"这个目标，我们可以用 21 天刻意练习一些"有效沟通"的方法。

1. 职场沟通逻辑——分析、择优、理顺

职场沟通是每个职场人士都必须面对的，职场的沟通能力往往决定了职场人士的晋升空间和速度。那么，怎么和领导或同事沟通呢？

分析。在沟通前有意识地好好分析一下你所在团队的大多数人表达的特性，这叫入乡随俗。研究你所在的大环境的沟通方式的特点，是以赞美、激励为主呢，还是靠行动或业绩来说话？是以直白沟通为主呢，还是委婉的风格？团体的整体风格决定着你该如何表达及沟通的有效性。

择优。研究领导和同事的关注点，了解领导和同事的工作作风及表达方式，在向不同的领导汇报工作的时候，优先挑选他比较关心的点来汇报。工作关系密切的同事也一样，讨论工作时尽可能优先考虑对方的表达习惯。

理顺。摆正你和领导、同事之间的关系。所谓关系，即明白自己所在的位置，先处理好自己的情绪，再处理事情。悲欢冷暖是自己的心理感受，它并不影响你的工作内容和工作结果，而且领导通常比较忙，同事也更关心自己的事情，如果他们没有关注到你想表达的东西，或者他们认为你做的工作不重要，那么你需要和领导、同事建立起良性关系，可以及时主动汇报你的工作进展，梳理清晰汇报交流的注意事项，多准备一两个工作备选方案，让你的工作被领导看见，让你的工作被同事肯定和支持。

2. 三 A 沟通法测

三 A 沟通法则（三个词语英文均以 A 字母开头），即重视对方、接受对方、赞美对方。该法则的基本含义是，在人际交往中要成为受欢迎的人，就必须善于向交往对象表达我们的重视、尊重、赞美之意。

重视对方。职场交往中的重视，主要体现在重视对方提出的建议、意见，尽可能做到凡事有交代，件件有着落，事事有回音。比如在交往中使用尊称，用心倾听对方的需求等。

接受对方。如果说成功有诀窍的话，那就是能够理解他人的处境，就是同时从自己和别人的角度看待事物的能力。

赞美对方。每个人都喜欢赞美，赞美恐怕是这个世界上最美丽的语言，任何人都无法抵挡赞美的力量。我们要常常以欣赏的态度赞美别人。德国有一家公司对员工有一项要求，说起来很有趣，它要求员工每天都要赞美自己所见到的第一个人，希望从第一个人开始，将快乐心情传递开来。也许，你也可以这样做。

3. 白金法则

你希望别人如何对待你，就用你所希望的那样去对待别人。白金法则的本质是以对方为中心，在合理合法且条件允许的情况下，尽可能满足对方的需要，它更要求我们换位思考。从对方的角度出发，学会真正理解别人，并以他们认为最好的方式对待他们，这意味着我们要运用较多的时间去观察和理解身边的人，并适时调整自身的言行举止，以便沟通的氛围更加融洽、舒适。

4. 建立合作与信任的法则

即想要融入别人的世界，请牢记我们的语言中必不可少的八句话。这八句话从语言交往沟通的角度言简意赅地揭示了建立合作与信任的规律。

我承认我犯的错误。如果自己工作上有失误则应负起责任，是自己的原因就应该主动承认错误，而不是推卸或无理规避。主动承认错误不仅是一种谦虚的表现，更是反省自身的表现。

你干了一件好事。工作中多一些肯定他人的工作成果，多给予同事一些鼓励。

你的看法如何。在团队合作中，尤其需要团队精神，即使自己有想法，也尽可能多一些听取团队成员的意见。

咱们一起干。当今时代，完成一个目标，单打独斗很孤独、很吃力，而依靠群体智慧才能让目标更快实现。

不妨试试。如果你想拥有你从未有过的东西，那么你必须去做你从未做过的事情，鼓励自己是这样，对别人的鼓励也是如此。

谢谢您。我们总以为许多事情是理所当然的，但如果认真体会细想就会明白，现实里哪有那么多"理所当然"，遇到关心你、在乎你、批评你和给予你温暖的人，请好好珍惜，把每一个"理所当然"的念头变成一句"谢谢您"。

咱们。前面的路，风雨同行，因为咱们是同频共振的人，咱们是一家人。同时要记住你是在与别人合作，任何时候不要专断，咱们就是要有一个整体的概念。

您。时刻尊重你的合作伙伴，称呼合作伙伴您而不是你就是尊重。

5. 真诚法则

任何的理论和技巧，如果你觉得理解有困难和难以实践，那么就以最大的诚意和真心来跟别人沟通吧，因为诚意和真心是最厉害的技巧！

第3节 场合礼仪，见证你的职场成长

3.1 整理收纳理念的践行与环境礼仪

整理收纳的习惯，折射你的人生状态

2021 年 1 月关于《退伍兵哥哥做整理收纳师月入过万》的新闻火了，网络上、地铁上循环播报。当看到这个新闻时，我觉得退役军人能利用天然优势做这样一份工作真的太好了，既可以给别人带去方便，也可以实现自己的价值。

整理收纳，并非简单停留在"整理就是扔东西，收纳就是摆整齐"的思维方式上。2016 年，我参加学习整理收纳课程《怦然心动的人生整理魔法》，课程内容从整理物品到整理财富、从整理内心到整理格局、从整理气场到整理生命。从整理中变出魔法般崭新敞亮的环境与人生，发现最真实的自己，活出心生欢喜、富足而自在的状态。课程结束后，我深深感叹，当整理收纳成为好习惯后，原来工作和生活还可以这样精彩！

后来，我将整理收纳的好习惯与环境礼仪的课题引进企业培训的服务礼仪体系，加入了工作中环境标准与整理收纳理念，让服务礼仪更具体、更有体验感，不论是课程好评度还是培训效能提升都收到很好的反馈。如今，我想将在职场、人生中的整理收纳好习惯与环境礼仪理念和更多的退役战友分享。

我们的生活条件越来越好，购买力不断上升，再加上网购非常便利，几乎每个年轻人都在买买买，房子里堆满了各种必要和不必要的东西。在一二线寸土寸金的城市里，好不容易挣钱买来的房子却堆满了杂物，无论是生活环境还是自己的内心，都是相当拥堵的。减少不必要的物品，整理必要的物品，营造一个清爽干净的环境，相当有必要。其实，物品和空间的背后是人，因为家的空间、办公室的空间和物品呈现状态就像一个大型沙盘游戏，映射着身处其中的人的心理状态，空间一乱，心绪也乱，物品纠缠，关系也纠缠。

整理收纳，即断舍离的过程，其实就是为自己的生活做"减法"，尽量控制自己的购买欲，保持生活物品一定的数量，遵循少而精的原则，并定期清理那些不需要的物品，对最后决定留下的物品有规律地收纳摆放，营造清爽干净的环境。断舍离带给我们最大

的收获是对生命、人生、生活的思考。经过这些年断舍离理念的实践，现在的我比以前更理性地消费，更喜欢营造有条理、干净整洁的空间，无论是家居环境、工作环境还是内心，都比以前轻松多了。

环境礼仪与整理收纳小技巧

　　日本丰田公司的 5S 管理，对工作场景的管理理念值得我们学习。丰田公司要求员工取出办公文件要在 10 秒以内。如果领导找员工要一份文件，假如员工还需要花费大量的时间寻找，那么丰田公司就会认为该员工在工作中存在大量的时间浪费。解决的方法就是从整理开始，丰田公司的规定：当天不用的文件不要放在办公桌上，当天不用的文件和物品需要放在固定的位置……

　　5S 是指整理、整顿、清扫、清洁、素养五个项目，因日语的罗马拼音均以"S"开头，所以简称 5S。

　　1. 整理

　　定义：区分要与不要的物品，现场只保留必需的物品。

　　目的：① 改善和增加作业面积；② 现场无杂物，行道通畅，提高工作效率；③ 减少磕碰的机会，保障安全，提高质量；④ 消除管理上的混放等差错事故；⑤ 有利于减少库存量，节约资金；⑥ 改变作风，提高工作情绪。

　　意义：把要与不要的人、事、物分开，再将不需要的人、事、物加以处理，对现场的现实摆放和停滞的各种物品进行分类，区分哪些是现场需要的，哪些是不需要的。

　　2. 整顿

　　定义：必需品依规定定位、定方法摆放整齐有序，明确标示。

　　目的：不浪费时间寻找物品，提高工作效率。

　　意义：把需要的人、事、物加以定量、定位。通过前一步整理后，对需要留下的物品进行科学合理的布置和摆放，以便用最快的速度取得所需之物，在最有效的规章、制度和最简洁的流程下完成作业。

　　要点：① 物品摆放要有固定的地点和区域，以便于寻找，消除因混放而造成的差错；② 物品摆放地点要科学合理；③ 物品摆放目视化，使物品做到过目知数，摆放不同物品的区域采用不同的色彩和标记加以区别。

　　3. 清扫

　　定义：清除现场内的脏污，清除作业区域的垃圾。

　　目的：清除脏污，保持现场干净、明亮。

　　意义：将工作场所之污垢去除，使异常之发生源很容易被发现。

　　要点：① 自己使用的物品，如设备、工具等，要自己清扫，而不要依赖他人，不增加专门的清扫工；② 对设备的清扫，着眼于对设备的维护保养；③ 清扫也是为了改善。

4．清洁

定义：将整理、整顿、清扫实施的做法制度化、规范化，维持其成果。

目的：认真维护并坚持整理、整顿、清扫的效果，使其保持最佳状态。

意义：通过对整理、整顿、清扫活动的坚持与深入，创造一个良好的工作环境，使员工能愉快地工作。

要点：① 现场环境不仅要整齐，还要做到清洁卫生，提高工作热情；② 不仅物品要清洁，而且人本身还要做到清洁，如工作服要清洁，仪表要整洁，及时理发、刮须、修指甲、洗澡等。

5．素养

定义：人人按章操作、依规行事，养成良好的习惯，使每个人都成为有教养的人。

目的：提升"人的品质"，培养对任何工作都讲究、认真的人。

意义：努力提高员工的自身修养，使员工养成良好的工作、生活习惯和作风，让员工能通过实践5S获得人生境界的提升，与企业共同进步，是5S活动的核心。

所谓细节决定成败，而工作环境的礼仪细节会影响职场的发展。你的办公环境是否整洁？你在职场中给人的感觉如何？找一份文件需要花多长时间？办公室的环境是否让你有较为愉快的情绪？你多久整理一次自己的办公桌？

办公室是我们工作的地方，每天都要在这个小小的空间里工作八九个小时，很多人只把自己收拾得漂亮潇洒，却忘记了办公室的环境也很重要。有的办公室的桌面脏乱无序，各种数据线、电源线缠成一团，身旁的杂物区堆满了打印纸和其他物品，这样乱糟糟的工作环境能让人愉悦地工作吗？找东西需要大半天时间才能找到，工作效率又会多高呢？

如果在服务行业，这样的办公环境需要接待客户，客户可以通过桌面形象来判断一个人的工作能力、个性特质，甚至通过办公环境来判断一个企业的处事风格及服务水平在哪个层次。

有一天，我去某单位业务部门谈事，进入部门后见到了这一幕（见图1），原来准备好好洽谈的合作，瞬间就没有谈下去的想法了。

对于职场人士而言，办公室的桌面如同你的脸，也如同你的职业装，需要好好整理。在办公环境里，你若能养好良好的整理收纳习惯，既能使工作高效，也能让人心情愉悦，还能获得职场好形象、好评价。

大家常说收纳整理，其实真正的顺序是整理在前、收纳在后。整理是思考物品与自己的关系，并决定物品的去留；收纳是将物品收入合适的空间，摆放到固定的位置。没有经过整理就开始收纳，实际上是囤堆物品，收纳只不过是让环境漂亮或规整地囤堆物品，根本解决不了问题，而且收拾过后，很快就会打回原形。所以整理物品，物品数量会大幅减少，在整理的基础上收纳，才是正确的顺序。

图1

　　办公室里的岗位牌、主机、屏幕、打印机、电源线、文件夹、文件柜、小物品、票据、文件架、文具、水杯、座机电话、台历、显示器、键盘鼠标、办公椅、抽屉、地面、垃圾桶、通道、绿植等，整理收纳的原则是标示不可少，公私物品要区分，让每个物品都有自己的位置。

　　如果办公桌上的电线太多，接线板上满满都是插头，总是分不清哪个插头连接哪个设备，就需要准备一个卡线器了。电脑适配器、手机充电器、数据线全部卡在一个东西上，既节约空间也方便寻找。网上也有很火的办公桌电线收纳视频，大部分是用同色系的夹子夹住办公桌，电线穿过夹子，既可固定位置也方便取用。

　　如果办公桌上的文件过多的话，就要放到文件柜里。办公桌上的文件最好竖起放进文件盒中，在文件外侧贴上标签。另外，把所有零散的票据都放进一个固定的文件盒里，并像整理档案一样以标签区分不同类别，比如交通、工作、旅游、杂类等，这样查找起来就相当方便了。

　　如果小物件特别多，可以使用"盘中盘"的办法解决，先将笔筒、胶带、便利贴等小物件放在小型容器里，再整齐码放在一个大的托盘中，比如在抽屉里使用盘中盘，条理清晰，取用方便。

　　有时候借用同事的电脑，看到电脑桌面就有头昏脑涨的感觉，因为电脑桌面上的文件实在太多了，屏幕上左一个、右一个，完全没有顺序，每个文件就是一个图标，完全没有文件包，想要找一个文件得花不少时间，找来找去的眼睛相当受伤。因此，电脑桌面经常整理也很有必要。另外，电脑桌面最好是纯色背景，有助于我们快速找到需要的东西。

3.2 办公礼仪——职场菜鸟成长的重要一课

办公礼仪，既是职场技能，也是职场素养。它包括邮件礼仪、办公室接待礼仪、办公室行为礼仪、公文礼仪、参会礼仪等，是指在办公室、会议室等工作区域，处理工作时应遵循的礼仪规范。

邮件礼仪

一封电子邮件说来很简单，但有很多职场新人往往没有注意到一些应有的礼仪细节。例如，很多人在发送邮件时没有设置签名的习惯，尤其是往来邮件中由于没有署名和联系方式，导致很多事情沟通起来都非常困难。因此，发送邮件不仅要遵循一定的格式，还有一些礼仪细节需要学习和掌握。

1. 正确使用发送、抄送、密送

发送给某人，即第一收件人，此人是处理这封邮件所涉及的主要问题的人，应对邮件予以回复。

抄送给某人，对方只需要知道这件事，抄送的人没有义务对邮件进行回应。如果抄送的人有建议，也可以回复邮件。

密送，即收信人不知道你发给了抄送的人，这个可能用于非常规情况。

不同收件人，排列应遵循一定的规则，比如按部门排列或按职位高低排列。

2. 主题部分应注意的细节

① 主题不要空白。收件人可能直接忽略或删除你的电子邮件。

② 主题简短。不要让邮件界面用"……"才能显示完你的主题。

③ 对外邮件最好写上来自××单位的邮件，以便对方一目了然又便于留存。

④ 主题要使用清晰而有意义的句子。主题要真实反映文章的内容和重要性，切忌使用含义不清的主题，如"××收"。也不要用无实际内容的主题，如"哈喽！嗨！"。

⑤ 一封邮件的主题简洁明了，并且只针对一个主题，尽量不在一封邮件内谈及多件事情。

⑥ 回复对方邮件时，应当根据回复内容的需要更改主题，不要"RERE"一大串。

⑦ 主题不可出现错别字和不通畅之处。

⑧ 转发邮件要突出信息，还要小心谨慎，不要把内部消息转发给外部人员或未经授

权的接收人。

3. 邮件的称呼与问候注意事项

① 恰当地称呼收件人，不卑不亢。
② 邮件开头收件人要有正确的称谓。这既显得礼貌，也明确提醒收件人做出回复。
③ 邮件格式中的称呼要在第一行顶格写。
④ 开头、结尾最好有问候语。

最简单的开头是"您好"，开头问候是称呼，换行空两格写；邮件结尾常写"祝您、顺利"，若是尊长应使用"此致、敬礼"。在正式场合应完全使用信件标准格式，"祝您"和"此致"为紧接上一行结尾或换行开头空两格，而"顺利"或"敬礼"为再换行顶格写。

4. 正文

正文要简明扼要，行文通顺。如果对方不认识你，应当说明自己的身份，姓名或代表的单位是必须说明的，以示对对方的尊重。说明身份应当简明扼要，最好和本邮件有关，它能帮助收件人顺利理解邮件由来。需要注意的是，邮件不是文章，不需要学术语言、复杂的词汇、冗长的句子。

正文的语气表达。根据收件人与自己的熟悉程度、等级关系，以及邮件本身对内、对外性质的不同，选择恰当的语气撰写邮件，以免引起对方的不适。"请、谢谢、您"等之类的字词要经常出现。

正文多用序号，以清晰明确。

一封邮件交代完整信息。

合理提示重要信息。当邮件中强调某件事时，可以使用粗体、斜体、下划线或加大字号等对一些信息进行提示，切记不要使用红色字体，尤其是对美国人发邮件更要避免使用红色字体。合理的提示是必要的，但过多的提示则会让人抓不住重点。

不要动不动就使用笑脸字符和表情包，尤其是在重要邮件中会显得比较幼稚。

正文写完，不要忘记结尾的签名，这样对方可以清楚地知道发件人信息。

5. 附件

如果邮件带有附件，应在正文里提示收件人查看附件。

附件应用有意义的名字命名，最好能概括附件的内容，方便收件人下载后管理。

附件数目不宜超过4个，数目较多时应打包压缩成一个文件。

如果附件是特殊格式的文件，应在正文中说明打开方式。

6. 检查

检查主题是否书写，有无错别字，主题能否概括邮件内容。

检查收件人邮箱是否正确，收件人有无遗漏，收件人的顺序是否正确。

检查正文，是否有错别字或语句不通顺的地方。

检查是否附上正确的附件。

7. 回复邮件

收到重要邮件时，应立即回复对方。理想的回复时间是两个小时内，对于一些优先级低的邮件可集中在特定时间处理，但一般不超过 24 小时。如果事情复杂，无法及时确切回复，应及时回复说明事情正在处理，一旦有结果就会及时回复。

回复的内容不少于 10 个字。

为避免无谓的回复、浪费资源，可以指定部分收件人给出回复，或者在文末添加"全部办妥""无须回复"等字样。

办公室接待礼仪

职场新人刚上班时做得最多的事情，可能就是打扫办公室的卫生。有时候办公室有来客，还要负责引领和接待。初入职场时，因为不懂办公室接待礼仪，容易在忙乱中紧张出错。

职场中的自信，也许是因为你懂得东西越来越多。因此，办公室的接待礼仪细节，很有必要学习、掌握和应用。

接待礼仪，从你接到通知站在大门口等待客人的那一刻就要注意了，因为在大门口的引领就开始有礼仪讲究了。例如，你是走在客人的前方还是后方？是左侧还是右侧？门是往里推，还是往外拉？陌生的客人光临或有客人未预约来访时怎么处理？

关于推门和拉门，它的礼仪细节就像是一面镜子，照出了一个人的素养，尤其是服务行业的职场新人，更应该注意细节。

分享一个"推门与拉门"的故事。有一年，某位学生经常陪同季羡林到一家邮政营业厅办事，营业厅的大门是玻璃推拉式的。该学生发现，季羡林每次开门总是向外拉，从不向里推。他不解地问："老师，推门不是更方便、更省事吗？您为什么总是要拉门呢？"季羡林说："对于我自己来说，推门当然更方便，但如果里面有人正要出来，特别是老人和小孩，推门不是很容易撞到别人吗？而拉门不仅避免了撞到里面出来的人，还为里面出来的人开了门，这不是一举两得的好事吗？"该学生这才明白，难怪自己的老师一生没有印制过名片，却处处赢得人们的敬重，原来他有一颗懂得为他人着想的心，这就是他的名片啊！

推门、拉门有讲究，进办公室敲门也有讲究。我们进入领导办公室请示汇报工作时，给领导留下的印象往往从敲门开始。敲门虽然是一件小事，但是小事中隐含着大学问。

门该怎么敲？用右手食指或中指弯曲后敲门（见图1），不要用多个手指敲门或者用手背、手掌用力拍打。敲门的节奏一般是敲三下，相当于"有人吗？""我可以进来吗？"的意思。"咚咚咚"之间的间隔为 0.5 秒左右，太快会让人感觉心烦，太慢会给人散漫不自信的感觉。

如果遇到门是虚掩着的，也应当先敲门，得到对方的允许后才能进入。当对方看到来人时，这时候轻敲两下，表示自己与对方比较熟悉，相当于"你好""我进来了"的意思。

敲门的力度大小要适中，要坚定并有一定力度。力度太大会让对方受到惊吓，给人粗鲁、没有教养的感觉；力度太小又会让人感觉你胆子太小，紧张过度。

图1

如何招待来访的客人？要分几种情况处理。

大部分来访的客人对单位来说都很重要，要用友好、热情和愿意提供服务的态度。如果你正在打字或埋头处理工作，也应立即停止，即使在打电话也要对客人点头示意，但不需要马上迎接，也不必与客人握手。

如果是陌生的客人光临时，需要问清其姓名、公司或单位名称。通常可问：请问您贵姓？请问您是哪家单位？有什么可以帮助您的？等等。

如果有客人未预约来访时，不要直接回答领导在或不在，而是告诉对方："我去看看他是否在。"同时婉转地询问对方来意："请问您找他有什么事？"如果对方没有通报姓名则必须问明，尽量从客人的回答中判断能否让他与领导见面。判断客人的身份与种类，要事先了解领导是愿意接待任何客人，还是喜欢视情况而定。一般可以将客人分为几种：客户、工作上的伙伴、家庭亲戚、私人朋友、其他。在没有预约的情况下，通常可按照以上顺序来决定何者为先。如果客人非常重要，就不要私自挡驾。

如果领导不在，一时联络不上时，应该向重要客人说明原因，表示将主动联络或协助安排其他约见时间。如果对方表示同意，应向对方探询其联络方式及联络时间。

引领客人、接待客人时要热情，带路时要留意客人的步伐，走在客人前方2～3步远的位置，边引领边说：请往这边来。走到拐弯处时要暂停，以手掌指示方向，并向客人说：请这边走。

引领客人至接待室，如果客人是提前来访，请其等候合情合理，请对方在适当的位置坐下，并为客人介绍可阅读的报刊或单位宣传品。客人入座后5分钟内，把茶水端上来，按照主次顺序摆放即可，纸杯要用新的一次性杯子，其他杯子要用消毒过的。倒水要倒7分满。端水时要双手端着杯子，不能碰到杯口，稍微弯腰把水放到客人旁边，放水的时候也要双手扶杯放下。

如果客人初次与领导见面，一般应该先把客人介绍给领导，但如果客人的身份较高时，则最好先向客人介绍领导，引见后除非领导要你留下，否则做介绍之后就要退出领导办公室。

领导正在会客时，若有急事需要请示，须用递纸条的方式，将事情写在纸条上，进入办公室后，先向客人道歉："对不起，打扰了！"

客人离开时，即使你再忙，也别忘了最后的道别，并称呼对方的名字，给对方留下好的印象。

如果接待较为相熟的客人，或者接待氛围相对轻松，而且办公室有喝茶的茶具、茶座等，可以通过"泡一杯茶"来洽谈公事。

那么，办公室里的泡茶礼仪，需要注意哪些事项呢？

第一步：洗手、洗具、调整坐姿。洗手洗具，以示对客人、茶、泡茶的尊重。准备泡茶时身体的姿势，身体坐正，腰杆挺直。

第二步：温具。用沸水冲淋所有茶具，随后将茶壶、茶杯沥干。温具的目的是提高茶具温度，使茶叶冲泡后温度相对稳定，同时起到清洁的作用。

第三步：置茶。用茶匙取茶叶，往茶壶里放入适量的茶叶，投放的茶叶可以根据客人的喜好选择。切忌用手抓茶叶。

第四步：洗茶。将沸水倒入壶中，将茶叶冲洗一两遍后将水倒出，可将茶叶表面的杂质去掉。

第五步：冲泡。置茶后，将沸水倒入壶中，通常将水倒8分满为宜。冲泡至一定次数，需要重新换新茶。

第六步：倒茶。冲泡好的茶应先倒进茶海里，再从茶海倒进客人的茶杯中。

第七步：请茶。准备喝茶的步骤，用茶夹将闻香杯、品茗杯分组，放在茶托上，方便加茶。茶杯应放在客人右手的前方。

第八步：品茶。茶泡好之后不可急于饮用，而是应先观色察形，再端杯闻香，最后饮汤品味。

中国人习惯以茶待客，并形成了相应的茶礼和茶文化。职场新人也许对泡茶程序不熟悉，要想掌握办公室泡茶待客礼仪，最好能提前学习茶文化，并熟练掌握泡茶的程序，因为熟练了才不会出错，熟练了才会在接待客人时落落大方、自信得体。

办公室行为礼仪

据说，职场人士每年至少要在办公室待 2400 个小时。很多人在一个大办公室工作，由于每个人的生活习惯不同，各种摩擦随之而来。自己的失礼行为可能引起同事的反感，而同事的不文明行为也会让你感到厌恶。

绝大部分人不会认为自己的行为有问题，但实际上自己的不文明行为让人生厌却全然不知。原因是很多同事习惯默默忍受着你的行为，他们觉得抬头不见低头见，说出来怕影响同事关系，就不说出来默默忍受着，但心里对你已经打了无数个差评。

职场中好习惯多，个人素养高，厌恶你的人就少，工作即使不加分，所遇到的阻力也会小很多。因此，职场中应从细节做起，约束自己的行为，培养良好的职业素养，共同营造一个舒适的工作环境。

几年前，我所在的办公室女同事不多，只有三位女士，其余的都是男同事。而许多男同事有爱抽烟的习惯，几个男同事聚集在一起，互相递烟组团吞云吐雾，办公室周围烟雾缭绕让人无法呼吸。但绝大部分男同事还是蛮体谅女同事的，一般不会在办公室里抽烟，而我们女同胞也对会这种体谅我们的行为感觉欣慰，为了报答男同事的体贴，常常会在工作之余买点小零食犒劳他们。可偏有一两个男同事总是说不听，喜欢在办公室里吹牛抽烟，怎么说他们都厚着脸皮说："抽个烟嘛，有什么大不了的呢？"

还有下面这些场景，也许你我都很熟悉。

有的女士喜欢喷香水或打发胶，但喷得太多，气味浓烈，把别人熏得头昏脑涨……

有的男士不爱洗澡、不爱洗头，也不经常换衣服，身上的汗臭味、满天飞的头皮屑，让人不敢靠近。还有刚打完篮球的男同事踩着上班时间进来，办公室立刻弥漫着难以言状的汗味……

有人为了舒适，喜欢在办公室里穿拖鞋，一脱鞋臭味扑鼻而来……

办公区的厕所是公用的，但去厕所时，有的人直接将用完的纸巾扔在地上，对旁边摆放的垃圾桶视而不见。

有人习惯在办公室里大声说话，微信聊天习惯打开扬声器，与人通话也是高音量，遇到烦心事还会絮絮叨叨、骂骂咧咧，这种声音让人心烦气躁，其他同事积累了满满的负面情绪。

有人正准备坐下来写点材料，却发现桌上的纸笔不翼而飞，最后居然在同事的办公桌上找到了……

有些办公桌靠在一起，有人喜欢敲桌子、习惯性抖腿，这些小动作看似很小不会影响别人，但办公桌会一起颤抖，让其同事心烦意乱……

某个办公室来了两个爱打扮的 20 多岁的小女生，刚来报到不久，办公桌上就摆满了化妆品、镜子和靓照，还不时忙里偷闲照照镜子、补补妆，这不仅给人工作能力低下的感觉，且众目睽睽之下不加掩饰实在有伤大雅。

有人中午喜欢在公司加菜，自带饭盒用小电锅加热一下，再煮点小菜做汤，一顿午餐就成了，饭后还将餐具之类随手扔进垃圾桶。下午回来上班的同事却头都大了，闻到满屋子菜味。

你在打电话，却感受到有人伸出两只耳朵，还发现她停下手中的工作，和旁边的同事说悄悄话……

某个自称性格大大咧咧的同事，总喜欢坐在办公桌上或将腿整个翘起来抖啊抖啊地吹牛……

也许，你稍为注意一下自己的办公室行为礼仪，你会在职场中不知不觉地变得受欢迎。我相信，自律的人才会拥有更加自由的职场空间。

尽量不在办公室里打私人电话。由于办公室里有很多同事集中办公，接打私人电话不仅会影响到周围的同事，还会让人觉得你的职业能力极有可能因私事受到影响。

不找同事代打卡。公司设立考勤制度就是为了考核每个员工的出勤率，如果连打卡都不能按时，工作态度就会被人质疑。

不迟到。迟到会被人质疑你的职业态度，所以每天早晨早点起床，以免在路上遇到堵车等情况迟到。

不在办公时间八卦闲聊。如果上班时间没有节制、没有尺度地聊天，不仅会影响其他同事办公，还容易给人留下偷懒、八卦的印象。

离开座位，电脑要锁屏。由于公司电脑涉及各种工作文档及企业利益，离开座位时一定要养成锁屏的习惯，避免被人偷窥和利用信息。

不要忽略相熟同事间的礼貌。不要认为大家天天见面，礼貌或问候就可以省略了。"您好""早"之类的问候要多使用。

同事之间不能称兄道弟或乱叫外号，最好不在大庭广众之下开玩笑。

工作中可以不分性别、男女平等，但按社交中的女士优先原则多给予女同事一些照顾，也许能让办公室的关系更加和谐。

3.3 新媒体礼仪——拓展社交边界需注意的礼仪细节

"兵哥哥整理师李清龙"利用某平台做关于整理的创业，短短两个月时间，吸粉近30万人。因为他的退役军人身份，因为他的创业方向，因为他清爽利落的职业形象，有了一定数量的粉丝，接着他开始了直播，直播效应带来了更多合作的机会。李清龙的创业之路和社交形象的成功始于新媒体平台。

新媒体是什么？新媒体是相对的概念，是继报刊、广播、电视等传统媒体之后发展起来的新媒体形态，包括网络媒体、手机媒体等，如微信、微博、QQ、短视频、社群、直播、各种网络平台等。新媒体作为社交工具，不断改变我们的社交行为，拓展我们的社交边界。

人类学家邓巴提出了"150 定律"，该定律根据猿猴的智力推断出：人类智力将允许个人拥有稳定社交的人数是 148 人，四舍五入大概是 150 人。而新媒体的应用，极大地提高了这个数字。尤其是微信朋友圈的出现，使得社交边界不断延伸，从原来熟悉圈子慢慢扩大至不熟悉的人也可以社交。

在线下人际交往中，从见面到分别，人们时常受限于现实场景中社交礼仪的规则。那么，进入线上空间后，会发生什么样的变化呢？即便是最简单的线上聊天互动，也有各式各样的表情包，用以表示感谢、化解尴尬等。在新媒体的世界里，我们的社交方式已经不知不觉发生了变化。日常词语被重新定义，沟通方式逐渐多样化，社交礼仪也被重新构建。以前，普遍遵循的礼貌和规矩，因为在使用过程中被有意或无意地添加了新的含义，融合了现实社交与虚拟社交的新媒体礼仪便应运而生了。

因此，学习和总结新媒体礼仪，知道哪些话不该说、哪些事情不该做，如何避免尴尬，明白人与人交往的规则和边界，共同遵守大家所认同的社交礼仪很有必要。

你在微信朋友圈里的形象好吗

10 年前使用微信的人不多，10 年后的今天，微信应用已非常广泛。据微信官方公布的数据，每天有近 11 亿人在使用微信，发朋友圈的人有 1.2 亿左右，但据说有 8 亿人不懂微信礼仪。

有时候微信中的你，已经不分是职场人还是社会人。随着微信朋友圈人数的增多，你的朋友圈早就不是纯粹的朋友的圈子，而是有领导、有同事、有伙伴，也有陌生人，但是无论是什么身份，有些微信礼仪都需要掌握。因为我们既然要享受朋友圈带来的快乐，那么就要遵守朋友圈的人性规则、学习相关礼仪，它会很微妙地影响着你的职场或社会的发展。

心理学上有个著名的"踢猫效应"。一个人在单位受到老板的批评，回到家就把调皮捣蛋的孩子臭骂一顿。孩子心里很委屈，于是又狠狠地踹身边打盹的猫。猫逃到街上，正好一辆卡车开过来，司机赶紧避让，却把路上的孩子撞伤了……人的负面情绪就如"踢猫效应"，会沿着社会关系链条依次传递，像传染病一样扩散。

很多事情的存在，并不会因为你的唠叨、抱怨就消失。正当的途径、合理的理由、客观的表达需要监督与约束，若仅仅是抱怨不满甚至漫骂，那是负面情绪的宣泄与负能量的传播。

有的人就是负面情绪的传染源，这样的传染源谁都不喜欢。在公司里，他天天说领导、同事的不好，在朋友圈也是各种吐槽。别人一看他发的朋友圈，仿佛全世界都欠他一样。

所以，别让你的朋友圈总是乌云密布，什么不开心的事情都往朋友圈里发，使自己成了负能量的传染源。因为谁都有不顺心的事，即使天天在朋友圈吐槽也无济于事，还是要靠自己解决问题。偶尔一两次，发个朋友圈吐槽一下你的不开心，朋友也会安慰安慰，但长此以往，相信安慰你的人会越来越少。况且，这个世界没有真正的感同身受，吐槽多了，你的不开心只会让人笑话。因此，我们要多去发现生活中美好的一面，能够活得开心，就别负能量满满。你在朋友圈里的形象，代表了你本人的形象，不要轻易让这样的负面形象伴随你的职场和你的人生。

除了发朋友圈的礼仪，微信聊天礼仪也值得重视。

（1）满屏的长语音。微信语音确实很方便，但我们要分情况、分场合、分人。相熟的同事即时性沟通工作或两个人开心地聊天，觉得打字太慢，征求对方意见后，"要不，我们发语音吧？""好的"，这样就可以愉快地发语音了。但是，对方在跟你打着字聊天，你突然就开始发语音，也不打声招呼，还是满屏的 59 秒钟的语音。你倒是很方便，说得很痛快，但是别人方便听吗？有时间听吗？特别是一些重要信息，想倒回去听还不知道是哪一条，又得全部重听一次，多么麻烦啊！除非和对方有提前的告知，我一般不使用语音，常使用文字，这样既方便别人空闲的时候查看，也方便事后双方查找重要的信息。

（2）突然拔语音电话。其实，很多人一听到语音电话就心里发慌，尤其是不太熟悉的人的语音电话，就像听到敲门声一样，有心慌、惊讶的感觉。所以，在拔语音电话之前，最好先询问一下对方是否方便语音通话？没有任何征兆的语音电话是很不礼貌的。

（3）聊着聊着就不回了。有时候跟朋友聊着正起劲，突然就没回复了，以为等一下会回，可是 10 分钟、20 分钟甚至更长时间过去了，才确认对方忙别的去了，在其他群里活跃着呢，他是真的不回你了。也许是真的临时有事忘记了回复，但事后一定要补一句抱歉。因为你忙，别人的时间也很宝贵。

（4）两个人在微信群里聊私事。微信群是大家有事在一起沟通的，但经常发现某两个人把微信群当成私人群用了，好像群里只有他们两个人一样。有事应该私下聊，让群里所有人满屏地找关键信息多么不礼貌啊！

（5）两个人在朋友圈评论里聊天。比两个人在微信群里聊私事更让人无语的是，你发了一条朋友圈，两个共同的好友用评论你的朋友圈的方式聊天，不是两三条，而是十几条甚至更多，在别人的空间里占用位置聊天真的很失礼。

（6）不打招呼就给别人拉群。有时候突然发现一个陌生的微信群，一看是某个朋友给你拉进去的，没经过你的同意，拉完也不跟你说一声，也没告诉你这是什么群，让你觉得自己不被尊重。

（7）不经同意就发合照。你跟朋友、同事、同学出去玩，晚上回家刷朋友圈发现对方把大家的合照发到朋友圈里了，关键是合照里只把自己 P 得很好看，其他人多丑完全不管。

（8）随便截图别人的朋友圈再转发。某天突然发现自己的朋友圈被截图发到别人的朋友圈了，连头像和微信名都不打马赛克，被截图的朋友一定感到自己的隐私被侵犯，一定很反感、很恼火。

（9）大音量播放微信语音。不少人在公共场合不戴耳机听微信语音，声音还开得很大。公共场合，这是声音的污染。

（10）滥用语气词、标点符号、表情。你友好礼貌地跟朋友说了很多话，对方却用"嗯、哦、好"回复，给人满屏的冷漠和敷衍；还有就是收到信息时，对方总是狂用、滥用感叹号。当你很正经地跟对方谈事时，说完之后，对方只用一个表情回复，你感觉他一点也不尊重你的意见。

（11）要求帮忙砍价、集赞、投票、转发。如果你有朋友圈的人脉，请好好珍惜，不要再这样消耗了。虽然对方帮忙砍价、集赞等可能是举手之劳，但你可能是强人所难了。

（12）未经好友同意就推送好友名片给陌生人。当陌生人来加你为好友的时候，你一脸的问号。等陌生人介绍是"×××"推荐的，这时候你对他的印象会瞬间打折扣，因为提前打招呼是对对方的尊重。

自律的你——在网络世界里无比珍贵

2021 年新春伊始，某明星因为直播租房事件上了热搜。三亚某房东爆料某明星，租了自己的房子直播后，留下了一屋子垃圾，尤其是厨房堆满了垃圾，还有未清洗的餐具，地板脏到发黑。此事在网上闹得沸沸扬扬，有不少网友觉得该明星的素质实在堪忧，媒体上的形象和真实的形象反差太大。

有人为了拍照当网红，到青海 U 型公路、蓝梦岛、钱塘江大桥等网红景点打卡，并做出了很多危险的举动；有人喜欢游走在各个社区畅所欲言，想说什么就说什么，因为"隐身"发帖就像是一场"假面舞会"，觉得网上谁也不认识谁，毫无节制地"灌水"发帖，网络上便会充斥着血腥暴力、侮辱诽谤、泄漏个人隐私等违法违规信息；有人沉迷于网络游戏，但网络里的游戏它在这个虚拟世界是虚拟而飘摇的存在，它会被流行趋势淹没，但那些被我们过度消耗在游戏上的时间再也回不来了；有人沉迷于网络博彩、网上划账，即使输掉金钱也毫无感觉，因为金钱在网络上只是一个数字……

是的，真实世界里的社交多累啊，而在网络世界里点点鼠标、敲敲文字、修修图，许多事情用极低成本就能轻易做到，所以才有那么多人喜欢长时间沉浸在网络世界里做"键盘侠"。

网络虽然是虚拟的，但是使用网络的人是真实的，营造诚实守信的网络环境，人人都是受益者，也是行动者。网络虽然给我们带来了便利，但也带来了不同程度的诚信缺失、人格崩塌、身体摧残。但是，越自由的环境，自律越显珍贵。网络中的你，自律且懂得约束自己的行为，真的很可贵。

所谓自律，不是品德，不是能力，而是磨炼自己、自我驱动、自我约束、自我完善、自我掌控，不要需别人的监督和提醒，专注做事，提升自己。你要能够严格约束自己的行为，淡定从容地处理事情，心平气和地解决问题，而不是在网上逃避真实社交中的那个自己。

法国思想家孟德斯鸠说："自由是做法律所许可的一切事情的权利。"在网络世界中，我们跟帖、发帖、评论不是拥有毫无限制的自由，法律许可的自由，才是真正的自由。网络中的人需要对自己说过的话、做过的事负责任。现实社会和网络空间相互影响，网民和公民相互重叠，每位好公民也可以成为好网民。

我们要明白，践行网络礼仪，做一个自律的网民，自律不是为了做给别人看，而是为了保护自己，保护自己有底气抵御突发的灾难，保护自己不被污染，保护自己能够始终生存在阳光下。

3.4 会议之效，礼仪所依——高效会议的秘诀

在职场中，很多人非常讨厌开会，一提到要参加会议就头疼。一是觉得好好的工作时间，被浪费在无休止、无效率、拖沓的会议中；二是会议演讲人的水平及演讲内容让人昏昏欲睡、哈欠连天。事实上，任何一场会议，会议本身没有错，错的是会议方式导致了会议的效率较低。换个角度来想，如果由你来筹办会议，让参会人员感觉到，会议既解决了问题又学到了不少知识，你该怎么做呢？

我曾在某外资企业做培训助理。这个职位的工作主要是做会议主持、培训助教、筹办及处理会议各种杂事。会议相关事务包括每月两三次的 600 人左右的大型商务会议、每周的小型商务会议及不同主题的培训会议。那时初入职场，我是一个会议小白，所以特别认真地向前辈学习，一起办会议，从会议前期的筹备到会议结束总结，忙完常累到虚脱，但这种辛苦现在回想起来是值得的，那时为学习筹办高效会议打下了扎实的实战基础。后来，通过了某省属事业单位考试，我换了一份工作。此后参加的会议常以政务会议为主，工作环境不同，最大的感受是政务会议的要求和此前接触的商务会议有太多的不一样，无论是氛围还是会议礼仪细节都有很大差别。多年的培训工作及指导或参与会议筹备的经验，让我深知要办一场高效圆满的会议，在组织和实施过程中，会议礼仪的到位和会议流程的衔接多么重要。

一次某省直部门主办的某主题会议在我单位召开，参会的人员包括省厅、局领导及全省 21 个相关单位代表，共 200 多人。我作为工作人员之一参加了会务工作。因为参会人数较多、涉及面广，整个会议提前一个月就开始准备了，包括发文发函、预定会议场地，落实参会人员餐饮、住宿，确定会议流程、参会资料、参会人员名册，落实参会人

员胸牌、文件、领导演讲稿、会议设备等。

会议流程的最后一步，也是最考验人的一步，那就是会议座次的设计安排。有上级领导、本单位领导、兄弟单位的领导及不同职级的参会人员，需要考虑的问题涉及方方面面。既要让本单位领导满意，又要让上级领导满意，还要让其他参会人员满意，使得座次的安排相当考验人。如果按照一般的会议座次原则安排，很难做到完美的座次安排，而最后敲定的座次安排，也是经过了 7 次不断地和领导沟通，再一次次地调整确定下来的。这次会议的座次根据场地和人数，设计中间"口字形"＋外围四层"U 字形"的座次。为什么会这样设计安排？有什么讲究？下面的会议座次礼仪部分会详细分析。

职场新人懂得会议礼仪，并能协助别人成功举办一场高效会议，也许在领导和同事眼中，你就是有较强的工作能力的人。因为高效会议既考虑你的统筹能力，也考验你做事是否认真细致。如果你在会议中还有机会演讲，那一定要好好珍惜展现自己能力的机会，在会议演讲前要做充足的功课和准备工作。

高效会议与会议礼仪能成为你的职场助力，一定不能忽视。

会议礼仪和会议流程相辅相成

几乎所有涉及面较广的现场会议，都要提前一段时间做充分的准备。唯有会议前做充分的准备，才能令会议更加高效。

当确定会议主题后，接下来的工作可以说是事无巨细，都需要一一敲定、一一落实。如果你作为会议事务的工作人员之一，除了会议流程了然于心，会议礼仪也应充分掌握，因为会议礼仪和会议流程相辅相成。

所有的会议都要确定一个明确、清晰的目的，所有的准备工作都应围绕会义目的展开。

时间是会议最大的限制条件，会议前一定要对会议时长做出规划，因为超时太多，无论目的是否达成，都会被人认为会议低效或失败。

设定会议角色，充分调动每个人最佳的会议状态，这是会议成功的关键。谁是主持人？谁是动议者？谁是参与者？谁是决策者？谁是旁观者？谁是记录员？谁是会务员？等等。如果每个参会人员都有属于自己的角色，会议状态就会调动起来；如果不设定角色，谁都会懒洋洋窝在会议室的角落里。

会议前的清单准备得越充分，后面的会议就越高效。下面我们梳理一下常见的会议前准备工作和需要注意的会议礼仪细节。

确定会议主题及接待规格，制定会议准备工作备忘录。

确定参会人员，落实参会人员行程，提供会议所需要的机票、车票、住宿酒店、会议场所、交通等信息，制定完备的会议预案。实地考察会议举办地的吃、住、娱乐等情况，确定方案，签订合同，预付订金。

选择大小适中、地点合理、附属设施齐备、有停车场的会场。会场如果太大而参会人数太少，空下的座位太多，给人的感觉是会议很松散。超过一天的会议应尽量把地点定在离参会人员住所较近的地方，避免参会人员来回奔波。

可根据参会人员的不同布置会场。常见的布置有几种：第一种是圆桌形，这种形式适合于少于 20 人的会议；第二种是口字形，适用于参会人数比圆桌形多的会议；第三种是教室形，一般参会人数较多，且用于以传达情况、指示为目的的会议，参会人员不需要讨论或交流意见，这种形式多为主席台与听众相对而坐；第四种是组合形，需要根据实际情况设计桌形，也是比较考验会议筹办人员能力的会桌及座次的设计安排。

专人负责机场、车站接站等工作。提前在酒店和会议室摆放好欢迎牌、签到台、指示牌等。确认参会人员住宿的房间楼层及房号，询问登记是否有特殊要求。落实会议用餐时间及标准，以及特殊参会人员的其他要求。确认会议的消费形式、消费标准、娱乐地点，并核对费用明细。

准备好会议需要的资料，如会议用品、会议演讲稿、签到册、会议议程手册、参会人员通讯录等。签到册可以了解到会人员的数量、是否有人缺席，还可以根据签到情况确定就餐、住宿等事宜。

确定专人跟进、检查会议室条幅、灯光、音响等。会议前必须检查投影仪、摄像、录像、翻页笔等视听设备。如果要用 PPT，还需确认文件在会议使用的电脑里是否兼容，如果不兼容有可能在会议演说时出现文件乱码。一旦出现乱码，无论是对会议演说人，还是对整个会议质量而言，都有很大影响。

准备会议茶具，不管会议长短都要准备茶水。会议前应把茶具洗干净，可能的话，多准备几种茶叶供参会人员选择。斟茶时无论是大杯还是小杯，都不宜斟得太满，太满了容易溢出；也不宜斟得太少，一般以杯子七八分满为宜。斟茶时应该在参会人员的右后方，在靠近之前应该提示一下"为您奉茶"，以免对方突然向后转身碰撞到。会议中续茶时，如果是有盖的杯子，则用右手中指和无名指将盖夹住，轻轻抬起，侧对参会人员，在参会人员右后侧方，用左手斟茶，再摆放在饮水者右手上方 10 厘米处，有柄的则将其转至右侧。负责茶水服务的人员会前要检查自己的妆容，特别要注意手部的清洁，女性服务人员建议盘发。

会议后收集整理资料，形成会议决议文件存档。

会议座次礼仪

在职场中，我们遇到的会议座次设计与安排，大多数以政务会议、商务会议为主。无论会议形式如何变化，座次礼仪也有一定的惯例可以参照：以左为上（中国政务场合惯例），以右为上（国际惯例），居中为上（中央高于两侧），前排为上（适用所有场合座次），以远为上（远离房门为上），面门为上（良好视野为上），现任高于往届（任职领导）。政务会议与商务会议最重要的区别是，政务会议遵循以左为上的原则，商务会议遵循以右为上的原则，其他原则或惯例大体相同。

会议的座次设计和安排虽有一定的礼仪原则，但不能生搬硬套。在实际操作中，往往考虑的现实因素比较多，需要根据会议主题、参会范围、参会人数、会场情况、领导意图、门口方位、发言先后、同职场不同资历、交流分享的便利性等因素通盘考虑，灵活调整。

第一，单、双数居中原则要灵活运用。

当参会领导人数为奇数时，主席台或内圈主席台则采取"单数中心"设计（见图 1）；为偶数时，采用"双人中心"设计（见图 2）。

以新闻发布会为例，主席台坐 3 个人时，我们可以看出它的排序规则是，先确定 1 号领导位置，然后一左一右依次排座（见图 1）。

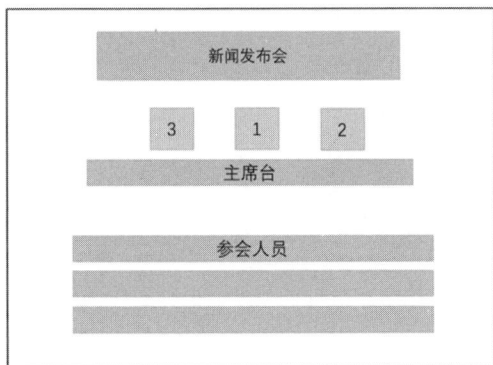

图1

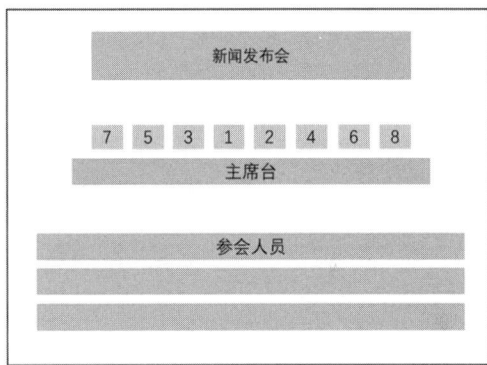

图2

当参会领导人数为双数居中时，主席台坐 8 个人即偶数时，我们可以看出它的排序规则是，先确定 1 号和 2 号领导位置，1 号和 2 号领导居中，然后确定 2 号领导是应坐在 1 号领导的左手位还是右手位（根据中国政务场合惯例和国际惯例而定）。中国政务场合惯例是，2 号位在 1 号位的左手位，再一左一右依次排序（见图 2）。国际惯例是，2 号位在 1 号位的右手位。

当参会领导人数较少且为偶数时，往往采用 1 号位居中设置，两侧一边略紧一边略松的方式实现两端视觉平衡。如果会场是固定桌椅无法移动，则采用单边空位的方式（见图 3）。如果不是政务会议，2 号位则可参照国际惯例在 1 号位的右手位（见图 4）。

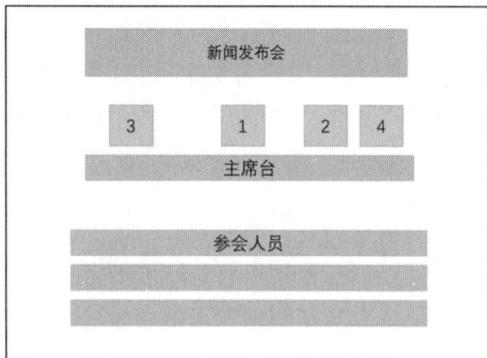

图3

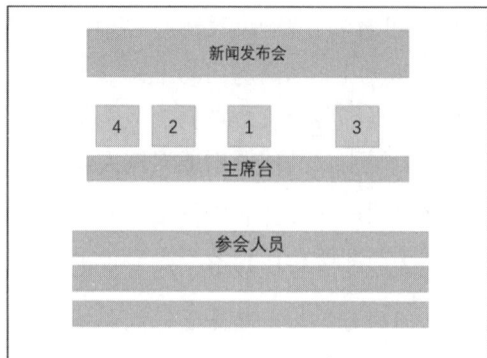

图4

第二，平等对话式的座次设计。

以政务会议为例，上级单位来本单位召开现场工作会议时，不能简单根据上级领导和本单位领导的级别来安排座次，因为无论是上级带队领导级别高低都代表上级单位，座次设计需要结合会议主题。例如，某省部门以工作组或巡查组的形式来检查工作、听取汇报及反馈情况等，会议座次一般设计为"双方对坐式"，便于汇报工作（见图5）。

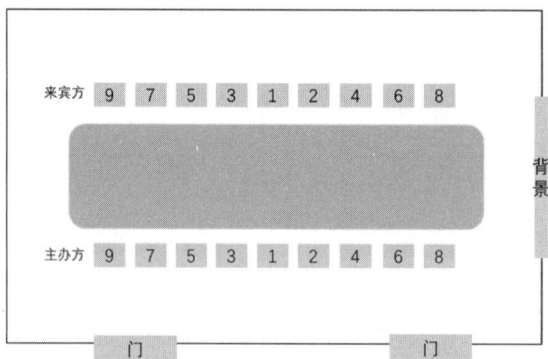

图5

如果上级单位来人较少且是调研类会议，可以采取"同侧平坐式"（见图6，A为上级，B为主办方），便于听取、了解情况。

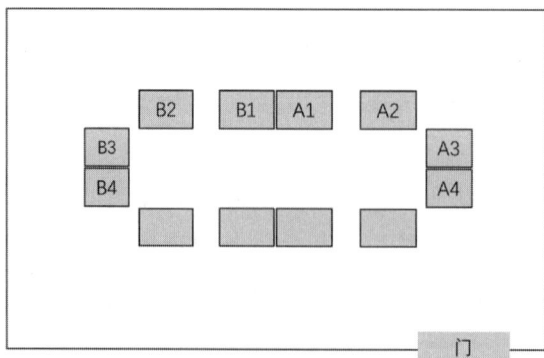

图6

196

第三，多方会议以"尊重客人"为座次设计思路。

当多地或多类客人出席一个会议时，会议座次设计往往比较考验主办方的能力。此时不妨转变思路，把主动权交给对方，很多问题就迎刃而解了。

以某主题大型座谈会为例（见图7），参加此次座谈会的有上海、重庆、福建、广东等省市的代表团，还有主办方的市领导、相关省市政府部门负责同志。参会人员近 300 人。每个代表团派出的成员中，既有党政人员，也有社会团体、企事业单位的人员。

因为人数众多，各代表团人员组成和级别不一样，按平常的做法极易出错，所以这次座谈会打破以级别入座排序的惯性思维，把大部分座位安排决定权交给参会方。

这次座谈会的排座思路：首先，将主办方的市领导和其他重要的领导安排在中央区域；其次，将各个代表团的带队领导、其他省市部门领导安排在内一圈，即中央区域的前一排、左右两排，具体每个座位按姓氏笔画确定；最后，将外二圈、外三圈等区域的座位，分配给各省市代表团的成员，确定代表团的区域后，具体每个座位由代表团内部自行安排。

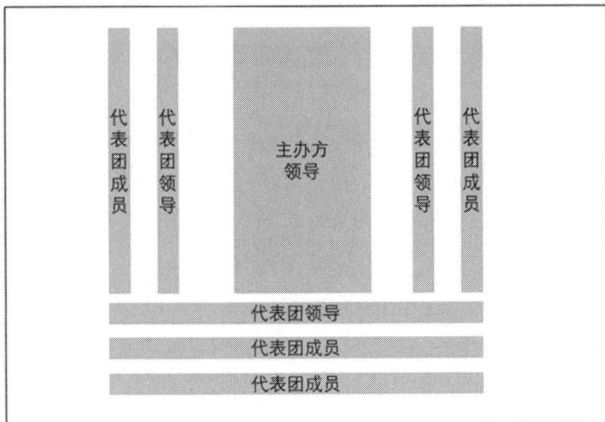

图 7

第四，签约合作会议的座次设计要注重仪式感。

如果是签约合作式的会议，座次安排的原则是注意签约仪式感。通常会场区域包括主席台区和台下观众区。主席台区一般会设置背景板、签约席、发言席等，需标示地标，分类制作，并提前发放站位图。双方证签人的站位要特别考虑，既要相对宽松又不能产生距离感，既要兼顾整体拍摄效果，又要考虑背景板距离、电子屏幕容易发热的问题。

主席台区的签约席应居中设置，简洁大方，前后距离适中。既不能离座次太近，使签约人入座后产生压迫感，也不能相距太远，显得整体松散，而且不方便签约人交流。

台下观众区可以采用常规设置，即"对称课桌式"（见图8）摆位。面向主席台区设置左右主宾双方，中间保留通道。

还可以采用座谈签约，即"U 字形课桌式"（见图9）摆位。主席台区去掉发言席，台下观众区将会议桌布置"U 字形"，两个长边安排签约双方领导，均设置话筒，长边后方坐各自随行人员，短边不安排座位。开口上方距离签约席有一定距离，签约席应居于开口中心,且比短边更宽一些。"U字形课桌式"会场摆位适合签约双方座谈交流或发言人较多的情况,可以避免主持人、发言人频繁上场的情况。

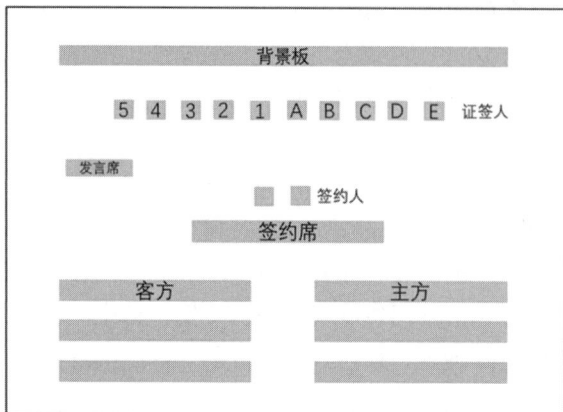

图8

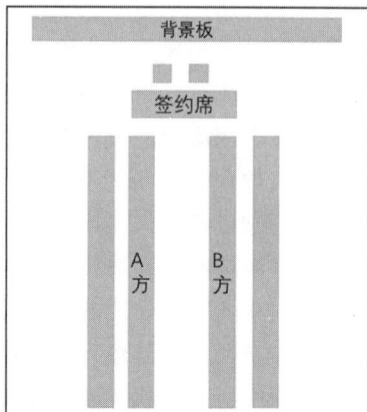

图9

第五,表彰会议的座次安排,要考虑突出参会代表。

因为表彰会议的参会代表和会议主题密切相关,所以表彰会议的座次要体现对参会代表的尊重。例如,安排参会代表在主席台就座。庆祝改革开放40周年大会上,受表彰的代表就被安排在主席台,可见座次安排非常用心。还可以安排参会代表在台下居中居前就座。参会代表台下就座要考虑居中居前,按每轮领奖人员数量设置就座区域座位,方便其上下场出入,安排工作人员做好引领和现场控制。

第六,连开多场不同主题会议的精准衔接。

一个会场连续召开两场不同主题会议,中间的衔接,需要特别考虑安排工作人员引领。例如,上级电视电话会议结束后紧接着要召开本级工作布置会议,需要引领领导从台下前排到主席台就座,安排工作人员做好主席台名牌、前排名牌、茶水、椅桌的调整工作。多场会议的转换,尤其要注意提前预演参会人员座次调整路线。

第七,其他特殊情况的座次安排。

有特殊情况或年纪较大的参会人员、行动不便的参会人员需要进出时,通常考虑将其安排在桌子一端方便其出入,且前后排间距适当加宽,并安排工作人员提供相应的会议服务。

第八,会议结束后的合影座次安排。

通常在会议结束后还有一个非常重要的环节就是合影。那么,合影的座次该如何安排呢?合影时的座次安排与会议主席台座次安排是一致的。

第九,关于以左为尊、以右为尊的应用。

很多人对"以左为尊"和"以右为尊"有点懵,不知道以左为尊或以右为尊的依据究竟是什么,有时候还会两者混淆。其实,以左为尊和以右为尊有一定的来历和讲究。

以左为尊或以右为尊,不同时期、不同领域、不同场合有不同的规定,但可以简单归纳一条历史变迁主线:西周以前以左为尊—战国开始以右为尊—东汉开始以左为尊—

元朝以右为尊—明清两朝以左为尊。当代，以右为尊成为国际惯例，被广泛用在绝大多数外事或商务活动中，特别是餐饮活动座次安排，但不同场合也有一定的区分。例如，我国民间喜庆活动中仍以左为尊，凶伤吊唁中以右为尊，政府内部活动中采用以左为尊的惯例。

会议演讲礼仪

身在职场，实是离不开参加各种各样的、大大小小的会议，需要发言的场合也很多，如会议发言、招标说明、竞职演说、致欢迎词等，都算是会议演讲。会议演讲是职场中的一项重要技能，也是会议礼仪中重要的内容。

会议中，当领导讲完话，如果轮到参会人员的你来发表一下感言，或者需要你作为主角进行演讲，有可能你会遇到以下情况：坐在台下的时候，什么想法、什么意见都涌上心头，真正到上台表达的时候却脑袋一片空白；可以发言时却不知道选择什么时机发言合适；作为会议主角的你，台上演讲滔滔不绝，但台下听众昏昏欲睡。

没有几个人不怕上台演讲，很多职场新人，每当上场发表看法或意见时，就瑟瑟发抖，脑袋一片空白，生怕自己讲不好。其实，无论是职场新人还是资深职场人士，真正做到自信且成功演讲的，都是提前做了充足的准备工作。

正所谓"台上一分钟，台下十年功"，会议演讲同理。那么，台下十年功，是哪十年功呢？

（1）找准定位。首先要对会议演讲做些了解，比如听众希望你以什么形象出现？你的演讲身份是什么？是领导、职员、主持人还是第三方？会有哪些人听你的演讲？听众中的关键人物是什么人？他们的期望值是什么？恰如其分的定位和相应的演讲内容，能很快拉近你和听众的距离，使演讲气氛和演讲内容更能被听众接受。

（2）把握演讲时长。卡耐基曾说：脑子里所能吸收的，超不过屁股所能忍受的。也就是说，演讲宜短不宜长，高效的会议更应该注意这一点。通常没有特殊要求，一般会议演讲应控制在半小时以内，即兴演讲三五分钟就应结束，礼仪性的如欢迎演讲、祝贺演讲、答谢演讲一般不超过五分钟。因为时间有限，所以演讲的内容要突出主题，观点鲜明，例子贴切，避免废话、套话。

（3）注意语言的表达方式。在演讲过程中，如果从头到尾都是相同的语速或一个音调，听众会很容易产生听觉疲劳，因此要注意演讲语速、语气、语调。如果对自己的演讲表达方式不太自信，可以提前请人辅导训练，提升你的演讲技巧，这是一个重复练习、刻意练习的过程。

（4）适当借助演讲工具。PPT、白板、现场图表、现场实物等，已经是职场人士常用的演讲工具。使用这些工具可以避免单纯口头说话的乏味，增强演讲的趣味性、场景感及视觉效果。尤其是PPT，已经成为职场人士的必备技能。很多人为了制作版面优美的PPT，还会专门学习PPT课程，好的PPT能使演讲更加精彩。

（5）注意演讲时的仪态礼仪。演讲中，适当、得体的肢体语言，能够强化听众的视觉效果，增加演讲气势，渲染演讲气氛。如演讲时，双手的手位要自然摆放。如果需要操作多媒体时，要注意翻页笔等不要天马行空式的乱画。演讲时的站姿、手势、面部表情等需要提前对照镜子练习，重复和刻意的练习可避免因为台上紧张出现的各种肢体小动作。

（6）演讲结束时要先向听众鞠躬致谢，再从容退场。

关于会议演讲礼仪，唯有精心准备、反复练习，才能在演讲中做到落落大方、自信从容。

3.5　教养与自信的展现——餐饮礼仪

吃背后深层的意义

"感谢领导和同事的照顾，我敬大家一杯！"虽然心怀感激想要以酒作谢，但是不懂敬酒礼仪，却贻笑大方。领导还没喝完，你一个职场新人就开始敬酒了，还是一人敬多人……类似这样的不懂餐饮礼仪的场景还有不少。十几年前，初入职场的我参加同事聚餐，真是出了不少洋相，现在回想起来，脸都在发烫，那会真的是职场小白啊！但是，如果当时提前学习过餐饮礼仪，那就不会做出失礼的行为。

小陈研究生毕业后考上了公务员，平时工作表现不错，小伙子长得很精神，同事和领导也相当看好他。可是因为一次公务接待就餐，他便不再受到重用。原来开完一个很重要的会议后，领导邀请客人共进晚餐，吩咐小陈先去酒店定桌点餐，但当大家到达的时候都傻眼了。只见小陈坐在视野上佳的上位，甚至见到他的餐盘上满满的油迹，好像动过桌上的菜了。虽然事后他解释开会久了肚子太饿，以为偷偷先吃几口问题不大，但是从当时大家尴尬的表情中就明白结果不会太好。果然，之后重要的事情，好的晋升机会，领导的那一票再也没有投过他。

我的一个朋友曾说过，她本想要栽培一位员工，于是带着这位员工和客户一起吃饭，但是因为这顿饭，她决定放弃对这位员工的培养。原因是，饭菜上桌后，这位员工几乎都是第一个夹菜，这让朋友非常尴尬。事后，我的朋友不便直接指出这位员工的不妥之处，但也不想培养这位员工了。真是可惜，因为餐饮礼仪，这位员工在职场上少了一位良师。

我们除了懂餐桌上的礼节，不让自己失礼，更要关注吃背后的意义。我们为什么要参加聚餐？真的是为了自己吃饱吗？还有其他的意义吗？一起吃个饭，通常意味着答谢、友善、尊敬。尤其是懂得餐饮礼仪，可以将这份答谢、友善、尊敬传达得更加自然舒服，因为中国人的聚餐通常不是为了吃饱肚子，也不是为了吃山珍海味，吃的是氛围，吃的是聊天的话题，吃的是感情。

有段时间网上流传着有人竞标与名人共进晚餐的新闻，甚至有个叫梁凯恩的培训师，为了与股神巴菲特共进午餐，花了五年的时间等待，付出了两千万台币的代价。有人说梁凯恩疯了，也有人说太值得了！请你思考一下，这样做值得吗？

梁凯恩本人说出了这样做的原因，他说这一切都值得："因为我想出一本名为《一顿价值两千万台币的午餐》的书，我认为我的书一定会畅销，再加上将这次经历融入我的演讲中，一两年收回成本根本不是问题！"事实上，结果正如梁凯恩所料，他用半年时间就收回了这顿午餐的成本，半年之后，他的口袋就有源源不断的钱流入了。

这个例子不是让我们也想办法和名人吃饭，而且我们大多数人没有这种经济实力。但是，我们应该悟出其中的道理：在餐桌上，关注和你共同就餐的人，比关注自己想吃什么要重要得多！

让自己的口袋里的钱花在餐桌上有所价值，应学会宴请比自己优秀的朋友、同事一起用餐，尽可能地与成功人士共同用餐，因为餐桌上是个极好的人际交往黄金地。在餐桌上结下友谊，了解更多的资讯，知道更多自己不懂的知识。假若常常请无思想、无成就的人吃饭，不管你吃什么，你都无法从餐桌上受益。

俗话说：吃饭见修养，饭桌见人品。了解一个人的三观，往往只需要一顿饭的时间就够了。是的，透过聚餐，一个人的性格、喜好、品格、做事风格等便无所遁形。职场中的餐饮宴请也一样，怎么能不讲究呢？

中餐礼仪

中国人的一日三餐几乎都离不开中餐礼仪。在职场中，几个同事聚餐、商务交往中的宴请等，也多以中餐为主。关于中餐礼仪，我们一起梳理一下需要注意的细节吧！

第一，中餐座次礼仪。中国人因有群居饮食的习惯，所以聚餐通常使用圆形餐桌，圆形餐桌不同于方形餐桌或长形餐桌可以坐更多的人，但是围坐一起更有利于情感交流。这就需要我们在进餐前知道圆形餐桌的座次的主次关系，以免坐错造成尴尬。通常情况下，面门、视野较好、背靠墙的那个位是主位，档次较高的酒店则会通过餐巾摆放来区分主次位，座前餐巾叠得最高大或独具形态的位置就是主位。作为客人应邀就餐，应等候主人邀请方能坐下。作为主人必须注意，切不可安排客人去坐临近上菜、靠门的那个座位，因为这个座位通常是留给主人身边的小辈、手下或为客人提供服务的人的，让客人坐在这个座位是非常失礼的。

如果是大型宴席，要找到适合自己的桌次。桌与桌间的排序首席居中，以商务宴请以右为尊（而传统家宴则以左为尊）为原则，面门定位（见图1），右边依次2、4席，左边为3、5席，根据自己主客身份、地位、亲疏选择适合自己的座次。如果是宴会主人，应提前到达宴会迎宾引座。如果你是客人，则应该听从主人安排入座。如果是单位同事间聚餐，你陪同领导出席宴会，则应该将领导引至主位。如果有客户被邀出席，则安排级别最高的客户坐在主位左侧。

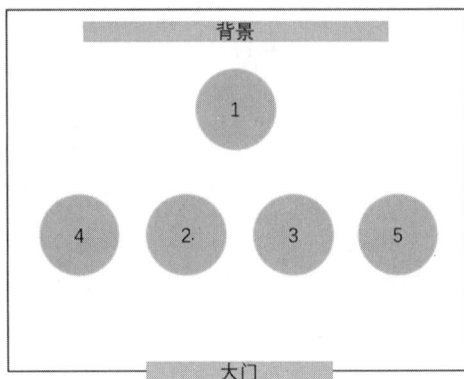

图1

第二，点菜礼仪。如果时间允许，应等待大多数客人到齐之后将菜单供客人传阅，并请他们点菜。如果作为公务用餐，担心用餐预算超支，那就要提前做好功课。一般来说，如果是你买单，客人不太好意思点菜，都会让你做主。如果你的领导也在席间，千万不要因为尊重你的领导，或者认为他应酬经验丰富而让领导点菜，除非是他主动要求，否则，他会觉得没有面子。

主人点菜时，客人不应直接跟服务员提出要求，除非有特殊忌口或爱好，应当小声告诉主人，由主人出面与服务员沟通，满足客人的要求。而作为主人也不能自顾自点一大桌，如果客人看着满桌的菜不吃只发呆，宴请的效果就可想而知了。点菜时，应特别问一下"有没有哪些菜是不吃的？""大家比较喜欢吃什么？""我点的菜，不知道是否合几位的口味？""要不要再来点其他的菜？"，等等。点菜时应该避免或少点需要用手抓、用嘴啃的菜，这样确实比较尴尬，客人看到需要手抓、嘴啃的食物很难抉择，这样的食物到底吃不吃呢？

如果是客人赴宴，点菜时不能太过主动，应该让主人点菜。如果主人盛情要求，你可以点一个不太贵且不是大家忌口的菜。

点菜一般点几道菜合适？通常是看人员组成。一般来说，人均一菜是比较通用的规则，如果男士较多可适当加量。点菜时要注意应有荤有素、有冷有热，尽量做到全面。如果男士较多，可多点荤菜；如果女士较多，则可多点清淡的蔬菜。如果宴请的对象是比较重要的客人，则要点几道够分量的菜。尤其要注意的是，点菜时不要问服务员菜的价格，或者讨价还价，这样会让你在客人面前显得小家子气，客人也会很尴尬。

点菜时还要考虑个别客人是否有饮食禁忌。例如，穆斯林通常不吃猪肉，也不喝酒；还有信佛的人不吃荤腥食品，不仅是指肉食，还包括葱、蒜、韭菜、芥末等气味刺鼻的食物。同时，可能有健康原因对某些食品禁忌的人，如肠胃病的人不吃甲鱼等。

第三，用餐礼仪。客人都来齐入席了，但不能立即动手取食，而应等主人打招呼或举杯示意开始时，其他人才开始，若作为客人更不能抢在主人前面取菜进食。同时，夹菜礼仪要注意，等菜盘转到自己面前时再动筷子，不要抢在邻座前面，一次夹菜也不宜过多。就餐尤其是喝汤时不要发出咕噜咕噜、叭叭作响的声音，更不能嘴里吃着食物和人聊天。

用餐时，有人喜欢照顾身边的客人，非常热情主动，经常劝客人吃菜，甚至主动给对方夹菜。其实，你的劝菜有可能给别人带来困扰，你劝的菜可能是别人不能吃或不喜欢吃的，反复劝菜极有可能让客人反感。因此，不劝菜、不夹菜，但是可以向客人介绍菜式的特点，吃不吃由客人决定。

用餐使用筷子时，如果和人交谈，要暂时放下筷子，不能一边说话一边像指挥棒似的舞着筷子，也不能把筷子插在食物上面。筷子的功用就是取食，不能用来剔牙、挠痒，或者取食物之外的东西。

用餐吃到鱼时，不能说"翻"，"翻鱼"有"翻船"之意，应该把鱼从头倒转一面，叫作"掉头"，意味着安全回家。

中途添饭时一定不能说"还要饭吗？"，这样的询问很失礼，也令客人难堪，因为乞丐才"要饭"。所以，请记住说"添饭"，而不说"要饭"。

第四，敬酒礼仪。敬酒礼仪容易忽略的细节，我们来梳理一下，看看自己有没有踩过坑。

一般敬酒的顺序是主人敬主宾—客人敬主宾—主宾回敬—客人互敬。主人敬完或领导敬完才能轮到其他人敬酒，敬酒时是多人敬一人，而非一人敬多人，除非你的身份是长辈或领导。如果没有特殊人物在场，敬酒时一般按照顺时针，以免给人厚此薄彼的感觉。

敬酒时应站起来，双手举杯。如果向长辈或领导敬酒，举杯时应稍比对方的酒杯低一点，如果对方主动降低酒杯，可以稍为用手轻托一下对方的酒杯，以让领导、长辈的酒杯高一些。

向别人敬酒时，如果要与对方碰杯，可以说一句：我喝完了，您随意。碰杯敬酒时，要准备好相应的说词，不要只干杯没有祝酒词，别人为什么要喝你的酒呢？

出于职业或某种原因，尽量不要劝人喝酒。例如，国家公务员在执行公务时不准吃请，在公务宴会时不准大吃大喝，不准超过国家规定的标准用餐，也不能喝酒；需要驾车的客人更不能喝酒，如抱有侥幸心理，老劝客人"喝一点没事"，极有可能让客人犯错误或造成麻烦。

第五，离席礼仪。一场宴会氛围很好的时候，会遇到有人离开的情况，其他人见状也会离开，宴会还没结束，客人差不多就走光了，这会使主人焦急和难堪。因此，当你中途实在有事要提前离开时，不要与在场的每个人一一话别。如果一一话别有可能本来热热闹闹的场面，被提前离场的人一鼓动就提前散场了。只要悄悄地和主人或身边两三个人打声招呼后离开即可。如果当时不方便和主人打招呼，事后一定要向邀请你的人说明原因并致歉。

西餐礼仪

你人生的第一顿西餐是什么时候呢？第一次吃西餐的你是否淡定自信？或者面对各种各样的刀叉不知从何下手？我人生正式的一顿西餐，是我嫂子带我去吃的，我当天的服装也是我嫂子带我去商场挑选的。她知道我初入职场，需要一套社交场合较为隆重的服装。同时她认为，如果我穿上一套较为正式的赴宴服装，能够更加淡定自信，从容面对西餐环境。

很多年后，我仍然记得那次吃西餐的情景，优雅体贴的嫂子教我使用刀叉、认识不同熟度的牛排、如何搭配餐酒、如何碰杯。人生有很多第一次，这样的第一次为我在以后的西餐礼仪中的自信形象打下了基础。如果你没有像我嫂子一样体贴的前辈带你实战人生的第一顿西餐，那么就从我们的这节西餐礼仪课开始学习吧！

虽然国内的西餐厅对就餐服装没有硬性要求，但如果你作为被邀请参加西餐宴会的客人，用心准备一套较为适合西餐礼仪氛围的服装，你的朋友也一定能感受到你的用心。如果你在就餐前不知道如何穿着，那么你首先需要知道的是，哪些服装最好不要穿：牛仔裤、牛仔衣、运动鞋、短裤、无领 T 恤、紧身衣裤等。

那么，我们去吃西餐穿什么服装才不失礼呢？如果不是很重要、很正式的西餐厅，穿得干净得体最重要。如果是高档、正式的西餐厅，男士可穿半正式的西装、皮鞋，女士穿裙子和有跟的鞋子。如果是宴会型的晚宴西餐，男士要穿黑色西装打领带，女士最好穿下摆及地的长裙礼服、高跟鞋，还要化妆。进餐过程中，不要将外套或随身携带的物品放在餐台上（见图 2）。

进入西餐厅，应由侍者引领入座，最得体的入座方式是从左侧入座。侍者会把椅子推进来，腿弯碰到后面的椅子时，即可入座。手肘不能放在桌面上，腹部与桌子保持约一拳的距离。在把食物送进口中时，要以食物就口，而不是弯下腰以口去就食物。

餐巾通常平铺在膝上（见图 3），不要像口水巾一样夹在胸前；也可用一个餐巾角正对胸前，用碗碟压住餐巾一角。餐巾可以用来擦手、擦嘴，但不能用餐巾擦餐具、桌子、眼镜，更不能用餐巾擦鼻涕、擦汗。餐巾表面看到脏时，应重新换一条新的。中途去洗手间或需要出去接电话时，将餐巾简单叠放于自己座位上。如果叠放在桌上则意味着你就餐完毕，等你回来时，侍者可能已经把你还未吃完的餐具都收走了。

如果需要用餐服务，可以轻轻抬起手或跟服务员对一下眼神就可以了（见图 4），切忌大声呼叫或挥手叫服务员。有时候，我们会遇到一直低头不关注顾客的服务员，但我们还是要保持自己的风度，等待时机或尝试寻找其他可能给你回应的服务员。

图2

图3

图4

西餐点餐与中餐有所不同。西餐最基本的菜分为前菜、主菜、甜点。也可以在此基础上增加道式。如果第一次就餐，直接点套餐也是不易出错且非常便捷的选择。

全套餐菜品尝顺序：开胃菜—汤—副菜—主菜—甜点—咖啡或茶，同时配有餐酒。点菜一般先选主菜，再根据主菜搭配其余配菜，如果不是特别的场合，没有必要全部都点。前菜主要强调味道，一般以微咸、微酸、微甜为主，多是果、菜加适当腌制的海鲜。西餐的汤可分为热汤和冷汤，也可分为清汤和浓汤。热汤如各式海鲜汤、奶油汤等，冷汤如德式冷汤、俄式冷汤等。主菜一般以肉、禽、海鲜类为主，其他菜都视为铺垫和补充。将牛排作为主菜时，需提前告诉侍者你需要的牛排熟度：三分、五分、七分、全熟。上好的牛排熟度建议三分或五分，最能品尝牛肉本身的味道。

在点完餐后，餐前面包可能会先上，这时不要马上拿起面包直接塞到嘴里。符合西餐礼仪的做法是先将面包放在小盘上，再将面包撕开，逐口放到嘴里。另外，西餐的喝汤和中餐的喝汤习惯有点区别。西餐喝汤习惯使用汤匙由内往外舀，汤很烫时，切不可对着热汤吹气，需要等汤降温后，再一口一口地喝（见图5）。

西餐的餐具较多，根据用餐的正式程度摆放。餐盘居中，除了勺子，刀叉左右成对地摆放在餐盘两侧，刀子和勺子置于餐盘右边，叉子置于左边。刀叉按使用顺序，由外向里依次摆放，也是从外侧向里侧按顺序成对使用。

用右手拿刀子或勺子，左手拿叉子，每吃一道菜更换一对刀叉。杯子是用右手来端。

除了杯子，其他食器都不可端起来，也不能移动食器位置，可改变刀叉方向用餐。带锯齿的大刀用来切肉制食品，中等大小的刀用来切分蔬菜，小巧的圆头小刀，则用来切奶油涂在面包上。勺子也有区分，如小的用于咖啡或甜点，扁平的用于涂黄油或分食蛋糕，比较大的用于喝汤或盛小食物，最大的公用于分食汤。

使用刀叉时需注意，左手拿叉子，叉尖朝下，右手拿刀把肉切开，然后用叉子扎起来送入口中（见图6）。食用整块肉排时，左手执叉将肉叉住，右手用刀沿着右侧肉切开，切开刚好一口大小的肉，用叉子送入口中。切不能一次就全部将肉排切好，应吃一块切一块，既优雅又能保证肉汁新鲜。

图 5

图 6

叉子和勺子可入口，但刀子不能放入口中。需要交谈时，需先将刀叉置于盘上，切勿拿着刀叉指手画脚。用餐时，刀叉的不同摆放位置，代表了不同的意义，而侍者也会根据刀叉的摆放决定是否收取餐具。例如，刀叉呈"八"字形摆放在餐盘时，它代表的语言：先歇会，还没吃完别收走。刀叉呈"十"字形时：坐等第二份。刀叉呈"二"字形时：好评。刀叉呈"11"字形时：吃完了，可以收走餐具了。

葡萄酒配餐的基本原则：鱼贝类搭配相对清淡的白葡萄酒，肉类搭配浓郁的红葡萄酒，桃红葡萄酒则两类都可以搭配。

一顿精致高雅的正宗西餐，程序和讲究相当多。如果有一天，虽然你从书本上学到了不少西餐礼仪知识，但在实践就餐中还是不知所措，没有关系，凡事都有第一次，有了知识储备再实践，你内心的淡定自信无比重要。

自助餐礼仪

自助餐，顾名思义就是自己动手选取自己喜欢的食物的一种就餐形式，因为用餐形式的方便、自主等特点，所以自助的就餐形式非常普遍。

很多活动结束后，大家前往自助餐厅就餐。进入餐厅，看见餐厅里摆满了琳琅满目的食物，有各种各样的不同风味的主食，还有各式汤羹、水果、甜点。活动结束后去就餐，大家都饥饿感十足了，于是几乎所有人都端着盘子奔向自助餐台，有人先取水果，有人先取汤，有人先取主食。没过一会儿，就餐形象便众态万千。

有相亲经验的人总结说：判断两个人是否相投，去吃一次自助餐就知道了。原来，通过自助餐可以看出对方的饮食习惯，猜出家庭环境如何、教育背景如何、生活层次如何、三观如何。

如果不信，你回想一下这些场景是否熟悉？

有人在自助餐厅吃相很难看，总是挑选最贵的吃，吃撑到走不动为止；有人自己餐盘中的食物还没吃完，见到上新菜，又去取满满的一大碟；还有人想着偷偷打包。试想一下，这样的人是不是过于精打细算，怕自己吃亏。

有人吃得随心所欲，也不管用餐的顺序，全部取一遍，吃饱就算。试想这样的人，是不是生活过得不讲究，只管吃饱喝足，对自己没有要求，对未来也没有大的追求。

有人在就餐时喜欢边吃边不停说话，唾沫横飞。

有人取了很多食物，尝了一口不好吃就堆一旁，盘子摆得到处都是。

有人一会儿叫服务员拿饮料，一会儿叫服务员换餐具，反反复复好多次。

有这些行为的人，要么就是没有教养、自私、狭隘，要么就是待人苛刻。与这样的人相处，可想而知有多心塞。

自助餐虽然是普通就餐，但周边也有不少熟人或陌生人在感受你的吃相，因此，即使是普通就餐，也请稍为注意一下自助餐礼仪。

进入自助餐厅，虽然着装上没有具体的要求，只要得体就行，但也不能因为独自就餐，或者在酒店里休息时，到该就餐时间就随随便便穿着短裤、拖鞋去就餐。

如果遇到用餐高峰，超过两人同时取餐时，需讲究先来后到，自觉排队取餐。

取餐时，要量力而为，不要取过多的饭菜，应按需所取，多次少量，先取少量食物品尝后再取，以免造成浪费。如果一次把自己喜欢的菜都取完，堆满了整个餐盘，既失礼也影响菜肴味道。如果想吃到美味的自助餐，最好分类取餐，如吃冷菜时专门选冷菜，吃完冷菜后再取其他类型的食物。吃完重复取不会引起嘲笑，而浪费才会让人非议。

如果餐厅没有空桌，当坐着有人的餐桌尚有空位时，可以礼貌地上前询问在座者，能否使用空着的座位，得到首肯后，向在座者点头致意后即可落座。落座后不必做自我介绍。如果是男士，应避免挨着独坐一桌的陌生女士坐；如果是女士要求与陌生男士同桌就餐，出于礼貌，男士不应拒绝，但就餐时不要主动与女士攀谈。

如果是工作自助餐，还要关注别人的用餐进度，因为自助餐不像围桌餐，有上菜的先后顺序。在自助餐厅里，每个人的用餐食量和进餐速度各不相同，如果需要陪同领导或客人就餐，需要注意一下用餐的进度。如果自己因为不饿早早吃完后坐等别人就餐，是比较尴尬、比较失礼的。

自助餐不能打包是公认的礼仪。因为自助餐品种丰富、取餐自由，因此有人吃完了喜欢的食物还想要打包回去吃，甚至有人将吃剩的骨头打包回家喂狗，这都是很失礼的行为。

咖啡礼仪

　　职场新人小李与一位客户相聊甚欢，客户说到了下班时间了，我们去咖啡厅喝一杯，接着慢慢聊吧！这是小李第一次正式喝咖啡，之前喝的几乎都是雀巢速溶咖啡。来到咖啡厅，还没进门便飘来阵阵咖啡的香味。坐下来，看到菜单上琳琅满目的咖啡名称，小李傻眼了，这些咖啡有什么区别吗？选哪个好呢？小李生怕客户觉得自己没见过世面，什么都不懂，会看不起她。于是，小李不懂装懂地点了一杯看似高大上的意式咖啡，但是一入口那种苦味是自己喝不下去的味道，最后还得硬着头皮喝了。看着坐在对面的客户优雅地点咖啡、品咖啡的模样，小李感叹着原来喝咖啡也有这么多礼仪。在心里想，咖啡礼仪这一课，我真的不能落下呀！

　　咖啡进入中国的时间不算很长，但它在国内收获了不少的粉丝，年轻人工作时间点杯咖啡提提神，或者商务场合谈点事情常约在咖啡厅，从喝一杯咖啡开始商务交流。

　　下面介绍一下咖啡厅菜单上常见的几种咖啡。

　　意式浓缩咖啡，原文是意大利语，有"立即为你煮"的意思，也称为意大利特浓咖啡。意式浓缩咖啡味道浓郁，入口微苦，咽后留香。

　　美式咖啡，简单来说就是适合美国人口味的咖啡。美国人最初接触意式浓缩咖啡的时候，对意式浓缩咖啡的口感难以适应，因此在意式浓缩咖啡中加入大量的水，因此口感较淡，颜色浅淡明澈，几近透明，甚至可以看到杯底的褐色咖啡。

　　拿铁咖啡，咖啡与牛奶交融至极之作。意式浓缩咖啡加入高浓度的热牛奶与泡沫鲜奶，保留淡淡的咖啡香气与甘味，是许多女士的最爱。

　　康宝蓝，意式浓缩咖啡加上鲜奶油。鲜奶油轻轻漂浮在深沉的咖啡上，即是一杯康宝蓝。

　　卡布奇诺，1/3的意式浓缩咖啡、1/3的蒸气牛奶、1/3的泡沫牛奶，并在上面撒上小颗粒混合成的咖啡。

　　焦糖玛奇朵，香浓热牛奶加入浓缩咖啡、香草，再淋上纯正焦糖而制成的饮品，融合三种口味的混合式咖啡，也是绝大多数女士的最爱。

　　摩卡，加入牛奶、奶油、巧克力糖浆、咖啡混合而成，既有咖啡的醇厚，又有牛奶的浓郁，还有巧克力的甜美，更有奶油的顺滑，交织融汇成一杯味道独特的咖啡。

　　白咖啡，并不是指咖啡是白色的，而是采用特等咖啡及特级的脱脂奶精原料，经过加工去除焦苦与酸涩味，将咖啡的苦酸味、咖啡因含量降到最低，不加入任何东西来加强味道，甘甜芳香，不伤肠胃，保留咖啡原有的色泽和香味，颜色比普通咖啡更加清淡柔和，味道更加纯正。

当服务员端来你点的咖啡时，喝咖啡的礼仪就得跟上了。

服务员递过来咖啡时，不必起身相迎，等他放下后，再向递咖啡的服务员点头微笑并致谢。如果是自己递给别人，要用双手去递，轻拿轻放，目光注视对方并面带微笑。

在商务交谈的氛围中喝咖啡，请注意自己的坐姿。如果是和朋友轻松相聚，可随意一些，可以靠在沙发上，但不要跷二郎腿，尤其是抖动着脚喝咖啡的模样，即使是相熟的朋友相聚，也会显得相当滑稽。喝咖啡的时光，还是要好好品尝、好好聊天，最好不要边喝咖啡边玩手机，或者频繁打电话。

喝茶有茶具，喝咖啡也有三件套：杯碟，带杯把手的咖啡杯，咖啡勺。喝咖啡时，一只手拇指和食指捏着杯把，而不能用手指从杯把空隙中穿过。另一只手端着盘子，托着杯子。一般右手拿杯子。在正式场合中，如果要端起杯子走动，记得杯子、碟子一起端着（见图7）。如果加了奶或糖需要搅拌，把杯子放在桌子上，用咖啡勺搅拌，用完后把咖啡勺放回碟子上。加糖时，砂糖可以用咖啡勺舀取，直接加入杯内。如果没有砂糖，也可先用夹子把方糖夹到碟子一侧，再用咖啡勺加入杯中。放入方糖后，用咖啡勺轻轻搅动等其自然融化，别心急用咖啡勺捣碎。

图 7

刚煮好的咖啡很热，可以用咖啡勺稍微轻轻搅动有助散热，但不要一直不停地搅动，也可以等其自然冷却后喝，尤其不能用嘴吹凉。咖啡适宜小口品尝，而不能像喝啤酒一样豪饮。如果要吃点心，要避免一手拿点心，一手喝咖啡。喝咖啡时应当放下点心，吃点心时则放下咖啡。

如果是自己喝咖啡，喝咖啡的速度由你而定，可以一饮而尽，也可以捧着一杯咖啡发呆。如果和朋友一起，还要照顾对方的感受。如果太快，对方会觉得你急于结束聊天，尽快离开；如果太慢，对方会误以为你觉得咖啡味道有问题。

喝完咖啡起身离开时，应对邀请你喝咖啡或动手做咖啡的人表示感谢。如果在咖啡厅，服务员对你说下次光临时，应微笑点头示意；有熟悉的店主或服务员，可挥手说再见。

茶礼仪

我先生每天离不开茶，在他的老家，无论贫穷富裕，家家户户必备一套茶具。一个人要喝茶，几个邻居聚在一起更要喝茶，真是"宁可终身不饮酒，不可三餐无饮茶"的写照。茶浸润着他们客家人的生活方式，喝茶是生活，也是人情世故。结婚后和他生活在一起，每天闻着茶香，我才开始真正认识茶，并知道原来茶还可以连接很多情感。

接触茶之后，听到最多的词是茶文化和茶艺。什么是茶文化？真是既熟悉又陌生的词。随着对茶的学习深入，我认为茶文化就是数千年茶发展历程中，物质和精神财富的总和，包括茶科学、茶艺、茶具、冲泡技巧、茶书、茶绘画、茶故事等。

那什么是茶艺呢？泛指种茶、制茶或茶冲泡品饮的技艺。尤其是如今喝茶氛围渐浓，茶艺更加讲究茶的品质、茶具配置、泡茶技艺、品茶环境、敬茶礼仪等。

现代人因为交往的需要，常以茶会友，冲泡一杯好茶礼待客人。泡一杯好茶待客，不仅在家庭中盛行，还在职场中盛行。很多办公场所都专门设置茶室或茶席，在喝茶聊天中，连接感情，商洽事务，不知不觉中促成合作。我们养成在职场社交中喝茶的习惯，不仅能表达对合作伙伴的重视，还能体现自身高雅的素质。

中国的茶文化博大精深，因地域的不同，茶文化各有不同。以南方工夫茶礼仪为例，我们聊聊基本的茶礼仪。

中国茶的基础茶类主要包括：绿茶、乌龙茶、黑茶、红茶、黄茶、白茶。再加工茶类有：花茶、养生茶、萃取茶、含茶饮料。绿茶代表：西湖龙井、碧螺春、黄山毛峰等。乌龙茶代表：大红袍、铁观音、凤凰单枞、文山包种等。黑茶代表：普洱茶、六堡茶等。红茶代表：正山小种、祁门红茶等。黄茶代表：君山银针、北港毛尖、广东大叶青等。白茶代表：白毫银针、寿眉等。

冲泡时适用不同的器具，盖碗适用六大茶类，玻璃杯适用观赏性冲泡，紫砂壶多用于冲泡乌龙茶，能突显茶香，而煮茶器具则更适用于黑茶类。

茶座礼仪，尽量安排领导、长辈、首席客人坐在泡茶人的最左方，这样方便斟茶，自左至右，最后是泡茶人自己，以示对客人的尊重。

以茶待客的礼仪，首先是茶具清洁。泡茶之前，要把茶具洗干净，尤其是久置未用的茶具，先用清水洗刷一遍，在冲茶、斟茶之前最好当着客人的面，再用开水烫下茶壶和茶杯。

取茶叶时，如果是办公场所用大盒装的茶叶，取茶叶时不能用手去抓茶叶，要用茶则或茶匙将茶叶取出。取茶叶要适量，茶叶过多，茶味过浓，茶叶太少，冲泡的茶没有味道。如果客人主动介绍自己有喝浓茶或淡茶的习惯，可以按客人的习惯选取适量茶叶。

请客喝茶递茶时，应备杯垫或托盘。如果没有，应拿杯子下面的位置，避免触碰到杯沿。

在进行回转注水、温杯、烫壶等动作时用双手回旋，通常使用右手按逆时针方向转，类似于招呼手势，寓意"来来来"，表示欢迎客人之意，反之则成"去去去"之意。泡茶人以右手持壶或公道向客人斟茶，应自左到右顺时进行，这样壶口或公道口是倒退着为客人分茶。如果逆时针斟茶，即壶嘴对着客人，既不美观也有用利刃对着客人之意。

分茶时要轻斟，避免溅出茶水，做到每位客人茶水水量一致，以示公平，无厚此薄彼之意。分茶时，茶杯多放于客人右手前方。斟茶时只斟七分满即可，寓意"七分茶三分情"。俗话说，"茶满欺客"，因此不能满茶，同时茶满不便于握杯啜饮。泡茶人要随时关注客人的茶水情况，客人喝得差不多，或者茶变凉时，要及时添续。习惯上最右方的茶是尾席，每一泡茶，应由泡茶人扫尾，即最后为自己添茶。

喝茶时十分忌讳"一口闷"或"亮杯底"，最好分三口以上喝完。喝茶时可以轻微发出声音，让茶与口腔融合更好，品茶时发出的声音也是对茶的一种赞赏。

喝茶时，中途有新客到来，泡茶人要表示欢迎，立即换茶，否则被认为"待之不恭"，换茶叶之后的二冲茶要请新客先饮。

茶点可视情况而准备，坚果类、饼类的零食比较适合，正规场合或品鉴好茶时不推荐搭配茶点。

3.6　出门之时，约之以礼——差旅礼仪

带着工作任务出行，几乎是每个职场人士都会经历的事。在出行过程中，你的言行举止需要注意哪些差旅礼仪呢？

乘车时，哪个位置最适合你

"90后"职场新人小陈向职场导师吐槽了他的经历，说他跟领导出差时，遇到乘车座次礼仪问题时，按在大学选修课学到的"乘车礼仪知识"，当时坐了副驾驶座，但还没过实习期，就被领导解约了。职场导师向小陈了解细节，小陈当时陪领导出差，客户很重视亲自开车接待。小陈以为他作为领导的助手，应该坐在副驾驶座，领导应该坐在后排右座。但是，当小陈打开前排车门，坐进副驾驶座时，客户和领导都惊讶了，安静不语半分钟。在车里，作为司机的客户得经常转过头来和后座的领导交谈……最后不知什么原因业务没有谈成，出差回到公司，领导对小陈说："小陈，你的能力比较强，我的公司不能给你提供更好的发展空间，你还是到更大的公司发展吧！"小陈要重新找工作，非常苦恼。

后来，职场导师提醒小陈："客户亲自开车，你领导的座位应该是副驾驶座，对于客户来说才平等，对于你的领导来说，给予了客户尊重，而你的座位是在后排。"小陈才恍然大悟感叹道："多掌握一些职场礼仪并灵活运用，在关键时候还可以保住饭碗啊！"

差旅途中，乘坐交通工具出行，要找到适合自己的座位。

乘坐轿车时，分以下几种情况。

第一种情况，如果有专人开车，最尊贵的座位是与司机成对角线的后排靠右的座位，为什么说这里是最尊贵的座位呢？因为这个座位既安全又方便，安全是指据相关测试数据统计，这个位置事故率最低，方便是指下车时方便门童或接待人员开门迎接。这个位置一般是领导的座位，如果领导需要交代待办事项，下属可以坐领导旁边的后排左侧座位。如果需要将座次排序的话，1号位是后排靠右座位，2号位是后排靠左座位，3号位是副驾驶座位（见图1）。

在车左向行驶的国家或地区，则尊位是后排左侧座位。

第二种情况，如果领导或车主亲自开车，如带下属外出办事，那么下属应该主动坐到副驾驶座位，以示对领导的尊重，也方便领导听取下属汇报工作。其他人依次坐于后排右侧、后排左侧、后排中间的位置。如果一群人都是同事关系，大家同坐一辆车，那么可安排大胖子或女士坐在副驾驶座位（见图2）。

还有一些夫妻创业的小公司，当其中一人要外出见客户时，另一个人可能随同，如果是领导夫妻中的一人亲自开车，那么不管哪位领导开车，副驾驶应由另一位领导就座，作为下属应主动到后排就座。

在实际情况中，有领导或职位高的人喜欢坐在副驾驶座位，尤其是全车满员时，舒服度最高的还是前排。

乘坐轿车时，按照惯例，应当请尊者最先上车、最后下车，陪同人员应最后上车、最先下车。在轿车抵达目的地时，如果有专人接待并负责开轿车门时，应由尊者先下车。如果很多人坐在一辆车中，谁最方便下车谁先下车。

如果乘坐的是越野车，越野车的尊位和轿车有所不同。越野车最好的座位是司机旁的副驾驶位置，因为这个座位比后座平稳，视野也最开阔。其他座次的顺序依次为后右、后左、后中。如果有两位领导为了交流方便而同时坐在后排座位，那么可以遵循"主随客便"的原则，意思是客人想坐哪里，哪里就是尊位（见图3）。

乘坐客车时，靠前靠窗的座位比较平稳舒适，除了副驾驶位置，靠窗靠前的位置为尊位，领导、长辈等可安排在这些位置。

除了上述座次原则，有时候还要遵循"灵活处理"的原则。例如，虽然后排右座是尊位，但有些领导就是喜欢坐在副驾驶座位，那么必须尊重领导本人对座次的选择，领导坐在哪里，哪里就是尊位。

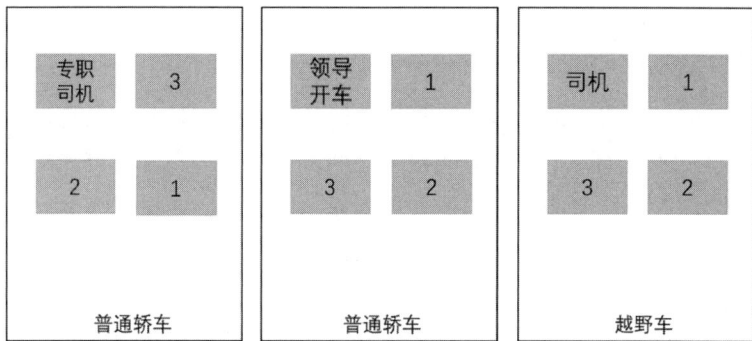

专职司机	3
2	1

普通轿车

图1

领导开车	1
3	2

普通轿车

图2

司机	1
3	2

越野车

图3

作为乘客的你，会约束自己的行为吗

小李的家离同事小郑的家比较近，他经常坐小郑的车回家。小郑原来觉得路上多一个同事聊聊天挺好，也乐意带上小李。可见过几次小李的行为之后，小郑找借口拒绝与他同行了。

据小郑说，小李喜欢抽烟，有时候烟瘾来了，就会迫不及待打开车窗吸烟，还在行驶途中向窗外弹烟灰。小李觉得和小郑关系不错，一点儿不见外，上车没多久就喜欢脱鞋，还在门旁的置物缝里留下不少的零食垃圾。其实，即使关系再好，脱鞋引起异味这件事也是令人难以忍受的。

此外，小李喜欢对小郑的技术评头论足，比如"高速上你单手握方向盘很危险！""你刚才没看好左边，差点就撞上了！""你的车如果由我来开，油耗会更低！"；喜欢乱动车内东西，尤其是坐在副驾驶座位时，喜欢翻动车上东西，或者擅自调节音乐或空调；话特别多，喜欢没话找话；上下车的时候喜欢大力关车门，嘭的一声，整个车都震动得吓人，小郑暗暗心疼车漆和车门链……

2018年有个话题引起热议，高铁霸座男孙某被处治安罚款200元，并在一定期限内被限制购票乘坐火车。接着，后面陆续有网友晒出遇到的霸座男和霸座女，引起了舆论的高度关注。霸座者的思维是，哪个位置舒服我坐哪个，才不管那个舒服的位置本该是哪位乘客的呢？人们都说这样的人"真没素质"，那么什么是乘客该有的素质呢？我想应该是，有着为别人着想的善良，有着无须提醒的自觉，随时约束自己的行为，让周边的人不因自己的不当行为受到影响。

长途飞机和公共汽车，能够分配给旅客放置行李的空间有限，而长途旅行的乘客的行李往往是很庞大的，有些乘客除了使用属于自己的那部分空间，还会占用其他乘客更多的空间，而忘记了其他乘客也有个人物品，当引起了邻座纠纷时，还会理直气壮地说："如果我不占你这边空间，那么我的行李该放在哪里呢？"其实，如果出行前确定自己的行李较多，应该合理规划自己的行李，以尽可能节约空间。如果行李体积确实非常大，可以放置在大行李专用区域。

公共场合，顾名思义是一个除了你还有其他人存在的空间。其实，一个人在公共场合的表现，是最接近真实生活的样子。我们无论是以工作还是私人的身份出现在公共场合，如能约束自己的行为，把身上可能传出来的声音降低一点，把可能影响他人的动作收敛一点，多给他人一些空间，不给他人添麻烦，这个社会会温暖很多。

出差或旅行，所到公共场合，虽然周围都是与自己不相关的陌生人，但在公共场合懂得约束自己的行为，让礼仪真正内化为真善美的品格，外化为谦敬温文的言行举止，我们的社会才会变得更加温暖，身处公共场合的每个人都会更有尊严。

你会把酒店当自己的家一样爱护吗

2007年我到广州参加某全国性培训会议，被安排住在"中国市长大厦"酒店。当我拖着行旅箱站在酒店门口，看着"中国市长大厦"的门牌时，作为一个职场新人，我觉得自己底气不足，有这种感觉也许是因为我到了一个陌生的环境，很不确定自己的言行举止是否与这个环境相符。

和我同住的同事是分公司的Nancy，她优雅知性，当时我觉得只有她这样举手投足都那么优雅的人，才适合住在这样高大上的酒店里。从她办理入住，轻声细语与前台服务人员交谈，到她主动开电梯门示意我先进，再到接下来相处的几天，她对酒店的房间如自己的家一样爱护，每天早上整理好被子、枕头，梳洗后清洁洗手盆等细节，她的良好习惯和修养给我上了人生第一节酒店住宿礼仪课。

2012年，我到新加坡学习，几天专业的培训学习后安排了出游。在旅游安排中，两位男士因为住房问题在车上大吵起来。接下来的几天，几位男士常常穿着短裤、拖鞋出现在自助餐厅，或者两个人一起在窗边偷偷抽烟，虽然避开了烟雾报警器，但房间里仍然烟雾缭绕。种种不合乎时宜的举止，让新加坡导游不停叹气。

入住酒店时用电水壶煮方便面、用浴巾擦地板，离店时房间内垃圾如山……这是某些人离开酒店后，留给客房清洁阿姨无奈的场面。当越来越多的中国人经济上有条件走出国门时，有些人不经意将许多不文明举止带到了国外。有人说，一些人口袋里钱多了，便觉得自己了不起，也不在乎别人怎么看待自己。可是，从某种程度上说，每个出国的中国人都是中国的形象大使，一言一行都直接影响到中国的海外形象。差旅中的你，如果有机会出国，那不仅代表了自己，还代表了中国人的形象。

如果可以，请你践行这些住宿礼仪：进入酒店时，门童帮助你搬运行李，你可以礼貌地谢过之后登记入住；大厅和走廊是酒店生活中的主要公共场合，不要穿着睡衣或浴衣溜达或串门；虽然有客房清洁服务，但垃圾请丢进垃圾桶，洗手间里不要把水弄得到处都是；如果你要连续住上几天，你可以留言告知客房服务人员，床单和洗漱用品不必每天更换，等等。

一个人的身份高贵不是入住多么豪华的套房，而是入住酒店时的有礼有节、举止文雅，不给别人制造麻烦。如果衣物到处乱放、行李杂乱无章，不仅自己很不方便，还会给人留下不好的印象，因此即使在酒店有客房清洁服务，也要自己保持环境的干净与整洁。例如，洗手盆的水渍及时擦除，衣物及时整理，离开时尽可能保持原来入住的样子，这样不仅是对客房服务人员的尊重，还是个人良好习惯的体现。

陪同领导出差，你是一位优秀的下属吗

在职场上，许多员工有机会陪同领导出差。有些员工害怕这种机会，因为不知如何处理与领导在外面工作的环境中遇到的情况，害怕自己在陌生环境处理不好领导交办的事务；有些员工却喜欢这种机会，在他们心里能和领导出差是一件美事，不用一直在办公室待着；还有一种员工格外珍惜和领导一起工作的机会，可以拉近与领导的距离，向领导学习，提高自己的工作能力，也能让领导看到自己的能力。下属陪同领导出差，若既能按规矩办事，又能灵活机动地见机行事，便多了一次让领导肯定自己工作能力的机会。

下属陪同领导出差，出行前要和领导充分沟通，了解出差目的，准备好相应的文件资料，知悉外出工作的内容和需要会见的对象，协助领导安排好行程。如果出差开会，还要提前学习会议相关的内容，以便在开会时做好会议记录。

到陌生环境出差，为了不影响工作，下属要记录好联络人电话、会议时间和地点、就餐时间和地点。每到休息时，下属要提醒领导下午或次日的行程安排。

下属陪同领导出差，细节之处要多留心，避免工作出现纰漏。何谓细节？例如，给领导的材料自己多带一个备份，领导讲话材料在会前要检查是否漏页、少字；乘车时让领导和客人先上车、自己后上车，下车时先下车主动为领导或客人开车门；陪同领导、客人乘电梯时，如无人操作，应先进后出，先进操作电梯，如有人操作，则后进先出等。

如果行程安排紧张，下属要照顾好自己，不要没照顾好领导自己先病了。例如，会议结束后要立即前往下一站，而自己却想上洗手间，一定要和司机或同行人员打个招呼，以免自己去了洗手间，而领导和同行人员不知情况就乘车走了。

调好起床的闹钟，不要因为睡过头影响出差事务。

在出差途中，适时沉默不语也是礼仪，是体贴他人的温暖细节。下属陪同领导出差，领导开会应酬很容易疲劳，坐车时想要休息，因此作为同车同行的下属，这时候不要刻意寻找话题，就让领导安静休息为好。

陪同领导参加活动时，下属要把握好说话的时机和分寸，既不能过分恭维主客双方领导，也不能目无领导。下属在所处场合的举手投足都应与自己的身份相协调。要懂得适时"进"与"退"，如领导参加会议、会谈等活动，要确定自己是否应该在场。

出差中各个环节都需要必不可少的发票，发票应用专门的文件夹分门别类保管好。

不要钱包放一张、文件包放一张、行李箱放几张，这样发票极易丢失。很多人出差找不齐发票，想快速报销，但发票不齐无法报销，最后还抱怨单位报销制度太苛刻。

3.7　八小时外，你若盛开，蝴蝶自来
——社交礼仪

社交学里面有这样一个定律：密友五次元理论。它的意思是，将与你关系非常密切的五个好友的薪资加起来，然后取得平均值，这个平均值就是你的薪资。其实，这个定律从侧面反映了一个人的社交、阶段、实力、未来。

有一则广告《我们的一生会遇见多少人》，很多人看了触动很大。在一个几万人的场馆里，所有与男主人公有过交集的人都站立着。这时，男主人公说："如果你不记得我的名字，请坐下。"听完这句话，有一大群人坐下了。"如果你不知道我的绰号，请坐下。""如果你没见过我哭，请坐下。"接下来，每一次提问，都有一大群人坐下，最后仅仅剩下几个人依旧站立着。开场有多华丽，谢幕就有多唏嘘！

我们不得不承认，真正的友谊不是靠吃一两顿饭、喝几次酒就能建立的，人脉资源也不是在觥筹交错中累积起来的。有时候，我们总以为自己朋友满天下，喜欢钻研成功学，寻找成功的捷径，平日里忙于应付各种饭局、聚会，等到人群散后，只剩自己一身沉重的疲惫和心灵的空虚。著名作家周国平说："一生能有三五个知心朋友足矣，不必朋友满天下，朋友越多，越没有真正的朋友。"也许，我们应该反思，是否真的需要"撒网式"的社交。

有的职场新人为了融入集体，特别喜欢和同事出去吃吃喝喝，感觉这样才能交到患难与共的朋友。可是几年后，时间都花在了无用的活动上，其他能力没有什么提升。曾经一起吃喝的人，关键时候没有人可以帮得上忙。比较理性和客观的做法是，若想结交优秀的朋友，就需要自己具有一定的资格，拥有一些资源，实现公平的交换，良好的人际关系会像雪球一样越滚越大。

人的进步本质就是不断从一个圈子进入另一个圈子的过程。当你止步不前的时候，停留在自己的圈子打转，而优秀的朋友早就悄无声息地离开了老圈子。当你处于劣势的时候，不必过于焦虑，专注于提升自己才是真正的出路。我们学习社交礼仪，最终的目的就是获得高质量的人际关系。

让自己变得更好的有效社交

进入职场以后你会慢慢发现，坐在身边的同事，明明跟你一样朝九晚五上下班，但

在你成天喊着工作很忙很累的时候，在你下班后一年有几十场无意义的"陪笑"聚会、刷了多部肥皂剧、刷了数不清的抖音号的时候，和你一样上班的同事却考了各种证书、跑了个全马、摄影作品获大奖、写得一手漂亮的书法、练瑜伽考了专业教练证，素描、油画、插花、茶艺更是不在话下……那么，你呢？工作八个小时之外，你的兴趣爱好是什么？你的时间用在哪里？你的社交质量如何？

八个小时外的兴趣爱好和行动轨迹，在很大程度上能决定人生的高度。高质量的社交圈会形成一个优质的资源链接，链接一环扣一环，你的人生便开始发生质变。在前文中，我们聊了很多场景中的礼仪细节，如果能真正实践应用起来，相信我们八个小时之外的社交至少不会失礼。

有位战友八个小时内的工作做得很好，八个小时之外的她同样优秀，精神状态特别好，每天都那么热情阳光、善良温暖，总让人不自觉地靠近她。她很自律，坚持早起，每天早上雷打不动跑步，每周末一次半马，每个月一次全马，经常去各地参加马拉松比赛。因为马拉松这个纽带，她结交了很多高质量的跑友。平时对待新加入的小白跑友耐心指导，自己遇到困惑谦虚向资深前辈请教。社交礼仪这个词在她身上最好的体现就是，在她的身上你看不出社交礼仪教条式的东西，但是你能感受到她是个有教养的人。

我们通常认为作家和书法家鲜有社交活动，只活在自我空间里，"两耳不闻窗外事，一心只读圣贤书"，这样的人不太接地气，没有多少烟火味。既然没有什么社交，估计朋友也不多吧？

然而，沉得住气、耐得住寂寞，坚持创作就是他们的自信与光芒。接着，各种邀请、交流会、品评会等，有了作品这个平台，他们的社交圈子发生了很大变化，不用费力去主动社交，却获得了高质量的社交资源。原来，高质量的社交源于自身的优秀。

有人说，层次越高的人，社交越简单，因为他们不会也不愿意将宝贵的时间消耗在无为的泛滥社交上。他们认为不要吃力地去追一匹好马，既浪费时间又浪费精力。你需要做的就是用心种好你的草，自然就会吸引更多的马。同样的道理，你不必刻意去巴结讨好一个人，与其花时间追捧别人，不如把时间留给自己，提升自己的能力，改变自己的现状，等你优秀了、成功了，你不用去追求，会有更多优质的人主动靠近你，这不是比专门花心思钻研社交技巧和各种成功学更有用吗？

不少退役军人会利用八个小时外的时间做志愿者，他们大部分人志愿公益之路的初心不是结交朋友，而是想为社会做点什么。当做点什么的时候，又想做得更好。到了后来发现，不仅是自己为社会做了点什么，还惊喜地发现，社会回馈的实在太多了，尤其是因为志愿者这个身份和志愿服务平台，结识了越来越多优秀的人。

我们常说的磁场和同频，其实就是你的吸引力。我们身边的磁场会传递我们的三观和喜好，吸引更多同类人。你关注什么就会将什么吸引进你的生活，你身边的每个人，其实都是我们不知不觉中埋下的种子。

若想交到优秀的朋友，首先需要自己变优秀，这样自然会吸引优秀的人同行。所谓"种下凤凰树，引得凤凰来"，卑微求助，不如自力更生，献媚讨好，不如改变自己。

俗话说：你若盛开，蝴蝶自来，你若精彩，天自安排。这句话，我认为也是社交礼仪最高级的技巧，也是"无为"才是"有为"的真实写照。

八小时外的社交礼仪细节

（1）志愿者礼仪。有余力，可利用自己专长做志愿者服务社会。例如，蓝天救援队，在志愿者中非常有名，被誉为志愿界的"蓝精灵"，这个志愿者队伍有很多退役军人，他们专业的志愿服务技能、优质的志愿服务质量，让很多志愿者敬佩不已。2015年，我曾为某市志愿者做礼仪培训：礼仪语言表达爱、亲和形象塑造爱、沟通礼仪连接爱。如果你八个小时之外有余力做志愿者，心怀善意以真诚初心服务社会，参加活动时守时，着装符合志愿者团队要求，言行举止能语言美、形象美、沟通美，我想你也是一个在志愿者圈子受欢迎的人。

（2）摄影礼仪。2020年堂妹结婚，我一大早就过去帮忙。我以为我来得很早，结果发现现场有比我更早的三位跟拍摄影师。

三位跟拍的摄影师非常专业、敬业，待他们闲时我便向他们讨教，聊天中我惊喜地得知，其中两位摄影师是退役军人。原来，他们从业余摄影到专业摄影经过了四年时间，其实他们的励志经历并不是我想要说的重点，而是我对他们在工作中的专业素养非常认可，以及从聊天中感受到他们四年间从业余爱好者到专业者的不易。说到摄影礼仪，他们说摄影时需要注意的礼仪真不少。

如果是初学者，谦虚请教资深影友才能快速进步；尊重原创作者，用图要注明出处；在危险的地方拍照要谨慎，不管是拍别人还是被拍，务必确保安全；摄影时遵守公共秩序，不能践踏花草，也不能随意跨越栏杆；在热门地点拍照时，按先来后到的顺序依次打卡，排队是户外的美德，热门打卡点人很多，想留影的人很多，迅速打完卡就走，如果一直占着资源会很讨人嫌；在路上拍照时，不能妨碍行人通过，特别是在拥挤的路段，不要一人拍照，万人等待；不要因为个人的拍照而耽误整个队伍的行程，行程允许可以多拍，行程不允许还要大量拍照，影响队伍的速度，会被队友们嫌弃；拍摄人物和风景有所不同，并不是每个人都喜欢上镜，因此拍摄人物时应事先友好地征得当事人的同意；拍集体照时，请积极配合，节约集体沟通时间；完成拍照导出照片时，他人的照片不能乱发，尤其是修图时，只修自己的图，别人的不修图发朋友圈会让人觉得自私，单人的照片应单独发给个人。

（3）唱歌的礼仪。唱歌已经成为都市人群几乎不可避免的社交活动，如今每个人都可能成为一流的唱歌者，原因是特有的设备音效可以掩盖人声的瑕疵，就像美颜相机可以美化人貌一样。

但是，唱得好并不是通过唱歌获得社交的关键，而是你要懂得做一个让人感觉舒服的唱歌者。因为大多数的唱歌聚会并不是个人的音乐舞台，而是一个多人参与的社交平台。虽然会唱歌可以在社交中成为一个加分项，但是如果不懂唱歌礼仪，也可能讨人嫌。既然是多人社交，那么除了唱歌这个主题，还有哪些容易被我们忽略的唱歌礼仪呢？

平时多练几首适合自己音域和音色的歌，练歌时要咬准发音，无论是普通话、粤语、英语还是其他语言，都应尽量标准，不要音色漂亮，咬字不准；录下自己唱的歌，回听和对比原唱，发现问题，反复练习。

点歌时，为了活跃气氛，可以选择大家都熟悉的歌，以便鼓励大家一起唱。为了和他人互动，还可以选择对唱、组唱、合唱的歌。

别人点的歌，未经点唱人邀请，不要拿起麦克风跟着一起唱，遵守"谁点的歌谁唱"礼仪，毕竟一首歌轮到自己也不容易。

慎重选择"一直优先"自己的歌来唱或一首接一首地唱，除非没有其他人想唱，最好是轮流唱，或者让他人优先。

唱完歌时要记得把麦克风递给下一个演唱的人，或者放到桌子中央容易被人看见的地方。

点歌时不要光点自己的歌，要主动帮别人点歌，多鼓励别人唱歌。

对别人演唱的歌，不要吝啬你的掌声，多给予肯定的、欢呼的掌声。真诚感受别人的心态，您真诚的掌声与欢呼，也许传达了让人备受鼓舞的善意。

如果你或别人实在没有准备好唱歌或不想唱歌也没有关系，听歌、欣赏歌词、观赏画面，本身也是一种乐趣和观看礼仪。不想当主角，做一个真诚的捧场者，也能让你在唱歌活动中收获快乐的时光和真诚的友谊。

3.8　职场精英运筹帷幄——商务礼仪

经过几年的职场历练，也许现在身处职场的你，不再像初入职场时那样不自信了。你的成长足迹体现在你的脸上、你说的话上、你做事的风格上。从别人一眼就能看出你是一个职场小白，到逐渐蜕变成独当一面的职场精英，令别人对你刮目相看，这样的转变真的值得祝贺。在前文中，我们介绍了职场新人应该学习的礼仪课程，下面是本书的最后一课，它既是前面课程的结束，也是另一段更精彩的职业旅程的开始。

升级你的商务形象

如今的你，也许升职了，除了内在能力的提升，外在形象也需升级了。

作为职场精英，在往后的日子里，你会遇到很多商务交往的场合。让你专业、可靠、值得信赖的职场精英的形象更好地助力你的职场发展，因此，着装形象也需跟你的职位相匹配。

当你的职位晋升后，你的衣着品位也应有所变化。现在购买衣服、饰品时，你不会像初入职场时遵循不出错、价格便宜的原则，而是更多考虑服饰的品牌和质感。最简单的道理，你初入职场时因为经济能力有限，通常是置办一套几百元的职业装，这套几百元的职业装穿在你身上，给人的感觉就是你是一个很普通的新人。等你有了一定的职场经历，穿上两三千元一套的品质优良的职业装时，相信气场一下子就提升起来了，而你也会看到另一个更加自信的自己。

其实，我们购买衣服的时候，评判是便宜还是昂贵的标准，并不绝对是价格，还有价格和使用次数的关系。例如，你在淘宝上买一件两三百元的衣服，可能你穿几次就觉得不顺眼、不想穿了，之后就会扔到柜角里被你遗忘；但是，你到实体店精挑细选一件品质优良、价格两三千元的职业装，你会非常爱惜它，穿上它你会觉得很自信，于是经常在职场上穿，那么它可能会陪伴你走过十年以上的职场道路。相比一下，两三百元和两三千元的衣服，哪件更划算呢？而且，精品量少的另一个好处就是，节约很多日常打理时间。

在一些高端商务场合，男士的穿着细节要经得起推敲，所谓细节决定成败，也体现于此。例如，参加高端商务活动，一双令你显得身材挺拔的品牌皮鞋，一条品质优良的领带，一个款式简洁、质量上佳的公文包，这样的着装不仅让你更加自信，你的好形象还能给对方留下你有实力、有能力的印象。

女士在高端商务场合可以选择的着装和服饰空间会比男士大一些，女士的商务形象升级，还需要专门学习一些专业形象礼仪及穿搭技巧。平时还可以通过观看一些职场影视剧，如《穿普拉达的女王》《在云端》《金装律师》《实习生》《傲骨之战》《完美关系》《精英律师》《欢乐颂》《三十而已》等，剧中人物的职场服饰及形象礼仪值得模仿学习，既大方得体又很时尚耐看。

除了着装及服饰的升级，如需参加商务会议、拜访、招标等，你随身携带的需要展示用的电子设备也需要升级。可以设想一下这样的场景，当你要给客户做产品展示的时候，还用着经常死机的手机或经常黑屏且破旧脱皮的平板电脑时，可能会让你的展示和演说达不到想要的效果。实际上，你的客户很少会看得上那些看起来比他们失败的人，你的上司也不喜欢那些比他们低好几个档次的下属。大多时候，人们总是更喜欢和自己类似的人，或者更愿意接受那些比自己更成功的人的建议。你随身携带的电子设备也属于你个人商务形象的一部分，也一同升级吧！

让你事半功倍的商务拜访礼仪

在职场中常常需要维护客户关系，而进行商务拜访和商务洽谈。有人说每次的商务拜访都应该是一次别有用心的赴约。

阅历不同，处事方式也会发生变化。曾经作为职场小白的你，作为一个随同人员参加商务活动或会谈，当时的你未见惯这些场面会略显紧张而不那么自信，但经过几年的历练，如今你有可能作为主要项目负责人带着下属出行了。

在电影《华尔街》中，有个片段是电影的主角巴德拜访客户的场景，巴德说了句话让人印象深刻，"五分钟改变一生"，五分钟真的能改变人的一生吗？《华尔街》给了我们一个答案。

我们总会听说，机遇是留给有准备的人的。当事前做足了准备，深谙拜访礼仪，才有五分钟的亮相，才能牢牢抓住眼前的机会。

那么，拜访前应该做哪些准备呢？了解拜访对象的基本信息，掌握礼物礼仪、形象礼仪、言谈礼仪、名片礼仪、沟通礼仪等。拜访前有几个重要的细节需要注意。

如果可以，最好能准备一件特别的礼物。

馈赠礼物是商务拜访活动中不可或缺的内容，它能联络感情、促进交往，一件理想的礼物对赠送者或接受者来说，能表达某种愿望，传递某种信息。很多时候，我们对于选择什么样的礼物很头疼，但若能遵循下面几点馈赠礼仪，也许能给我们为对方选择一件合适的礼物提供思路。

因公因私，我收到过许多客户或朋友馈赠的礼物，也馈赠过许多礼物给客户或朋友。很多礼物虽然不贵重，却能感受到对方的用心，被那份用心深深打动。

合适的礼物可以表达良好的愿望，而不恰当的礼物往往会事与愿违。"不显山不露水"地打动人心的礼物需要花点心思。商务送礼，其实蕴含着丰富的艺术和技巧，必须认真考虑以下问题：送给谁？送什么？什么时间送？什么场合送？送礼有哪些不能触碰的禁忌？送礼与收礼要注意哪些细节？

一次培训课后评价反馈非常好，客户又预约了下一次培训，而这次培训是我的一位朋友介绍的，为了表达对这位朋友的感激之情，我想着有机会要准备一件礼物作为答谢。什么样的礼物才能表达我的心意呢？它应既是我经济能力范围内的，于朋友来说又是十分有意义的。

我知道她在业余时间喜欢画油画，还经常将自己的作品发到朋友圈。有一次在朋友圈见到她的作品，图案色彩饱满，有一种爱马仕丝巾图案的风格，所以我将她的作品下载下来，并决定将其变成"爱马仕丝巾"。于是，我在众多淘宝店找到了定制丝巾服务，半个月后两条定制款的丝巾送到了她的手中。她十分喜欢，既惊讶又感动。这份专属定制的礼物才几百元，但是它的价值和取得的效果，却不是能用几百元衡量的。

我先生喜欢书法和篆刻。他有次去广州出差，出差中遇到一点小麻烦，最后他的老同事出手相助，事情得以圆满解决。事后得知，他的老同事喜欢书法。于是，我先生挑选了一幅老同事喜欢的书法家的作品，还精心为老同事刻了一枚印章。老同事收到我先生邮寄的答谢礼物，专门打电话表示喜欢和感谢。此后，因为这件小礼物的事情，先生和这位老同事成了关系很好的朋友，业务上的往来也更加频繁。

所谓"宝剑赠英雄，鲜花赠美人"，送礼就得送对了对象。不同地区、不同职业、不同年龄等，所选的礼物应当有所区别。选择礼物时，要根据双方关系、身份，以及送礼的目的，强调礼物的独特性，既有纪念意义又有特色。

中国人向来讲究"无功不受禄"，向他人赠送礼物时，无论赠送的礼物是否贵重，都要让收礼人知道你赠送礼物的原因，最好的表达方式是让收礼人感觉到你完全是出于尊重、友好与善意。

赠送礼物时，公对公的礼物要在公共场合送，大大方方公开送，但如果是只送给几个负责人或朋友的私人礼物，就不能大张旗鼓地送，尤其是一些体积较大的礼物，应该事先与对方商量。赠送礼物前，要检查一下礼物是否有瑕疵，并撕下价格标签后精心包装再送。如果是当面赠送，应大方自然，不要悄悄地乱塞或偷偷地送，更不要说"这是临时为您买的，挑得不好，不要见怪""没花多少钱""这个在我家也用不上"这样的话，虽然你的本意是怕对方拒绝接受礼物，但这样说容易让对方产生不被重视的感觉。

如果你作为收礼人，在商务交往中，只要对方赠送的礼物是合理合法的，对双方人际关系没有影响，就可以双手接过大方接纳并致谢，而找借口推辞反而是失礼的。西方人收到礼物通常会当面打开表示赞美，东方人虽然不直接打开，但也应赞美一番。对邮寄来的礼物，事后应打电话或发信息表示感谢。

接着，你带着精心准备的礼物出发了。

对公拜访时，几个人去比较合适？商务拜访通常需要借机展示自己公司的实力，那么一个人去不太合适，会让对方认为你实力小或对此事不够重视，如果三个人以上去也不太合适，容易给对方无名的压力。最好是两人，或者与对方人数相应。拜访时应有所分工，确定主谈和副谈，忌大家都抢着和对方说话。

对私拜访，或者要参加商务活动，我个人经验是提前半个小时到达。有时候还可以先到周边的咖啡厅，喝杯咖啡放松一下。这种习惯不仅可以避免迟到，还可以静下心来思考整理一下将要拜访或会谈的内容，检查一下需要用的资料、名片、笔记簿等。如果提前已经准备得很充分了，还可以轻松地看一会儿新闻或处理一下其他简单的工作。这样抵达预约地点时，精神就会比较放松。

如果对公拜访，需进入公司或单位，要重视与前台人员的沟通。曾见过很多想上门拜访的人因为轻视前台人员，或者没有沟通技巧，说话未准确表达来意，而被前台人员打发走了。无论是穿着打扮还是言行举止，你在前台人员面前都要特别注意。即使没有前台人员，也别自己找到拜访人的办公室，而是要询问一下相关人员，并通过观察相关人员的精神面貌，大概了解该公司人员的职业素养。

如果要到公司拜访，最好进入会谈室前先上一趟洗手间，既是轻装上阵，有助于稳定情绪，也可通过洗手间的卫生状况，大概了解该公司的内部管理水平。

通过提前观察周围环境和人员情况、会场氛围等，寻找合适的话题，轻松自然地进入会谈主题。

拜访时的交谈礼仪。首先要知道此次拜访的目的，交谈时要预估拜访的时间，口若悬河、长篇大论都应避免，最好简单明了、表达亲切自然，同时多倾听对方的发言，不要随意打断对方的话，更不要不等对方讲完就急于反驳，可以等对方发表完意见后，再表达自己的观点，有重点地回答对方提出的问题。

拜访时间最好不要超过两个小时，对公拜访一个小时、对私拜访半个小时为宜。如果时间太长，可能会耽误对方做事，引起反感。当对方把谈话做了总结或说再联系时，或者快到休息就餐时，或者有其他人来拜访时，应果断告辞。

最后道别时，真心诚意地表达感谢，此时可说"谢谢您""麻烦您了""请留步"等。

如果你是被拜访者，在会谈结束后，应目送客人离开。如果来访客人徒步离开，一般看到客人背影远离自己视线为止。如果来访客人乘车离开，一般也是目送车影离开视线为止。客人上车后，应立即按照礼仪习惯摇下车窗，说声再见并表示感谢。

自信优雅展魅力的商务酒会礼仪

职场精英出席以商务交流为目的的酒会是经常有的事，尤其是在一些外资企业，商务酒会是职场交往重要的组成部分。在商务酒会上，如果你懂得商务酒会礼仪、善于交流，不仅可以维护与客户之间的情感，还可以结交到不同的商业伙伴，打造一张属于你个人的商务资源关系网。

出席商务酒会，一般选择什么着装呢？有两个关键词可以帮助我们挑选合适的着装：半职业，半隆重。

其实，无论在什么场合，遇到"该穿什么"这个问题时，首先应该问一下自己"希望在这个场合中扮演什么角色？"，因为你想扮演的角色和只能扮演的角色决定了你最大限度的出彩程度。例如，你是女士出席商务酒会，如果不是商务酒会主要人物，最好不要穿过于隆重的衣服。你可以想象一下，某场婚礼作为宾客的你穿着红色的旗袍出席，一定会让人觉得你没有教养，因为那天鲜艳的红色不属于你，得体和合适既是教养，也是穿着的重要原则。

如果你是女士，优质有色彩的小西装外套、小黑裙、船型中高跟鞋、丝巾是百变百搭的不易出错的商务酒会推荐着装。如果觉得隆重感不够，可以加上品质华丽的配饰，以及一个简洁的手包。另外，商务酒会一般是站着交谈的，因此女士选择一双跟高合适的鞋子很重要，否则穿着一双"恨天高"站几个小时很难保证你的优雅站姿。

如果你是男士，而且不是色彩搭配的高手，那么推荐你整套西装出席，但是要让衬衫出彩。这件衬衫要是你平时很少用到的颜色，如果不想穿有颜色的衬衫，也可以用袖扣来装饰。如果不想打领带，可以穿小立领的白衬衫。整套西装的颜色以深色为主，包括深灰、藏青色等。鞋以正装黑色皮鞋为主，如果你是商务酒会主角，较为隆重的黑漆皮鞋也可选择，平时常穿的鞋子最好不要穿到商务酒会上去。

商务酒会除了着装礼仪要注意，交谈礼仪、酒水礼仪也要知晓。

你参加商务酒会的目的是通过主动交谈获得有效信息。因此，参加商务酒会时，你最好不要"故作深沉""高冷",而要抓住时机,积极主动选择自己感兴趣的对象进行交谈,这样才能获得有效信息、联络感情、结交新友,达到参加商务酒会的目的。遇到老朋友时,主动打声招呼往往使自己显得亲切近人;对于新朋友,要有自我介绍的信心,以使交流局面迅速打开。

在交谈过程中,如果遇到话不投机的朋友,不能表现出要急于脱身的行为,这样十分失礼,最好的办法就是提议到附近的小伙伴处看看,或者一起去和共同的熟人打声招呼。在交谈中,用心和耐心倾听也是一种礼仪,可以通过提问的方式互动,也可以通过重复对方的关键词来确认对方的意思,同时表明你在认真倾听对方的话。如果喜欢自说自话,或者喜欢打断对方的话,是很失礼的。

参加商务酒会时,最好提前将手机调至震动或静音状态,遇到重要的电话需要接听,需跟对方说声抱歉,并征得对方的同意后再接听,接听电话时要走开并尽快结束通话。

商务酒会与普通晚宴不同,商务酒会不是一个以就餐为主的环境,一般只有酒水和简单的点心,而且大多数商务酒会是在下午六点以后举办。这个时间点,通常肚子会空空如也,但是要切记,你参加商务酒会不是为了填饱肚子,更不要出现吃点心、喝酒水到"扶墙走"的状况。如果是自助用餐,一次要少取,既方便端盘也方便遇到朋友时交谈。

在商务酒会上用餐、握酒杯、拿其他东西时,尽量使用左手,以方便随时与迎面而来的朋友握手交谈。

在商务酒会中,酒既是媒介也是主角,如何握酒杯,其实有讲究。很多人喜欢用手掌托着酒杯,这是不对的,尤其是葡萄酒对温度比较敏感,白葡萄酒的试饮温度一般在8~12度,红葡萄酒的试饮温度一般在16~20度,而我们手掌的温度是36度左右,手掌握杯不但不好看,还会使温度的升高影响葡萄酒的味道,因此握杯的时候,手指捏住杯柄或拿住杯座即可。碰杯时,避免用杯口的位置碰杯,应该用酒杯最宽的杯肚位置和他人碰杯(见图1)。品酒时,杯中剩下的酒尽量保持在与对方差不多的水平线上,以展现你和对方平等交往的礼仪细节。

图1

　　商务酒会上为他人斟酒时要注意斟酒礼仪细节。根据不同葡萄酒使用不同杯型的规矩，红葡萄酒入杯为 1/3，白葡萄酒入杯为 2/3，香槟入杯为 1/3，待酒中泡沫消退后，再往杯中续倒至七分满。斟酒时握住酒瓶下部，缓慢往酒杯中倒酒；当要停止时，身体稍微远离，轻微旋转酒瓶底部并快速收瓶，避免滴酒。

　　还有一个细节女士应注意，饮酒前应先将口红轻轻擦掉，或者尽量在杯口同一个位置品酒。如果在杯口留下口红印要及时擦掉，因为在杯口留下口红印既不雅观也很失礼。

参考文献

[1] 国家职业分类大典和职业资格工作委员会. 中华人民共和国职业分类大典[M]. 北京：中国劳动社会保障出版社，1999.

[2] 徐笑君. 职业生涯规划与管理[M]. 成都：四川人民出版社，2008.

[3] 姚裕群. 职业生涯规划与发展[M]. 北京：首都经济贸易大学出版社，2003.

[4] 埃德加·施恩. 职业锚：发现你的真正价值[M]. 北森测评网，译. 北京：中国财政经济出版社，2004.

[5] 谢丽尔·桑德伯格. 向前一步[M]. 颜筝，译. 北京：中信出版社，2014.

[6] 李中莹. NLP 简快心理疗法[M]. 北京：世界图书出版公司，2003.

[7] 古斯塔夫·勒庞. 乌合之众：大众心理研究[M]. 冯克利，译. 桂林：广西师范大学出版社，2007.

[8] 马丁·塞利格曼. 持续的幸福[M]. 杭州：浙江人民出版社，2012.

[9] 俞敏洪. 大河奔流的精神[M]. 北京：群言出版社，2012.

[10] 村上春树. 当我谈跑步时 我谈些什么[M]. 海口：南海出版公司，2010.

[11] 埃米尼亚·伊贝拉. 能力陷阱[M]. 王臻，译. 北京：北京联合出版公司，2019.

[12] 熊太行. 掌控关系[M]. 北京：北京联合出版公司，2018.

[13] 丹尼尔. 情商：为什么情商比智商更重要[M]. 北京：中信出版社，2010.

[14] 爱默生. 爱默生生活哲思录[M]. 北京：北京联合出版社公司，2016.

[15] 斯蒂芬·盖斯 微习惯：简单到不可能失败的自我管理法则[M]. 南昌：江西人民出版社，2016.

[16] 彭林. 礼乐文明与中国文化精神：彭林教授东南大学讲演录[M]. 北京：中国人民大学出版社，2016.

[17] 彭林. 中国礼仪要义[M]. 南京：南京大学出版社，2014.

[18] 张乐华. 众目睽睽下的淑女和绅士[M]. 北京：中国青年出版社，2006.

[19] 金正昆. 商务礼仪教程[M]. 2 版. 北京：中国人民大学出版社，2009.

[20] 金正昆. 职场礼仪[M]. 北京：中国人民大学出版社，2015.

[21] 李昀. 形象决定未来[M]. 桂林：漓江出版社，2009.

[22] 吕艳芝. 教师礼仪的 99 个细节[M]. 上海：华东师范大学出版社，2010.

[23] 于立新. 国际商务礼仪实训[M]. 北京：对外经济贸易大学出版社，2003.

[24] 杨金波. 政务礼仪[M]. 北京：中华工商联合出版社，2012.

[25] 金正昆. 政务礼仪[M]. 北京：中国人民大学出版社，2008.

[26] 解决方案股份有限公司. 丰田高效工作法[M]. 北京：北京联合出版公司，2014.

[27] 杨洪文. 解析退役军人就业创业的困境与对策[J]. 劳动保障世界，2020（3）：20.

[28] 谭淇婧，许宇翔，柳菲. 退役士兵就业能力现状及培养优化研究[J]. 经济师，2020（8）：13-14.

[29] 桂婷. 对退役士兵就业创业问题的研究与思考[J]. 劳动保障世界，2019（21）：1.

[30] 邹波. 浅谈国外对退役军人的就业政策支持[J]. 中国民政，2006（11）：24-25.

[31] 毕淑敏. 我是怎样度过人生低潮期的[J]. 青年时代，2018（5）：1.

[32] 杨宜敢."山田本一"的启示[J]. 人民教育，2000（1）：1.

[33] 谭镜星. 论高职 T 型人才培养模式的构建[J]. 高等教育研究，2005，26（10）：5.